礼とは何か

日本の文化と歴史の鍵

桃崎有一郎
Yuichiro Momosaki

人文書院

礼とは何か　目次

プロローグ
――〝礼儀正しい日本人〟が《礼》を知らない落とし穴　11

「礼」について思考停止する現代日本文化　11／利害損得抜きでも礼儀正しくあろうとするのはなぜか　13／「礼」にはなぜ複数の意味があるのか――敬礼・返礼・儀礼・参賀　15／日本史家が避けたがる「礼」研究――時代・土地・分野が専門から遠すぎる　18／日本中世史家がなぜ中国古代思想史に踏み込むのか　21／〈礼とは何か〉は中国古代思想史でも未解明　22／本書の視座と照準――日本に移入された段階での〈礼とは何か〉　25

第一章　『礼記』と《礼》思想
――人間関係の根底としての敬譲　29

『礼記』の成立と沿革　29／『礼記』と鄭注と謎の儒学史ムラ社会　30／《礼》は悪を鎮めて善を全うする唯一の術　34／《礼》を知って実践する者が「君子」　35／周の身分制度と君子――王・公・卿・大夫・士　37／賓礼と敬意――煩瑣な所作は敬意の表現　42／《礼》の真髄は適切な敬意　45／《礼》の作法は上位者の快適さを優先する　48／《礼》の煩瑣な作法は上位者の快適さの追求　50／上位者を優先して下位者は犠牲になれ　52

第二章　《礼》のメカニズム
――相互作用・外形・理性　55

《礼》は敬意（適切な心情）の双方向的作用《インタラクション》　55／哭礼と心情――《礼》は心情を重視し形式化する　57／

《礼》は不可視の心情を可視化する外形である　59／形の大切さ――雨は儀礼の威容を損なうので儀礼を中止する　61／《礼》とは「仁」の正しい外形　62／《礼》の根幹は相手に対して最適な感情を形にすること　63／心情のままの直情径行は《礼》を知らない野蛮人の振る舞い　64／感情に身を任せると孝や祭祀が完遂しない　67／《礼》とは理（理性的・論理的）である　68／《礼》は感情の発露を適切（過不足なし）にする　69

第三章　《礼》の類別機能
――人を禽獣と分ける秩序の大前提　73

《礼》は「中庸（過不足ない最適バランス）」を実現する堤防　73／《礼》の根本的機能の一つは〝類別〟　76／社会では〝自他の線引き〟が何より重要　79／「男女の別」は何のための〝線引き〟か　81／「男女の別」は「淫乱（男女関係の暴走）」防止のため　83／「男女の別」で「淫乱」を防ぎ社会崩壊を抑止する　86／《礼》の類別機能は社会秩序の大前提　88／《礼》が人を人にする――《礼》の類別がなければ禽獣（動物）と同じ　90／《礼》がない戎夷（野蛮な異民族）は禽獣と同じ　92／《礼》は数の等差をつけて人の類別を明示する　94／冠礼（元服＝成人式）により「人と成り」《礼》の秩序に組み込まれる　97／女性差別と子供差別――〈女性は婚約して人と成る〉〈子供は動物と同じ〉　100

第四章　社会の持続可能性《サステイナビリティ》を保証する冠昏喪祭　103
――先後絶対主義と根源至上主義

祭祀（吉礼）は「五礼」（吉礼・凶礼・軍礼・賓礼・嘉礼）の最重要事項　103／祭祀とは〈鬼神（主に昔の聖人・賢人の霊）に奉仕すること〉　106／祭祀の意義――天や鬼神が正しく扱われ人間社会が福（理想的あり

方）を得る　110／コミュニケーションとしての祭祀と日本人にありがちな誤解　112／慈しむ奉仕――祭祀は鬼神や先祖を、射・郷飲酒は仲間を、饗応は賓客を　114／世界を成り立たせる存在（天地・鬼神）を祭って蜜月関係を保つ　115／《礼》思想の先後絶対主義と根源至上主義　119／優先順位としての「順逆」は先後絶対主義で決まる　121／後発のものに理不尽な犠牲を強いる先後絶対主義　123／「孝（親孝行）」は至高の徳目――功績は親のもの、過ちは子のもの　126／「父は子の天である」――絶対的な親愛と崇敬の対象　128／根源至上主義としての「孝」を拡張した祖先祭祀　129／昏礼（婚礼）の目的――宗廟に奉仕し祖先祭祀を絶やさぬこと　132／同姓不婚――「男女の別」の徹底　134／同姓婚は子孫が栄えず祭祀が絶えるので祖先が呪う　136／冠礼はなぜ人間の《礼》の原点か――祭祀に必要な子孫繁栄の原点　138

第五章　世界の原点・万物の始原としての「天」　141
――《礼》の絶対性を保証するもの
《礼》と歴史学は『左氏伝』を介して一つの営みに　141／《礼》の最重要の営み――天子が天を祭る　143／万物の始原としての「天」が、君主の臣に対する優越を正当化　146／《礼》の絶対性を保証する先王「周公旦」の周王朝創業史　151／《礼》は絶対――天に由来し天地の摂理を模し天の絶対性を継承するから　153／《礼》は絶対――「天子」周公旦が「天」の意思を人語に表現したから　157／天の絶対性が上位者の絶対性を保証　159

第六章　戦争で敵を討つ《礼》　161
――軍礼と時機最適主義
時機最適主義――時と場合と立場で最適な振る舞いは変わる　161／戦時の軍は敬譲精神より威厳が優先　163

／貧者は財力の範囲内、老人は体力の範囲内で《礼》を実践する　166／殉死は《礼》に反する　169／日本に根づかず理解できない軍礼　171／戦争では君主のために敵を殺すことが《礼》　173／《礼》には身分に応じて殺すべき敵の数がある　175／春の出征は《礼》に背き、秋の出征は《礼》に適う　177／出征時と凱旋時には適切な祭祀が必要　180／戦時の《礼》は職分忠実主義・立場最適主義に即して戦うためのシステム　181／戦争準備の《礼》——一二月の大閲（大蒐）　184／戦争準備の《礼》——一〇月の講武（大閲の準備）　186／戦争準備の《礼》——九月の田猟（講武の準備）　187／《礼》はなぜ田猟を君主の責務とするのか——祭祀と賓礼のため　189

第七章　射（弓術）と宴会の《礼》——祭祀と秩序の維持管理　195

郷飲酒の《礼》——定期的な宴会で身分尊卑を教え正す　195／座席と酌の順序と料理の差で身分を明らかにする　197／「長幼の序」とその論理的帰結としての敬老を教える　200／射の《礼》——宴会とセットで身分秩序を再生産する　202／射は君子が二人一組で的中数を争う　204／君子は射の負けを恥じる　205／射は徳を判定する　208／射の負けは君子が《礼》に沿って君主に奉仕する準備の不足　211／射の目的——徳の高い《礼》を実践する）祭祀の適任者を選出する　212／出生儀礼で天地四方に射を行う——世界との最初のコミュニケーション　215／平時の射を行うことで戦時の終わりを宣言する　216／射は音楽に従って射る　217

第八章　《礼》と《楽》——外と内から立体的に統治する術　219

人の内心の「楽しみ」が《楽》となる　219／心が動いて声に、声が規律を持って音に、音が組み合わさって楽に　221／自然発生する声は禽獣と同じ、単発の音だけで《楽》を知らないのは庶民　222／声（感情の自然発露）」は制御せねば天の調和した理を失う　224／《楽》により声を制御して感情を制御する　226／《礼》は動（外形の正しい形成）、《楽》は静（内心の正しい制御）　228／《礼》は類別、《楽》は融合――《礼》の節度〉を抑制する節度を与える《楽》　231／《楽》は一方的発露で調和を目指し、《礼》は双方向的作用で順序づけする　233／《礼》は地（人間社会の制御）を指向し、《楽》は天（世界の始原）を指向する　234／君子が《楽》を行う効用――統治と《楽》　237／《礼》と《楽》は天地のあるべき形に基づき神明にアクセスする　239／外形を制御する《礼》と内心を制御する《楽》から二方向で統治　240／「楽」は統治の適否を示すバロメーター　242／統治の確立が《楽》の制定、《楽》の乱れは統治の乱れ　244

第九章　《礼》と外交・内政
――立場最適主義と職分忠実主義　247

《礼》と外交――諸国（諸侯）の秩序は《礼》に沿って定まる　247／《礼》を実践するか否かは国の存亡に直結　249／《礼》を欠く大国は諸侯の盟主たる資格がない　252／《礼》は世界観＝思考様式を共有し諸国間の円滑な意思疎通を保証する　254／《礼》と内政――《礼》は君臣上下の関係を確定・徹底させる　256／立場が高いと責任範囲も高次元――祭祀の主体と対象は厳密に対応　261／立場最適主義と職分忠実主義――自分の領分だけに徹する最善の規範が《礼》　264／世襲により天命から外れてゆく天子――天と天子の緊張関係　267

第十章　君子の成績簿・『春秋左氏伝』
――万人を役割に縛る《礼》　271

春秋の筆法――微妙な表現の違いで歴史的事象の善悪を断じる　271／職分忠実主義――身分相応にすべきことをし、それ以外をしない　275／天子・諸侯はそれぞれ固有の責務を踏み外してはならない　278／天子は正しく暦を管理するのが《礼》である　281／《儀（形式）》を《礼（真理）》と混同してはならない　285／《儀》は《礼》の部分集合――《儀》を疎かにする者は《礼》に背き滅びる　287／天子から民までを立場に縛りつける職分忠実主義の桎梏　290／臣下の責務――命と引き換えにしても職責に殉じる責務　293／諸侯の責務――諸侯の身分不相応な振る舞いに対する筆誅　295／天子の責務――思いつきで行動する天子への筆誅　298／天子には〈すべきこと〉と〈すべきでないこと〉しかない――中間の不在　301

エピローグ――《礼》とは何か

305

参考文献　313
あとがき　315

礼とは何か——日本の文化と歴史の鍵

プロローグ
——〝礼儀正しい日本人〟が《礼》を知らない落とし穴

「礼」について思考停止する現代日本文化

礼とは何か。そう尋ねられて、答えられる日本人はどれくらいいるだろうか。

昨今、「日本人の礼儀正しさが外国で話題になっている」というニュースが多い。特にスポーツの世界大会に顕著で、「相手国にもエールを惜しまない」「試合後に応援席のゴミを片づける」といった話題が目立つ。スポーツを離れても、「生徒が自ら教室を掃除する」「外国人旅行者に親切でおもてなしの心がある」という類の話題には事欠かない。どれもポジティブな〝日本人〟像を日本人に再確認させ、「世界で評価されている」という言説を渇望している（とされる）日本人を、元気づけるために流されているようだ。

もちろん、ポジティブな話ばかりではない。「英語の母語話者《ネイティブスピーカー》がほんの数行で済ませるビジネスの電子メールを、日本人が英語で書くと数十行になる」と、揶揄する論調を最近目にした。そこに挙げられた例文を見ると、母語話者《ネイティブスピーカー》なら要件と簡単な挨拶で済ませるものを、日本人は時候の挨拶に始まって文末の挨拶まで、要件でないことをくどくどと書く、という話らしい。日本人の〝虚礼〟を揶揄しているのであり、日本的な〝礼儀正しさ〟は多くの外国人を無闇に驚かせ、冷笑されているという話の一つだ。こうした話を日本人がわざわざ日本語に翻訳してネットに流すところを見ると、「だから日本人は世界に通用しないのだ」という、これもよくある論調の一つなのだろう。

ところで、読者諸氏は不思議に思われないだろうか。古いメディア（新聞・雑誌・書籍・テレビなど）か新しいメディア（Webサイト・SNSなど）かを問わず、賞賛するか揶揄するかも問わず、〝日本人の礼儀正しさ〟をことさら取り上げる記事はかなり多いのに、それらがほぼ例外なく、〝外国人がどう思うか〟という視点から語られていることに。日本人の問題であるにもかかわらず、だ。

〈外国人（特に欧米人）に高く評価されるほど、日本の伝統文化は素晴らしいのだ〉とか、〈外国人に非難されたので、悔い改めて世界の常識に追い着かないと〉といった考え方には、主体性がまるでない。問題は、〈私たち日本人は、なぜそのように振る舞っているのか、なぜそれが正しいと信じているのか〉であるはずで、それを踏まえた上で初めて〈それが日本の外に対しても適切といえるか〉を判断する準備が整うはずだ。だが、その問いが、昨今の礼儀の話題には決定的に欠けている。

物ごとが始まるのにも、続くのにも、必ず理由がある。どのような振る舞いも、次のように説明できるはずだ。〈私たち日本人は、○○という理由でこのように振る舞い始め、××という理由でそれが伝統的に保たれてきて、△△という理由で今もそれを適切だと思うので続けている〉と。その説明に理があれば、外国人は納得することもあるだろうし、たとえ納得されなくとも、そうして自分の行動が説明可能で、しかもそれを正しいと信じるなら、その振る舞いを続ければよい。

しかし、メディアにも、礼儀作法を教える誰の言葉にも（親も教師も礼法家も）、そうした理路整然とした説明は皆無だ。中には理由を挙げて説明する人もあるが、誰かの話の受け売りばかりなので、誤解と思い込みに満ち、信頼できるものはまず見かけない。

きちんと説明する人がいないので、誰もが、礼儀正しさが必要である理由を、ほかの日本人や日本社会に丸投げする。「人からそうすべきと教えられたから」「皆がそうするから」「そうした方がよさそうな空気だから」「私さえ我慢すれば相手の機嫌がよいから」というほどの理由で、思い思いの〝礼儀〟を実践する。〈その振る舞いはなぜ有意義なのか、そうする価値がどこにどれくらいあるのか〉を深く考えずに〝礼儀正しく〟振る舞うので、異文化の人に驚かれると、逆に驚いてうろたえてしまう。そしてだいたい、意固地に続けるか、掌を返して相手に従うか、どちらかになる。いずれにしても思考停止する、というより、最初から思考停止していたことが露顕するのである。

利害損得抜きでも礼儀正しくあろうとするのはなぜか

〈真に適切な礼儀正しさとは何か〉を考える材料が欠けている理由は、いくつもある。最も身近なのは教育だろう。私が小学校に入った時、最初に担任教師から習った漢字熟語は「起立」だった。私たちは学校で、授業が始まる時と終わる時に、「起立、礼、着席」という号令とともに、生徒全員が頭を下げる〝礼儀〟を教わる。今ではそうでない学校も多いと思うが、私が小学生だった昭和時代にはまだそれが当たり前だった。しかし、今思い返しても、なぜこの号令と頭を下げる所作が必要なのか、説明された記憶がない。ただ「そうしなければならない」といわれ、従わなければ罰が待っているだけだった。

中学校より上の部活では、先輩・後輩関係が待っている。そこで、先輩には敬語を使うべきことと、先輩への挨拶の仕方を教わる。これも問答無用の強制で、運動部では特に顕著だ。先輩側は、「自分も先輩に対してそうしてきたから」という以上の説明をしない。

それでも後輩が従うのは、有り体にいえば先輩が〝強い〟からだろう。子供のうちは一歳年上だと体力が段違いで喧嘩しても勝てないし、部活では先輩から技能や知識を教わるので、先輩を怒らせると何も身につかない。逆に、従順に振る舞えば可愛がられ、様々なメリットがある。私自身を振り返ると、そうしたメリットと、理不尽を我慢するデメリットを天秤にかけ、メリットが上回ると判断して（ある程度だけ）順応した記憶がある。それはつまり利害損得の問題であり、私はその程度にしか礼儀の問題を考えなかった。それは私でなくとも、子供でなくとも、多かれ少なかれ、あてはまるだろう。顧客や、職場の上司・先輩などに礼儀正しく振る舞うのは、それが売り上げや出世や、職場の居心地のよさに直結するからだ、という側面が間違いなくある。

では、利害損得を抜きにした場合、どうなるだろうか。そこに、問題の核心に迫るヒントが隠れている。たとえば、スポーツ観戦の後、観客席を綺麗に掃除して帰っても、日本人の観客は一円の得もしないのに、なぜそうするのか。若干の見当はつく。授業後に教室を掃除するよう生徒に指導してきた、学校教育の延長なのだろう。学校だけではない。日本では躾《しつけ》の一つとして、「次に使う人のことを考えなさい」としばしば教えられる。その結果、社会を鼻にもかけない人はともかく、社会に適応して生きようと考える日本人は、公共の場所を汚さないように使い、汚しても掃除して原状復帰させてから去る。その根本には、〈自分のせいで他者の快適さを損ねないようにしよう〉という考え方がある。

その考え方が万国共通でないことは、少しでも外国を旅行すればわかる。私はフランスに旅行した時、TGV（特急列車）の車内（特にトイレ）とパリの駅の汚さに驚いた。フランスに入る直前、几帳面に掃除する国民性のドイツにいたので、落差が激しかったこともあるが、一人で得心したことがあった。フランス人もトイレが汚くて臭いのは厭《いや》に違いないが、「それを綺麗に保つのは、少なくとも自分の仕事ではない」と思っているからこうなるのだな、と。そして、逆に考えた。なぜ日本人は、他者のために綺麗に使うのか。学校行事で外に行けば、「来た時よりも綺麗にして帰りなさい」と教えられ、つまり他者の汚した分まで掃除する美徳を教えられるが、なぜそうなるのか。もちろん「その方が皆が快適だから」と信じているわけだが、なぜその責務を、清掃業者や汚した本人など、清掃する責任が最も大きい者にすべて帰さないのか。

それが民度の高さというものだ、とか、それで快適なのだから深く考える必要はないだろう、という考え方もあると思うが、そうした結果論的な考え方には、一抹の不安を感じる。理由や過程が抜け落ちて結論しか持っていないと、考え方が違う異文化と接した時、特に違和感を指摘されて（相手の感覚で）

改善を要求された時に、自分たちの振る舞いが正しいのか間違っているのか判断する材料が乏しすぎ、一方的に我を通すか屈服するか、いずれにしても建設的な解決を望めないからだ。

「礼」にはなぜ複数の意味があるのか――敬礼・返礼・儀礼・参賀

私自身は、現代日本人の平均的な振る舞いがどれくらい正しいのか、何を守り、何を捨ててゆくべきか、答えを持っていない。恐らく模範解答は存在しないはずで、それは突きつめれば、〝礼儀正しさ〟とは当事者の納得の問題であり、選択の問題にすぎないからだ。

現代社会においては、礼儀とは〈個人と社会との付き合い方〉の問題にすぎず、社会とどう付き合うかは、究極的には個々人の選択の問題であり、そして何をどう選択するかは個人の自由だ（少なくとも、日本国憲法はそれを保障している）。ただ、選択には理由が必要である。つまり、どのような選択肢があり、それぞれがなぜ、どれくらい適切なのかを測る材料が必要だ。

その材料が、今の日本にはすっぽりと欠けている。礼儀正しく振る舞うことは、他人から明示的に指示され、あるいは暗黙的な〝空気〟に強いられ、いずれにしても広い意味での義務として実践されることがほとんどだ。そこに〝なぜ〟という疑問が生まれても、「社会はそうして回っているから」「皆でそうしてきたから」という以上の答えは返ってこない。礼儀を強いる側が、なぜ礼儀正しくすべきかを人に教えられる材料を持っていない、ということだ。特に、子供に社会性を教える出発点となる学校教育にそれが顕著である。なぜ授業の前に生徒が起立し頭を下げねばならないのかを、「伝統だから」で済ませずに、きちんと教えられる教師はいないだろう。

いや、自分はきちんと教えている、という人には、次の問いを投げかけたい。なぜ「礼」の号令で頭を下げるのか、と。「それが相手に敬意を払う礼儀作法だからだ」と答えるかもしれない。では、次のように問おう。敬意を払う礼儀作法、つまり敬礼は頭を下げるだけではない。軍隊では頭を下げずに右腕を折ってすべて指を伸ばして敬礼するし、ボーイスカウトでは三本指だけ伸ばして（親指と小指は折り曲げて）それを行う。ナチスドイツでは「ハイル・ヒトラー」の号令とともに、右腕を斜め上に向けて伸ばしていた。世の中には様々な敬礼があるのに、なぜ現代日本の教室で教師に対しては、頭を下げる形であるべきなのか、と。

「礼とは、頭を下げるお辞儀なのだから」と答えた人は、礼を誤解している。あの所作自体が礼なのではない。あの所作は「拝《はい》」という。だから右の問題は、〈なぜ現代日本の教室で教師に対する礼を、「拝」という形で行うのか〉という形で、問われることになる。

しかも、礼はお辞儀だけではない。日本では、行動や金品の形で何かを与えられたら「お礼をしなさい（いいなさい）」と子供に教える。「ありがとう（ございます）」と答えることを「礼」と呼んでいるわけだ。大人になっても、「お礼」は同じ意味で、他者からの厚意に対して、感謝の気持ちを述べたり、その気持ちをこめて金品を贈ることを指して使う。一言でいえば「返礼」であり、日本人は「返礼」という意味で「礼」という。

しかし、目上の人に対して行うお辞儀（敬礼）は、返礼ではない。なぜ、「礼」という言葉には、「返礼」という意味と、お辞儀（敬礼）という意味があるのか。所作にもプロセスにも共通性がないこの二つの根底に、「礼」という言葉の真の意味が隠れていそうだ。

また、偶然にも本書の執筆中、近現代で初めての天皇の生前退位があり、新天皇の「即位の礼」が行われた。即位の礼とは、高御座《たかみくら》という玉座に天皇が就く姿を内外に示し、皇位継承を正式に表明する式典である。この「即位の礼」の「礼」は、お辞儀ではないし、返礼でもなく、式典を指している。式典は「儀礼」の一種だが、あのような形式的な所作をなぜ「儀礼」と呼ぶのか、それはなぜ、お辞儀や返礼と同じ「礼」の字で表現されるのか。それを問うた人も答えた人も、寡聞にして知らない。

さらに、現代人が忘れてしまった「礼」の意味がある。室町時代に、日本の上流階級（朝廷や幕府の構成員）の間で、「御礼《おんれい》」という慣習が根づいた。それは返礼でもお辞儀でも式典でもない。「年末なので天皇に御礼しに行く」とか、「将軍に息子が生まれたので御礼しに行く」という。私は最初、意味がわからなかった。現代人の「礼」の感覚では、どうしても意味が通らない。しかし、それらは「参賀《さんが》」することと同じ意味だった（金子拓-一九九七）。「参賀」とは「参って賀《よろこ》ぶ」、つまり〈こちらから出向いて喜びの気持ちを伝える（引出物を贈る）こと〉であり、この意味なら右の「御礼」も理解できる。

しかし、問題は、なぜそうした祝意を伝える行為と、現代にも残っている謝意を伝える行為が、一つの「礼」という言葉に共存しているのか、だ。この問題を追究した歴史学者を、私は知らない。そして、だからこそ「礼」についての日本人の理解が進まない、いい換えれば、進めるための材料がないのだ、ということに気づいた。日本には、礼について考える学問的基礎が絶対的に足りない、と。

「礼」は、古代から千年以上もわが国の風習の一部だった。現代の礼儀作法は、どれほど改変され、外来の要素が加えられてこようと、間違いなく千年来のわが国の「礼」の延長上にある。しかし、今からたった六〇〇年前の「礼」の意味さえ、つまりなぜ「礼」が全く違うもの（謝意と祝意）を指し示しているのかさえ、わかっていないのだ。

古代から現代まで、「礼」が日本文化にとって大きな意味を失った時はない。「礼」を理解できなければ、日本文化の真の理解には絶対に到達できない。しかし、歴史学はまだその理解に到達していない、というより、それを問題視する人さえ、ほとんどいなかった。それを歴史学者が解明して広く共有しないことには、歴史学者以外が、つまり教師や親が「礼」を適切に理解できるはずがない。大人が子供たちに「なぜ礼という号令とともに頭を下げねばならないのか」「なぜモノをもらったらお礼をいわねばならないのか」を、理路整然と説明できないのは当然だ。「とにかくそういうものなのだから、つべこべいわずにその通りにしなさい」では、いつまでも教育の質は向上しない。となれば、教育は民度の根幹であるから、日本人の民度の向上も頭打ちになるに決まっている。私はそれを憂慮している。

私たち日本人は、何を、なぜ、礼儀正しいと思っているのか。その理由と来歴を知ることは、一般に思われているより有意義で、実は現代でも必要不可欠だ。なぜなら、礼儀とは千古不変ではなく、時と場合、そして何より時代に応じて変化してゆくからである。〝礼儀正しさ〟の根本原理を知っておかないと、環境が変わった時（たとえば日本が膨大な外国人観光客を迎えるようになり、猫も杓子も留学すべきだといわれる今日）、そして時代が変わった時（誰もが手もとの携帯電話で簡単に世界中に意見を発信し、そして簡単に世界中から叩かれて炎上する時代）に、新しい適切な〝礼儀正しさ〟を導き出せない。

現代の私たちは例外なく過去の歴史の結果であり、すべての物ごとが今現在そうなっているのには理由がある。その理由となった〝何か〟は、環境や時代が変わった時、物ごとがそうであり続ける理由となるのか。それを判断するには歴史を遡《さかのぼ》り、何が礼の原点（絶対に揺るがない根幹）であり、何が今現在に特有の（したがって時代が変われば通用しない）要素であるのかを、弁別するしかない。

日本史家が避けたがる「礼」研究——時代・土地・分野が専門から遠すぎる

私はそうした問題関心のもと、一つの作業が絶対に欠かせないと確信した。そもそも「礼」というのが最初に登場した時、それは何だったのか、という原点の探究である。

本書は、礼儀正しさの大切さを説く本ではないし、正しい礼儀作法を教える本でもない。そもそも「礼」とは何か。その原点を探究し、結論を共有することだけが目的である。それはこれまで、専門の時代を問わず、日本史学者がしてこなかった作業だ。

いや、それはいいすぎだ、という反論が歴史学者から出るかもしれない。「礼」の重要性はとうの昔に指摘され、誰もが念頭に置いてきた学界の歴史がある、と。日本の規範は〈法の秩序〉を柱としたが、それと同等に重要な〈礼の秩序〉という柱があり、その研究を進めるべきだ、と著名な法制史家が提言したのは、今から半世紀近く昔のことだ（石母田正－一九七二）。その提言は日本史家の耳に残り続け、時々、〈礼の秩序〉と向き合おうとする論文や研究書も書かれてきた。

　しかし、試みに、歴史学者（大学の歴史の先生でよい）に会う機会があったら、質問してみるとよい。「次に挙げる事例は、なぜ〈礼である〉とか〈礼に反する〉といえるのですか？」と。

- 戦争では、一定数の敵を殺すのが「礼」である。
- 戦争を春や夏に行うのは「礼」に反し、秋や冬に行うのが「礼」である。
- 君主が、秋に狩猟を行うのは「礼」である。
- 閏月《うるうづき》（太陰太陽暦で調整のために置く月）を、三月の次に置くのは「礼」に反する。
- 君主が、漁民の仕事ぶりを見物するのは「礼」に反する。
- 君主が、自分の戦功を鐘に刻むのは「礼」に反する。
- 自分の仕事道具を、ほかの部署の人に貸すのは「礼」に反する。
- 民が飢えたら、為政者が隣国に「米を売ってくれ」と頼むのは「礼」である。

本書を読む前に、右の質問に答えられる歴史学者（少なくとも日本史学者）は皆無ではないか。「礼」について最も関心が深そうな古代史学界に探りを入れたことがあるが、そこで私は確信した。日本史学者は（古代史の研究者さえも）、〈礼とは何か〉の答えにまだたどり着いておらず、しばらくその問題を正面から取り扱おうという研究者もいなさそうだ、と。

　なぜ、いつまでもそのような状況なのか。確証はないが、推測はできる。「礼」が本来、古代中国の思想だからである。私は日本中世史が専門だが、大多数の中世史の専門家は日本中世の史料を読むのが好きなだけで、古代や中国の史料を読むのは苦痛で、それを手がける人は数えるほどしかいない。中世の「礼」のことは、古代の「礼」に関する知見を踏まえないとわからないが、それは古代史家の仕事だと誰もが思っている。

　そこで古代史家の方を見ると、古代史（特に平安時代初期まで）は中国の史料を見ずに成り立たないので、中国史料アレルギーは少ない。〝日唐比較〟という、日本と唐の制度を比較する手法は、王道でさえある。しかし、ほとんどの日唐比較は制度史、特に法制（律令）の比較ばかりである。そこに、「礼」研究の次のハードルが立ち塞がる。「礼」は法制ではなく、法制と並立する別世界の規範だ、というハードルである。

　最大のハードルは、「礼」が儒教の一部だということだ。わが国の「礼」という考え方は、実は儒教を離れては一歩も自立できない。そこで「礼」の探究は、儒教の探究に踏み込まざるを得ない。しかし、法制の史料を読むのが好きな古代史家にも、儒教の探究は苦痛のようだ。第一に、それは古代中国の宗教史・思想史という、全く別分野の守備範囲だからであり、第二に、儒教の経典があまりに古すぎるからだろう。今から一五〇〇年ほど前の唐王朝の時代から見ても、儒教の経典が出揃った漢の時代は数百年前で、儒教が形成されていった春秋・戦国時代は千年単位の昔である。古代史家にとって、唐代ならまだしも、そこまで古い時代の史料を読むことが、苦痛であることは想像に難くない。

　さらに、「礼」の探究は、かなりの部分が儀礼の理論・所作の研究になる。そこにも大きなハードルがある。何しろ退屈なのだ。好きでやっている私でさえ、しばしば空疎な情報の海に嫌悪感を催し、退屈さに辟易する。血湧き肉躍る生々しい政治史や戦争史、具体的な社会像に肉薄できる法制史などと違い、儀礼は形式的（形骸的）で躍動感に乏しく、無闇に細かいばかりで無味乾燥な情報、程度の低い思いつき（牽強付会）と由緒の捏造に満ちた、虚《むな》しい机上の空論が大部分を占める。しかもそれらが、信じられないほど大量に残されているのだ。それを好き好んで研究したがる人は、ほぼいない。「我こそは儀礼の研究者で、今日は儀礼の話をする」という触れ込みで学会発表をする人はいるが、よく話を聞くと、「実は、儀礼の細かい分析は、面倒だし興味もないのでしたくない」という立場が明らかで、〈儀礼は権力・権威・秩序の道具だ〉という一般論だけで強行突破したがる。

　要するに、「礼」の研究は、大多数の日本史研究者にとってモチベーションが湧かない。あまりに古い時代の、よその国の、しかも宗教の経典や無味乾燥な儀礼の書を読む作業など、どの時代を専攻する日本史学者にとっても苦痛であり、それが「礼」の研究を誰も正面からやりたがらない理由だろうと、私は推察している。

　古代中国宗教史や思想史の世界では、「礼」についての研究はそれなりの蓄積を見せている。ただ、それらは〝隣接分野〟というにはあまりにも遠すぎ、関心が持たれないので日本中世史家には共有されない。日本古代・中世史において、「礼」の重要性だけは繰り返し叫ばれながら、実際に踏み込んで研究する人がいない現状では、もはやこれ以上の進展は望めない。

日本中世史家がなぜ中国古代思想史に踏み込むのか

そうした中で、たまたま私は、自分の研究テーマ上、「礼とは何か」を切実に知りたくなり、しかも中国史や儒教経典を読むのが、あまり苦痛ではないことに気づいた。

　しかも、一つの偶然が天啓のように降ってきた。依頼原稿をこなして論文を量産するだけの生活に疲れ、しばらくは日本史の研究に少しも役立たない本を読みたい、と思って東京の書店を彷徨った時だ。そういう時はだいたい学術的な文庫のコーナーに行くが、その日、たまたま岩波文庫の『春秋《しゅんじゅう》左《さ》氏伝《しでん》』が平積みで置いてあった。昔、三国志は好きだったが、この時代にはあまり興味を持たなかった。ちなみにどんな本なのだろう、と何の気なしに手に取って、適当なページを開いた。

　私はたぶん、驚いて声を出したと思う。日本の古代・中世の史料をどれほど探してもわからなかった、〈礼とは何か〉の答えが、その定義が、そこに書いてあった。私は『春秋左氏伝』を全冊買い、通読して、それが「礼」の知識の宝庫だと確認した。というより、『春秋左氏伝』とは、〈礼とは何か〉を後世に伝えるためにこそ書かれた本だと知った。中国思想史を専攻する人には基本中の基本だと思うが、私にとっては目から鱗だった。

それから大学生のようにゼロから調べ始め、『春秋左氏伝』が儒教の根本経典「五経《ごきょう》」の一つ『春《しゅん》秋《じゅう》』の解説書であり、五経の中には『礼記《らいき》』という「礼」の理論書があることを、暗記の知識を超えて初めて理解した。儒教の経典と歴史を調べれば、「礼」が何ものとして生まれ、どのように変容し、日本に輸入された段階で何ものだったかがわかる。

私は日本古代・中世の「礼」を明らかにし、法制史と並立する日本の規範の歴史の一つの柱として、〝礼制史〟という学問体系を構築したいと考えている。そうしたことを目論んでいる人も、そのために儒教経典を読もうと思っている人も、古代・中世史家では今のところ、私以外に見かけない。ならば、『礼記』と『春秋左氏伝』を通読し、「礼」とは何かを明らかにする作業には、私が取り組むべきだ。

古代中国宗教史・思想史で、すでに明らかにされていることも多い。その根本経典の分析に、日本中世史家である私が取り組むのは素人芸のようで憚られるが、それをしない限り、古代中国宗教史・思想史の「礼」研究と日本古代・中世史が架橋されることは、今後しばらくなさそうなので、大目に見られたい。しかも、古代中国史家が扱う「礼」は、あくまでも儒教研究の一部にすぎず、まして古代中国の「礼」が、古代・中世〜現代日本の「礼」にどのようにつながるかを探究する研究は、古代中国史研究の側からは生まれてこない。

〈礼とは何か〉は中国古代思想史でも未解明

さらに大きな問題がある。中国史家の側でも、「礼」の解明が行き詰まりを見せているようなのだ。試みにいくつか、専門家の本から〈礼とは何か〉を述べた部分を挙げよう（⑤⑥は日本史家）。

①「儒家は慣習を重んじ、歴史的に形成され、社会的に容認された慣習の総体を、より限定していえばエートス（引用者注：そうした母集団の仕来《しきた》りに帰属しようとする正しい態度）を、礼とよぶ。」（山田慶児－一九七五、二四頁）

②「〝礼〟とは……社会習俗から政治・社会制度までをもふくむ、ひろく人倫社会の規範である。」（戸川芳郎－一九八五、五四頁）

③「「礼」とは国家の制度であり、儀礼儀式における行為規範であり、又人々の日常生活を律する社会規範の総称である。」（石川英昭－二〇〇三、一一一頁）

④本来、「礼」とは、由来的には行為の「形式」それ自体である」にすぎず、多数の凡人にとっては「「礼」は他者によって定立された規範でしかない」「行為の型を指示する規範」にすぎなかった。ところが孔子はこれに、「仁《じん》」を頂点とする「徳」の体得という目的を与えた。「「礼」の究極の精神は「仁」であるということができよう。」（石川英昭－二〇〇三、六二頁、八五頁、一一三～四頁）

⑤「中国における礼とは、国家の成り立ちを説明するとともに、現実の国制を理論的に裏付け、規定するものでもあった。」「中国の礼にも対人関係や政治的関係は含まれるが……それは、様々な祭祀や儀礼によって維持される秩序そのものを示す広い概念である。」（大隅清陽－一九九二、三三三・三四九頁）

⑥「礼」は、「礼儀作法の習得」による「人倫的秩序に始まり」、「家の儀礼」を基礎として、国家の制度・軍事・外交に及ぶ。その各段階で、「学問・教育や音楽・遊技・宴会を行うことも礼であり」「衣服や器物の制度も礼制である」し、「天文・暦・年中行事」などの形で現れる「天地自然界と人間社会との関係もまた、礼の範疇に属する。」（大隅清陽－二〇〇六、三五六頁）

⑦「人としての道であり、社会の秩序でもあり、ひいては宇宙を統べる原理とされた。」（井上了－二〇一〇、二五九頁）

右はすべて、中国の史書や儒教経典から導かれた結論であり、それらを通読した私の経験に照らして、一つも間違ったことは書かれていない。ただ、誤りがないことと、十分かどうかは別問題だ。右の専門家たちの結論には、大事なものが足りない。

いくつかパターンがあるが、典型的なのは、「礼」を社会規範や人間関係の問題に絞ってしまう捉え方、つまり〈人間社会を束縛する決まりごと〉というまとめ方だ（①②③）。〈祭祀儀礼という宗教的慣習が根幹にある〉という点を強調したり（①⑤）、〈国家権力による支配の道具〉という観点を強調するものも（③⑤）、このパターンの亜種である。これでは、「礼」が結局「法」とどう違うのか（法にも祭祀儀礼の定めはある）、なぜ「法」とは別に必要で、なぜ「法」と対立したり調和したりするのかが、理解できない。

別のパターンは、これに徳育を加味してまとめる。〈人間社会を束縛する決まりごと〉の重要性を理解し、実践できる人間精神の育成・追究まで含めて「礼」である、という形に孔子が発展させたのだ、と（④）。しかし、その捉え方でも、やはり本来の（孔子以前の）「礼」が「法」とどう違うのか、わからない。孔子は「礼」に不可欠の根幹として「仁《じん》」という倫理観を加えることで、「礼」を「法」とは完全に違うものにした、という筋書きはわかる。しかし、その結果、「他者によって」「行為の型を指示」される押しつけがましさを、「礼」が捨てたわけではない。そして、「法」が守られる理由は〈権力者による刑罰の恐怖〉として理解できるが、「礼」を守らせようとする強い拘束力の源は不明のままである。

さらに困るパターンは、「礼」の定義として複数の要素を並列に、ばらばらのまま列挙し、それらすべてを結びつける説明がないバージョンだ。国家の制度であり、儀式の型枠であり、日常生活のルールであることが、なぜ一つの「礼」の字で表現できる（されねばならない）のか（④）。それらは自明ではないし、ここでも「法」との本質的な違いは何か、という疑問が顔を出す。

これらより広く「礼」を捉える人は、右の疑問に答えるために、別の要素を付け足す（⑥⑦）。内容の大部分は、先に挙げた事例と変わらない。そのため、並列に列挙された要素同士の関係が説明されない、という問題点も同じだ。なぜ「宴会を行うことも礼」なのか、なぜ天文学や暦の管理が「礼」なのか、説明なくして現代人が理解できる可能性はない。

最も困るのは、先の疑問への答え、つまり「法」との違いとして登場する、「宇宙」「天地自然界」との関係だろう。なぜ儀礼・礼節を重んじることが「人としての道」であるのか、それがなぜ「宇宙を統べる原理」とつながるのか、という根本的疑問は、説明されないままだ。

そうした説明なくして、〈礼とは何か〉という質問に答えたことにはならない。そして、右の事例が比較的最近の研究成果であることを考慮すると、現状では、どの学問分野からのアプローチかを問わず、〈礼とは何か〉は解明されていない、と結論してよさそうだ。

本書の視座と照準──日本に移入された段階での〈礼とは何か〉

右の現状の最大の欠陥は、理論の不在である。細かい儀式の型枠と、人として生きるべき道と、国家権力による支配と、宇宙を統べる原理が、なぜ「礼」という一文字（が示す思想）の中に同居しているのか。同居している以上、それらすべてをつなぐ原理が、理論が、木の幹のようにあるはずだ。右の専門家たちが示してきたものは、そうした木の枝葉であり果実にすぎない。それらの枝葉や果実が、どこでどのように「礼」という一本の幹に接続しているのか。そこまで考え、仮説を提示して、初めて〈礼とは何か〉を考えたことになるはずではないか。

そこで、私はそれだけを強く意識して、経典をはじめ関連文献の大多数を通読してみた。そして、私は幹を見つけたと、今は信じている。それは〝世界観〟というキーワードだ。規範や仕組みであることは、「礼」の枝葉末節でしかない。「礼」は世界観であり、世界の摂理を説く理論である。決まりごとと罰則しか存在せず、人間が人間を統御することにしか関心がない「法」に決定的に欠けているものこそ、この〝世界観〟だ。それが「礼」と「法」の最大の違いである。本書は、それを証明してゆく本になる。そのために、本書では視座と照準を限定しておきたい。

まず、本書は儒教史（儒教研究）ではない。従来の古代中国宗教史・思想史では、〈儒教とは何だったか〉という問題関心の一部として「礼」を扱ったが、本書は逆の立場を取る。〈礼とは何だったか〉という問題関心に関わる範囲でしか、本書は儒教に関心を持たない。そして、世界思想史の中で「礼」がいかなる位置を占めたか、ということも本書では扱わない。本書の関心は、あくまでも日本（古代史も視野に入れた）中世史家の視点から、日本古代・中世において「礼」とは何だと理解されたかを知りたい、という点にある。

中世社会は古代社会の延長上にあり、そして「礼」は朝廷で研究・学習され、それが武士社会や民間へと流布されたものだ。そこで本書の照準は、古代日本の朝廷でどう「礼」が理解されたか、に絞られる。そして古代の朝廷では、「礼」は儒学の一部として学ばれた。大学寮《だいがくりょう》という組織があり、そこで行われる儒教経典の読解・研究が、古代日本の「礼」の理解の原点だった。その学問は明経道《みょうぎょうどう》、つまり〝儒教の経典の理解を明らかにする道〟と呼ばれ、主に『礼記』と『春秋左氏伝』が学ばれた。したがって問題は、古代日本で『礼記』と『春秋左氏伝』がどう読まれたか、に絞られる。

それは、中国大陸や朝鮮半島からもたらされた学問から始まったが、そうした知識の移入は寛平《かんぴょう》六年（八九四）の遣唐使の廃止までに終わった。つまり、中国の唐代までの研究成果がベースにあり、その後は鎌倉時代に朱子学が入ってくるまで、これといった独自の進展を見せた形跡がない。したがって、本書の射程は、〈唐代までの研究成果に従った場合に、『礼記』と『春秋左氏伝』に基づくと「礼」は何だと理解できるか〉に絞られる。

それらの中国での研究成果は、注や疏《そ》（注の注）などの形で経典本文に挿入され、その形で日本に入ってきて学ばれた。そこで本書では、『礼記』と『春秋左氏伝』のうち、「礼」に直接言及した部分を抜粋し、本文とともに、唐代までの解釈の歴史（注・疏）を視野に入れて読み解いてゆく。一般読者にはもちろん、日本史の研究者さえ辟易するような古い文体・言い回しのオンパレードになるが、経典研究の専門家の研究成果を踏まえて、読み下し文と現代語訳文を掲げ、詳しく読み込んでゆきたい。

こうした手法から必然的になるが、本書が扱う対象は、広い意味での礼節・礼法・礼儀作法・マナー・エチケットではない。

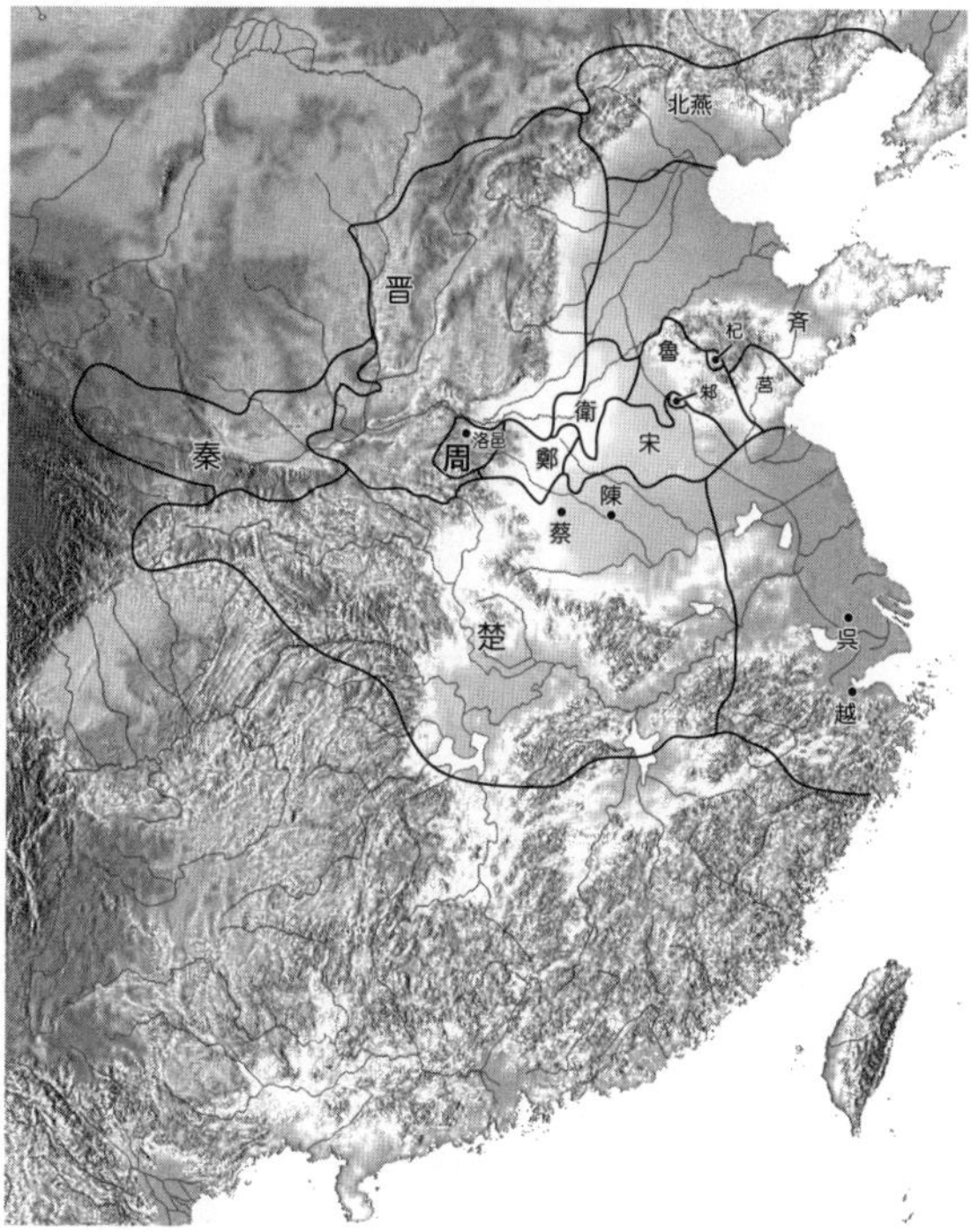

図１　春秋時代中国の周王朝と諸侯

「礼（禮）」とは漢字であり、漢字を生んだ中国が、儒教の勃興と変遷を通して固有の意味を与えてきた文字である。本書は、その「礼」という一文字が示す固有の概念・思想だけを明らかにしたい。そして、一つの世界観（宇宙観）であり思想である「礼」を《礼》と表記し、思想全体を《礼》思想と呼ぶことにしたい。

経典の読解にあたってはいくつかの注釈書をあたってみたが、本文は、集英社の『全釈漢文大系』シリーズに従った。理由は、そのシリーズの『全釈漢文大系 礼記 上・中・下』（市原亨吉・今井清・鈴木隆一著、一九七六～七九年）だけが、「鄭注《じょうちゅう》《ていちゅう》」を略していないからだ。鄭注とは、後漢の鄭玄《じょうげん》という儒学者が付けた注で、『礼記』の場合、ほとんど本文と同等の価値を持つ注として尊重され、わが国に伝来した。訓読（読み下し）はほぼ全面的に当該シリーズに依拠し、言葉・文章の解釈では当該シリーズを含む各種注釈本に大いに助けられたが、原則として私自身が全面的に解釈し直した。一歴史学者として、解釈に責任を持つため、こればかりは他人に丸投げできない。私独自の解釈をする際には、古辞書や関係する古典籍などを参照して、恣意的な解釈にならないよう気をつけた。

本書はあまりにマニアックな内容だが、日本史学・日本文化論・日本人論の礎となる情報・作業として、取り組んで公にする価値があると信ずる（出版元もそう信じて下さった）。本書が少しでもそうした役割を果たせれば本望である。

第一章　『礼記』と《礼》思想
――人間関係の根底としての敬譲

『礼記』の成立と沿革

はじめに、本書がどのように『礼記《らいき》』にアプローチするか、道筋を示しておこう。

『礼記』の内容は、大きく二つに分かれる。《礼》の理論と、《礼》の実践的マニュアルである。簡単にいえばそうなのだが、『礼記』の分析は楽ではない。まず、分量が多い。そして理論もわかりにくい。独特の概念が多く現れる上、それらは抽象的で容易な理解を拒み、それらが複雑に組み合わされてゆく。その論理展開の意味についてゆくことは困難で、全体として論理的に筋が通っているのかを判断することさえ難しい（そもそも複数の書の寄せ集めなので、全体の論理的整合性はなくて当然だ）。

しかも、実践マニュアルの部分も、すぐに読者をげんなりさせる。微《び》に入り細《さい》を穿《うが》った枝葉末節的な作法が延々と書き連ねてあるからだ。それらが、所作の面でも理論の面でも、現代日本の生活・文化に直接関係ないように見えるので、共感しにくい。しかも、儒教は喪礼《そうれい》・祭祀《さいし》、つまり人が死んだ時に葬るまでの作法と、葬った死者を未来永劫に祭り続ける作法を極めて重視するので、人の死と正しく向き合う作法が延々と述べられ、辟易する。

中国思想史の専門家でなく、儒教の信者でもない私には、この極めて多岐にわたり、膨大で複雑な『礼記』の内容をすべて理解・解説することは、不可能だし、そうすべき理由もない。ただ、『礼記』の

《礼》思想の理論は、実は突き詰めると、ほんのいくつかの原理に集約できる。それらの原理のいくつかは、《礼》思想の末裔である礼儀作法を実践する私たちが実感しておらず、存在にさえ気づいていないものだ。

『礼記』は、本来一つの書物ではない。中国の戦国時代に書かれた《礼》に関する言説が、漢代に〝発見〟され、まとめられたものだ。実は二人の人物（戴聖《たいせい》と叔父の戴徳《たいとく》）が別個にまとめた二種類があり、それぞれ『小戴《しょうたい》礼記』『大戴《だたい》礼記』と呼ばれるが、一般に『礼記』の名で通用し重視されているのは、『小戴礼記』の方だ。その内容の少なくとも一部（「緇衣《しい》」篇と「孔子閑居《こうしかんきょ》」篇）は、戦国時代の竹簡《ちっかん》（束ねた細長い竹の板に書かれた文書）として出土しており、存在も内容もその頃まで遡ることが確実である。

中国の戦国時代は、紀元前五世紀から秦の始皇帝が天下を統一した紀元前三世紀後半までを指す。一方、日本に『礼記』が到来したのは六世紀まで下るので、その間に約千年の開きがある。その間、《礼》思想が『礼記』の著された時のままであったはずはなく、相当の変容を蒙っていることは疑いない。

その間に秦・漢を挟んでいることは重要だ。秦は《礼》思想ではなく、法に依存した統治を徹底する法家《ほうか》思想で躍進した国家であり、『礼記』が理想とする《礼》に依存した国家の対極にあった。その末期には、焚書坑儒《ふんしょこうじゅ》という、大規模な儒教経典の湮滅《いんめつ》と儒学者の虐殺が行われ、儒教と《礼》思想が受けた負の影響は計り知れない。

また漢は、秦のような極端な法治主義には傾かなかったが、《礼》思想にも完全には依存しなかった。漢は《礼》の重要性を認識しつつ、現実的には法治が不可欠と認識していた。だから漢は礼と刑（法）を車の両輪として、ほどよいバランスを保って統治した。

『礼記』と鄭注と謎の儒学史ムラ社会

わが国が儒教の一部として『礼記』とその学問を受容したのは、中国でいえば南北朝・隋・唐の時代にあたる。わが国に伝来したのは、『礼記』そのものというより、それらの時代の『礼記』の学問（解釈）だったが、実は隋・唐の時代に、一つの古い解釈に至高の価値が与えられた。その解釈とは、後漢の儒学者だった鄭玄《じょうげん》が付けた注である。

　儒教の根本経典を「五経」という。しばしば「四書五経《ししょごきょう》」と一緒くたにいわれるが、四書（『大学』『中《ちゅう》庸《よう》』『論語』『孟子《もうし》』）は一二世紀の宋代に興った朱子学が、儒学の初学者向けに選び出した経典であり、唐代までの儒教史とは関係がない。唐代まで、儒教の根本経典は五経であり、その内訳は『詩《し》』『書《しょ》』『礼記』『易《えき》』『春秋』だった（『詩』『書』『易』は一般に『詩経』『書経（尚書）』『易経』の名で知られている）。

　それらは古くから儒学者の研究対象となり、『詩』『書』『易』『春秋』に注をつけた儒者は多かったが、《礼》に関する注釈を行う者はほとんどなかった。その中で、鄭玄は《礼》の注釈を得意とし、《礼》の主要テキスト、すなわち『周礼《しゅらい》』『儀礼《ぎらい》』『礼記』のすべてに注を施し、それらは「三礼《さんらい》」と総称されて、鄭氏の一家の学問にまで高めた。その結果、唐の儒学者で、孔子の子孫という触れ込みで地位を得た孔《く》穎達《ようだつ》から「礼は是《こ》れ鄭学《ていがく》（礼は鄭氏《ていし》の学問である）」といわれ、鄭玄のつけた注は「鄭注《ていちゅう》」と呼ばれて尊重され、鄭注によって《礼》を学ぶ者を「鄭学の徒」【『礼記』月令第六冒頭の疏】と呼んだ。

　なお、すでに混乱された読者がいると思うが、「鄭」の字は、鄭《ジョウ》玄の場合だけ呉音で読み、鄭《テイ》氏・鄭《テイ》学などの場合は漢音で読む慣《ならわ》しらしい（呉音は、古く中国南方から伝わったとされる発音。漢音は、隋唐の頃の長安の標準語とされる新しい発音）。「孔」の字は逆で、孔《コウ》子の場合は漢音で読み、子孫の孔《ク》穎達の場合は呉音で読む。そして最も根本的な教義の書《バイブル》を「経《キョウ》」、五つの経を「五経《キョウ》」、そのうち三つを『詩経《キョウ》』『書経《キョウ》』『易経《キョウ》』とすべて呉音で発音するが、五経を学ぶ学問は漢音で経《ケイ》学と呼ばれる。『礼《ライ》記』も呉音だが、書名から切り離して一文字の思想になると「礼《レイ》」と漢音で呼ばれる。また、『礼記』は頭に「小戴」「大戴」と付くとレイキと漢音で読まれる。同じ意味の同じ文字、特に同じ姓の発音をいちいち変えるナンセンス（しかもルールに一貫性がなく、中国では明らかに存在しない区別）が、日本の中国史学でなぜ横行しているのかは謎だ（恐らく、儒学の受容の歴史そのものにとっては重要な情報なのだろう）。

ちなみに、古い時代の日本では呉音が支配的で、中世日本では孔子《クジ》と呉音で読んだ証拠がある（籤《くじ》を「孔子」と書いた）。それなら子孫の孔穎達《クヨウダツ》と一貫性があるが、なぜ孔子だけ伝統的な読みを捨て孔子《コウシ》と発音する読み癖を作ってしまったのかも、謎だ。どうやら日本の〝儒教史〟学には、極端にガラパゴス化した、外界からは理解困難なムラ社会的文化がある。ただ、日本史学でも同じなのだが、そうした読み癖は、専門家たちの恣意的で単発的な思いつき・好みの積み重ねにすぎない（そもそも、漢字を日本ローカルの発音で読む時点で、正確な発音を逸脱している）。新たに学ぶ人がそれに囚われる理由はなく、私たちは読みやすい（理解しやすい）ように読めばよい。本書の振り仮名は、一応、固有名詞の場合は中国史学の風習に従ったが、原典を引用する場合は、依拠した『全釈漢文大系』を踏襲して、（特別な場合以外）すべて漢音で振り仮名を振った。

話を戻そう。「三礼」の鄭注は尊重されて完全に残り、後には本文とほぼ同等の価値を認められた（『全釈漢文大系　第十二巻　礼記　上』「解説」九～一〇頁）。『礼記』は、そうして尊重された鄭注とともにわが国に伝来したので、鄭注も日本の《礼》思想を形成する重要な根拠になっている。そこで本書では鄭注の解釈を全面的に受け入れて、『礼記』の記事を読み解こう（『礼記』を引用する場合、鄭注は山括弧〈 〉で示して区別した）。

なお、『礼記』などの五経に記述された、中国の歴史時代冒頭の三王朝（夏《か》・殷《いん》・周《しゅう》）の出来事や、特に頻繁に現れる孔子の言行は、必ずしも史実を反映していない。というより、夏王朝は実在したとは思われず、殷・周のことや孔子の言行も後代の儒者の創作が大部分で、特に孔子の言行には確実な史実として認定できることがほぼない。その一方、殷・周・春秋・戦国時代の確実な歴史は、甲骨文《こうこつぶん》（殷代に占いを刻んだ動物の骨）や金文《きんぶん》（当時の金属器に書かれた文章）・竹帛《ちくはく》（薄く細長い竹の板に書かれた文書）といった信頼性が高い同時代史料から描き直されており、入手しやすい平易な概説書も増えてきた。

それらの一部を参考文献に挙げておいたが、儒教成立をめぐる本当の史実に興味をお持ちの読者は、浅野裕一著『儒教　怨念と復讐の宗教』（講談社学術文庫、二〇一七年）などを一読されたい。理想社会だといい張った周王朝の礼をほとんど知らず、それでも専門家だと強弁し、国政参加への野望は強いがすぐ馬脚が現れて出世できない孔子。孔子の死後に、彼の偉大さを喧伝するプロパガンダ文書や経典を山のように捏造・偽造し、孔子を神格化し、権力者を取り込んで唯一の官学（朝廷の公認学問）に仕立て上げ、中身のない空疎な儒教を至高の国教のように祭り上げていった孔子の教団（儒学者）。そうした衝撃的な、しかし歴史学者の目から見てかなり真実味がある像が、ほかならぬ儒学の経典から明らかにされている。

一方、本書は全く違う視座からアプローチする。孔子や儒学者が量産した発言や思想、経典や解説書などの内容が、本当の意味で史実かどうかを、本書は問わない。本書にとって重要なのは、それらが史実として書かれた経典が日本に輸入され、史実と信じた上で日本人が《礼》思想を学んだ、という事実の方である。本書では、〈日本人がそう信じた〉という意味に限定して、それらを史実として扱ってゆくことになる。

それでは『礼記』の分析に取りかかろう。以下、第一章から第九章まで、典拠を明記しない場合はすべて『礼記』の文章である。引用するごとに通し番号をつけ、読み下し文を掲げ、【　】で篇（チャプター）と節を示す（原文の検索が容易になるよう、『全釈漢文大系』に従ってアラビア数字の節番号を付記した）。続けて▼印で現代語訳を示すが、叙述の都合上、読み下し文の直後に丸ごと示した場合と、解説しながら少しずつ示す場合がある。また、鄭注の扱いは、訳文を別途独立して掲げる場合と、鄭注を本文の解釈に織り込んでしまう（別途掲げない）場合がある。典拠の本文は、誰にとっても読み慣れない文章なので、最低限読み下せるよう、くどいほど振り仮名を振った。また、典拠の本文を読み飛ばす読者も多いと思うので、振り仮名は直後の訳文でも多めに付けておいた。なお、本書では『春秋左氏伝』は『左氏伝』と略称し、引用する場合は【 】で年（必要により年月）を示し、どこを引用したかを示した。

《礼》は悪を鎮めて善を全うする唯一の術

《礼》という思想は、人間関係にとどまらず、天地や森羅万象、世界の仕組みにまで説き及ぶ広大な思想であり、一種の哲学である。しかし、孔子の《礼》思想が最初からそのような形而上学として始まったとは到底考えられず、極めて具象的な、身近な人間社会の観察から生まれたと考えるのが自然だ。したがって、本書で〈礼とは何か〉を考える手順も、極めて容易に観察可能な、単純な人間関係の部分に即して始めるのが順当だろう。

そもそも、《礼》は何のためにあるのか。『礼記』が伝える孔子の答えは次のようだった。

[1]言游《げんゆう》進みて曰《いわ》く、敢《あえ》て問ふ、礼なる者《もの》は悪《あく》を領《おさ》めて好《こう》を全《まった》くする者かと。子《し》曰《いわ》く、然《しか》りと。〈領は猶《な》ほ治のごときなり。好は善なり。〉【仲尼燕居4】

➤弟子の言游《げんゆう》が進み出て「敢《あ》えて問います。《礼》とは、悪を抑制し、善を全うするためのものでしょうか」と問うと、孔子は「そうだ」と断言した。

《礼》の存在目的は、ごく単純化すれば勧善懲悪だった。ただし、それは時代劇のように、チャンバラで悪を滅ぼすことではない。鄭注によれば、「領《おさ》める」は「治める」と似た意味で、治水・治安・統治などという時の「治」である。つまり孔子のいう「悪を領める」とは、悪の存在を前提としつつ、悪を制御し、抑え込み、暴走させず、社会生活に表面化させないことだ。人間は悪に染まりやすく、悪は根絶し難いが、それを抑圧して善を全うするだけの理性を持っている、というのが《礼》の人間観である。

《礼》を知って実践する者が「君子」

儒教は、究極的には天下・国家が正しく治まることを目標としている。そのために、天下国家を構成する個々の人間が、正しく考え、正しく振る舞う理想的な人格者、つまり「君子《くんし》」であるよう求めている。では、「君子」とは、どのように振る舞う人物をいうのか。

[2]子曰《いわ》く、慎《つつし》みて之《これ》を聴《き》け。……是《こ》の故《ゆえ》に君子は物《もの》として礼に在《あ》らざるは無《な》し。【仲尼燕居7】

▼孔子はいう。「弟子よ、謹んで覚えておけ。……君子は万事、礼に則して振る舞う」と。

ここに、孔子による「君子」の定義がある。重要なのは、これを逆算すれば、つまり〈儒教では、君子とはこのように振る舞うものと定める〉という定義がわかれば、〈礼とは何か〉が判明することだ。そして、それに該当する定義は、次の通りである。

[3](a)博聞強識《はくぶんきょうしき》にして譲り、善行に敦《あつ》くして怠《おこた》らず、之《これ》を君子と謂《い》ふ。〈敦は厚なり。〉【曲礼上55】

▼並外れた知識を持ち、一々の振る舞いにあたっては他人に譲ることを主とし、「善行」を重ねて怠らない人を、「君子」という。

[3](b)君子は人の歓《かん》を尽《つく》さず、人の忠を竭《つく》さず。以《もっ》て交《まじ》はりを全《まった》くするなり。〈歓は飲食を謂《い》ふ。忠は衣服の物を謂ふ。〉【曲礼上55】

▼君子は人から飲食や衣服をもらう時にほどほどでやめておくことで、関係をよく保つ。

右により、「君子」の構成要素は、知識・謙譲心・善行・節制だと判明する。謙譲心が《礼》の一部であることは、後に述べる通り明らかだが、もう一つ、「善行」も《礼》と直接関係している。漠然とした言葉だが、『礼記』には「善行」のはっきりとした定義がある。

[4]身を修《おさ》め言《ことば》を践《ふ》む、之《これ》を善行と謂《い》ふ。〈践は履なり。履みて之《これ》を行《おこな》ふを言ふ。〉行《おこな》ひ修《おさ》まり言道《ことばみち》あるは、礼の質なり。〈言道ありとは、言、道に合するなり。質は猶《な》ほ本のごときなり。礼は之《これ》が文飾を為《な》すのみ。〉【曲礼上6】

「修《おさ》める」とは〈乱れず整った状態にする〉ことをいうから、この一節は、「行動が乱れないようにし、行動は言葉と一致し、言葉は（人として正しい）道と一致することだけを発言する」ことが、「善行」の具体的内実だ、と述べている。そして注目すべきことに、「これこそが《礼》の本質・根本である」と明記されている。では、行動が正しく整っている人の振る舞いとは、どのようなものか。別の一節に、君子の行動の一例が、次のように述べてられている。

[5]敬譲《けいじょう》なる者《もの》は、君子の相接《あいせつ》する所以《ゆえん》なり。故《ゆえ》に諸侯相接《しょこうあいせつ》するに敬譲を以《もっ》てするときは、則《すなわ》ち相侵《あいしん》陵《りょう》せず。〈君子の相接するときは、賓譲《ひんゆず》りて主人敬《しゅじんけい》するなり。〉【聘義5】

▼人に対して敬い譲るのが、君子の接し方だ。だから諸侯《しょこう》が会合する時に敬い譲ることを実践すれば、戦争は起こらない。〈君子同士で接する時は、賓客《ゲスト》は譲り、主人《ホスト》は敬う。〉

ここに、「敬うこと」と「譲ること」という、君子の行動の根幹的精神が見える。そのこと自体や、それが礼儀と直結していることは、今日の私たちにも容易に想像・共感できる。しかし、敬うことや譲ることは、《礼》という複雑で広大な思想の体系と、どう関わるのか。

周の身分制度と君子――王・公・卿・大夫・士

この問題は、君子の身分と性質の両方から、《礼》に関わる。「君子」は通俗的に、右のような人格（思考様式や行動様式）の問題としてのみ扱われる。一般に流布している儒教関係の解説の大部分がそうだ。

しかし、「君子」と《礼》の関係を追究する本書では、絶対に見落としてはならない観点がある。それは、《礼》が身分制社会を大前提にしていたことであり、したがって、《礼》の実践者として語られる「君子」も身分制社会の一員であり、すなわち特定の身分と対応している、ということだ。《礼》思想は、社会の全員に、特に民の全員に君子であることを要求しない。君子であるためには心の余裕が必要であり、したがって生活に汲々とする民には土台無理だと、わかっているからだ。

後述（第七章）の通り、君子は射《しゃ》（弓術）の技能を要求される。しかし、弓術は技能の習熟と維持に膨大な時間を必要とし、やはり生活で精一杯の民が身につけられる技能ではない。弓術は食べるためにすべての時間を費やさなくてよい者、つまり俸禄をもらう階級でなければ身につかない。そして、これも後に述べる通り、射の会に呼び出されて技能を競わされる者は、「士《し》」以上の者に限られる。「士」は君主からの俸禄をもらう官僚の最下層であり、したがって民は射の技能を要求されないが、「士」以上なら諸侯《しょこう》に至るまで、射の技能が要求される。

それらを総合すると、「君子」は「士」以上の身分と結びついており、そもそもが、身分を問わず誰でも到達できる境地ではなかった。その観点が、通俗的な「君子」の話には決定的に欠けている。そして、《礼》の話と君子の話が直結する以上、本書はこのあたりで、『礼記』が対象としている時代の身分制度について、簡単に押さえておく必要がある。

『礼記』が描く時代は、周《しゅう》王朝の時代である。周の身分制度は、春秋・戦国時代と次第に中国が分裂を進めてゆくにつれて変化し、秦漢以降の統一王朝の時代にはさらに変わり果ててゆく。しかし、細かい官司（役所）・官職（役人）の構成や名前は変わっても、古代中国を通じてほとんど変わらなかった身分制度がある。それが「王《おう》」「公《こう》」「卿《けい》」「大夫《たいふ》」「士《し》」という、大雑把な身分秩序である。

[6]天子は三公《さんこう》、九卿《きゅうけい》、二十七大夫《にじゅうしちたいふ》、八十一元士《はちじゅういちげんし》あり。〈此《こ》れ夏《か》の制《せい》なり。〉【王制12】

人類最初の王朝とされる夏王朝（実在は疑われている）では、つまり人類が王朝を持った最初から、天子（王）には公・卿・大夫・元士《げんし》が仕えてきたと、『礼記』は信じた。最上位に三人の公、その下に九人の卿、その下に二七人の大夫、その下に八一人の元士がいた、と。身分が下がるごとに三倍ずつ増えるこの綺麗な数字が、史実ありのままだった可能性はない。また、「元士」という呼び名は、殷王朝を経て周王朝までに消え、単に「士」となって、「王」「公」「卿」「大夫」「士」という名・序列で後代まで続いた。

これに関連して、『左氏伝』には次のようにある。

[7]人に十等有《じっとうあ》り。下《しも》の上《かみ》に事《つか》ふる所以《ゆえん》は、上の神《しん》に共《きょう》する所以なり。故《ゆえ》に王の臣は公、公の臣は大夫、大夫の臣は士、士の臣は皁《そう》、皁の臣は輿《よ》、輿の臣は隷《れい》、隷の臣は僚《りょう》、僚の臣は僕《ぼく》、僕の臣は台《たい》なり。【昭公七年】

▼人の身分は一〇等級ある。下の者が上の者に仕えるのは、上の者が神に奉仕するのを補助するためである。そこで、王の臣には公、公の臣には大夫、大夫の臣には士、士の臣には皁《そう》、皁の臣には輿《よ》、輿の臣には隷《れい》、隷の臣には僚《りょう》、僚の臣には僕《ぼく》、僕の臣には台《たい》がいる。

右には王・公・大夫・士・皁・輿・隷・僚・僕・台という身分階級が列挙されているが、これは人の身分を一〇等級というキリのよい数字にするための作文である（五行と陰陽を掛け合わせた、五×二＝一

○という数値を重んじた。後掲[9]の鄭注参照）。実際には、「皁」から下の五等級はまず史書に現れず、机上の創作と見てよい（実際には公の下に存在したはずの卿も、右に見えない）。実際には「士」より上の王（天子）・公（諸侯）・卿（上級官僚）・大夫（中級官僚）・士（下級官僚）が、周王朝や諸侯の朝廷の主な構成員だった。

『書』（人類初期の歴史を記した経典。『書経』『尚書』とも）の「天秩《てんちつ》に礼有《あ》り。我が五礼に自《よ》ること庸有《つねあ》るや」【虞書 - 皐陶謨第四】という一文に現れた「五礼」という言葉について、鄭玄の注は「五礼は、天子なり、諸侯なり、卿大夫なり、士なり、庶民なり」と解説している。社会の五つの身分を「五礼」と呼んだわけで、天子が王、諸侯が公に対応しているが、鄭玄は卿と大夫を分けずに一括している（後述[9]のように、大夫の上層部に卿が含まれるからだろう）。一方、三国時代の魏《ぎ》に仕え、鄭玄と対立する学説を唱えた王肅《おうしゅく》の注は、「五礼は、王・公・卿・大夫・士を謂《い》ふ」と端的にいう【『尚書正義』】。

前述の通り、『礼記』の段階で「天子・公・卿・大夫・元士」という五つの身分の原型は現れているが、それが「王・公・卿・大夫・士」という言葉で綺麗に出揃うのは、王肅の頃まで待たねばならない。もっとも、『礼記』には次のような記事もある。

[8]国、大県邑《だいけんゆう》を亡《うしな》ふときは、公・卿《けい》・大夫・士は皆《み》な厭冠《えんかん》して、大廟《たいびょう》に哭《こく》すること三日。君は挙《あ》げず。〈軍《ぐん》敗れて地を失《うしな》ふときは、喪《も》を以《もっ》て帰るなり。厭冠は今の喪冠《そうかん》。其《そ》の服は未だ聞かず。〉或《ある》ひは曰《いわ》く、「君挙げて后土《こうど》に哭す」と。〈后土は社なり。〉【檀弓上113】

▼国家が戦争に負けて大きな領土を失った時は、その国の公・卿・大夫・士は厭冠《えんかん》をかぶって主君の宗廟《そうびょう》（祖先祭祀の廟）で三日間、「哭《こく》（声を挙げて哭《な》く所作）」を行う。君主はそれを行わない。〈厭冠とは、今（後漢）でいう喪冠《そうかん》（人の死を悼む喪礼で着ける冠）にあたるが、服装は不明。敗戦して領土を失ったら、喪礼《そうれい》と同じ感覚で戦場から帰国するのである。〉ある説に、君主も社《しゃ》（祭壇）で哭を行

うともいう。

右には「王」の字が見えないが、「君」が「王」に該当するので、列挙された四種類の臣下の名称と合わせて、王・公・卿・大夫・士が出揃っていると考えてよい。

私がこの身分呼称の歴史に拘《こだわ》るのは、それらの名が、後にそのまま日本に導入されたからである。もっとも、古代中国と古代日本では社会構造が根本的に違い、日本側が中国式に改変することを望まなかったので、名前だけ引き継ぎ、〝内実が違うが近いもの〟に何となく当てはめた。王は天皇（倭王）の一族に、公は大臣（太政大臣・左大臣・右大臣・内大臣）に、卿は三位の位階か議政官《ぎせいかん》の官職（大納言・中納言・参議）を持つ者に、大夫は五位（または卿未満の四位・五位）の異称として、士は六位の異称として、である。

「三公」という言葉も継承され（左大臣・右大臣と、内大臣または太政大臣の三人を指した）、公と卿を合わせた集団を指す「公卿《くぎょう》」という言葉が生まれた。大夫からは「諸大夫《しょたいふ》」（四位・五位の者、またはそれらの位階まで昇るのが当然視される家柄の者。転じて、公卿を出す家に仕える諸大夫の家柄の者）という言葉が生まれ、そして士からは「武士」という言葉が生まれた。それらの身分集団は前近代を通じて維持されて明治維新まで日本の秩序の根幹となり、しかも武士は明治維新まで七世紀もの間、日本の支配者だった。

なお、周の制度では、天子は諸侯に、また諸侯は自分の臣に、五等級の爵位を与えた。

[9]王者《おうしゃ》の禄爵《ろくしゃく》を制《せい》するは、公《こう》・侯《こう》・伯《はく》・子《し》・男《だん》、凡《およ》そ五等。諸侯の上大夫《しょうたいふ》卿《けい》・下大夫《かたいふ》・上士《しょうし》・中《ちゅう》士《し》・下士《かし》、凡そ五等。〈二つの五は五行の剛柔十日《じゅうじつ》に象《かたど》る。禄は受くる所《ところ》の食なり。爵は秩次《ちつじ》なり。上大夫《しょうたいふ》を卿《けい》と曰《い》ふ。〉【王制1】

▼王（天子）は諸侯に、禄の多寡《たか》（封土《ほうど》＝国の領土の大小）に応じて爵を与える。それは公《こう》・侯《こう》・伯《はく》・子《し》・男《だん》の五等級である。諸侯も同様に五等級を与え、上大夫卿《しょうたいふけい》・下大夫《かたいふ》・上士《しょうし》・中士《ちゅうし》・下士《かし》といった。〈それぞれ五つあるのは、五行（木・火・土・金・水の五要素）と剛柔（陰・陽の二要素）を掛け合わせた「十日《じゅうじつ》」を象《かたど》るため。禄とは与えられた食（収入源）で、爵とは序列である。上大夫を卿ともいう。〉

末尾の「大夫の上層部を「卿」とも呼んだ」という情報は、卿と大夫の特殊な（どちらかといえば一体的な）関係を教えてくれて興味深い。しかし、今注目したいのは、天子が諸侯に与える公・侯・伯・子・男の五等級の方だ。諸侯は、自分の国の名とこれらの爵位を合わせて、公なら「周公」「秦公」、侯なら「晋《しん》侯」、伯なら「曹《そう》伯」「杞《き》伯」などと呼ばれた。

そして、これらの五つの爵位も、日本に移入された。前近代には存在しないが、明治維新後に華族の爵位として創設された、公爵・侯爵・伯爵・子爵・男爵である。前近代の〈王・公・卿・大夫・士〉といい、近代の〈公・侯・伯・子・男〉の爵位といい、周王朝までに固まって《礼》思想の大前提となった身分秩序が、日本の歴史と文化に与えた影響は甚大といわざるを得ない。

公・卿・大夫・士は近代化で消滅し、爵位も戦後に消滅したが、今もって「王」だけは生きている。天皇の息子・娘を「〇〇親王」「〇〇内親王」といい、それ以外の皇族を「〇〇王」「〇〇女王」と呼ぶのがそれである。これらの呼称は皇室が存続する限り続くと思われ、周の身分制度のしぶとさには舌を巻くばかりだ。

ただ、そのしぶとさは周王朝自体のものではなく、《礼》思想が周王朝の制度を理想視したため、《礼》思想のしぶとさに便乗して生き残った結果である。日本固有の君主制だと大多数の日本人が信じている現代皇室制度に、どれほど《礼》思想の影響があり、そのお蔭で古代中国的要素に満ちているかは、機会を改めていつか述べてみたい。

賓礼と敬意——煩瑣な所作は敬意の表現

《礼》思想の前提となる周の身分制度を踏まえた上で、話を進めよう。敬譲の精神に基づく振る舞いが君子の振る舞いであり、君子が「士」以上の人（天子と諸侯と臣）に事実上限られ、君子は《礼》の実践者である、という関係性の話だった。敬譲の精神は、君子を介して、《礼》と結びついている。その結びつきは君子の身分・性質の二側面から成り、身分の側面は右に見た通りだ。では、君子の性質としての敬譲の精神は、《礼》という思想の体系の中で、どこに、どのような意味をもって位置するのか。

それを踏み込んで考える糸口が、[5]の鄭注にある。「君子同士で会う時は、賓客《ひんかく》は譲り、主人は敬う、ということだ」と。君子同士が会う場合は、主人《ホスト》（客を招く側）と賓客《ゲスト》（招かれる側）という立場に配置され、賓客は主人にいちいち譲り、主人は賓客をいちいち敬う、という構図が作られるのである。そのような手続きは、《礼》思想では「五礼《ごれい》」という重要な五つのカテゴリー（後述）の一つ「賓礼《ひんれい》」として、特筆され、確立されていた。

では、賓礼とはどのようなものか。一例を挙げよう。あまりに繁雑でうんざりし、どうでもよいと思われそうだが、『礼記』が定める礼の手続きはすべてこの調子である。『礼記』の雰囲気や、『礼記』に由来する儀礼の雰囲気を知って頂くために、一例だけ示そう。

[10]凡《およ》そ客と入《い》る者《もの》は、門毎《ごと》に客に譲る。客、寝門《しんもん》に至れば、則《すなわ》ち主人請《こ》ふ、「入《い》りて席を為《し》かん」と。然《しか》る後《のち》に出《い》でて客を迎《むか》ふ。客、固辞《こじ》す。主人、客を粛《しゅく》して入《い》る。主人は門を入《い》りて右《みぎ》し、客は門を入《い》りて左《ひだり》す。主人は東階《とうかい》に就《つ》き、客は西階《さいかい》に就く。客若《も》し降等《こうとう》なれば、則《すなわ》ち主人の階に就く。主人固辞す。然《しか》る後《のち》に客復《ふく》し、西階に就く。主人、客と登ることを譲る。主人先《ま》づ登り、客之《これ》に従ふ。

級《きゅう》を拾《わた》り足を聚《あつ》む。連歩《れんぽ》して以《もっ》て上《のぼ》る。東階を上るには、則ち右足を先にし、西階を上るには、則ち左足を先にす。【曲礼上24】

▼客人を自宅に迎える時、客を招き入れる主人（家の主）は、門を通るごとに、客に（先に通るように）譲る。客に対して遜《へりくだ》るからである。客が滞在する個室の前の門まで来ると、主人は「私が先に入って席を整えてまいりますが、よろしいでしょうか」と客に請う（客より先に客室に入ることを遠慮するのである）。そして席を整えて居室を出て、客を迎え入れる。客はこれを固辞する。これも先に入ることを主人に譲るからである。主人は客の固辞を押し切り、客を導いて居室の門内に迎え入れる。門を入ると、主人は右を進み、客は左を進む。そして主人は東側の階段を上り、客は西側の階段を上る。この時、客の身分がもし主人より低ければ（例えば主人が君主で客が大夫、あるいは主人が大夫で客が士の時など）、主人と同じ階段を上ろうとする。身分の低い者は高い者に従うべきだからであり、客として当然のように主人から尊ばれることを避けるからである。しかし主人はこれを固辞し、客は西の階段に戻る。主人と客は、先に上ることを譲り合い、結局、主人が先に上り、それから客が上る。この時、片足で一段上ったら、もう片方の足も一段上って両脚を揃え、一段ずつ上る（連歩、つまり後ろの足が、前を行く足より前に出ないように歩く）。東の階段を上る主人は右足を先に出して上り、西の階段を上る客は左足を先に出して上る。

君子が客を迎える作法がどれほど煩瑣《はんさ》か、嫌というほど感じて頂けただろう。客が家の外から居室に落ち着くまで、案内する主人と客の間で、門や階段など、進路を一段階進むたびに、何度でも進行を止め、先に進むよう譲り合う。しかも、その譲り合いは「固辞《こじ》」である。固辞とは〝固く辞めること〟で、具体的には、〝一度辞退しても相手に勧められ、二度辞退すること〟をいう。それでも勧められ、三度辞退し、それでも勧められれば、初めて辞退を諦めて相手の勧めに従うのである。そして階段でも、客のための階段をわざと一度避け、主人と譲り合いをした末に階段に戻る、というやりとりをする。これでは一体、いつになったら居室に着くのかと、現代人はうんざりするだろう。しかも、結局、「固辞した末に、主人が勧めた通りに振る舞う」とマニュアル化されているのだから、最初からそうすればよいではないか、と現代人は考えるだろう。

進むと決まっても、階段は一段ずつ上らねばならず、その上り方も、二つの階段のうち一方をこう使い、他方をこう使う、と定められ、どちらの足を先に出すかまで定められている。その規定の何と細かいことか。左右どちらの足から階段を上ってもよいではないか、と現代人は考えるだろう。

しかし、この記事には、いくつも重要な情報がある。第一に、本場の中国古代の《礼》とは、ここまでせねばならなかった、という点だ。本来の《礼》は、現代日本人が考えるより何十倍・何百倍も、煩瑣な所作の積み重ねなのである。第二に、「相手に譲る」ということが、極めて重視されている。主人《ホスト》の身分が客《ゲスト》より高い場合でさえ、客に譲る素振りを繰り返さねばならないのである。第三に、それと直結するが、客と主人の間で身分が違う場合が当然ある、という前提で賓礼は設計されている。

では、なぜこれほどまでに、主人と客は譲り合いを重ねる必要があるのか。そして、どちらの足を先に出す、というレベルまで細かく定めることに、何の意味があるのか。

その理由は、階段の上り方の部分の鄭注にある。「東の階段を上る時は右足を先にし、西の階段を上る時は左足を先にする」という本文に付けられた、「相郷《あひむか》ひて敬するに近し」という注である。つまり、東西で左右対称になるように足を進めることが「敬う」ことに通ずる、という。別の篇（【郊特牲9】）によれば、そもそも、「東の階段を上らせる」こと自体が、「この家の主役は自分ではなくあなた様です」という敬意を意味した（東は太陽が昇る方角なので、〝陰陽〟でいうと陽に該当し、そして陰が陽に従属するからだろう）。《礼》思想では、「礼儀三百、威儀《いぎ》三千」【『礼記』中庸27】といわれる膨大な所作や儀式次第の定めがあるが、その細かい作法や譲り合いは、「敬う」ことを表明する手段だったのだ。ここに私たちは、

〝敬意〟という最初のキーワードと出会う。

《礼》の真髄は適切な敬意

《礼》において敬意が極めて重視されたことは、『礼記』の書かれ方自体からも読み取れる。後述のように、《礼》の思想は、世界の仕組みを「本末」という二項対立で捉える。「本末」は本と末、つまり物ごとの先と後、あるいは原因と結果であり、川に譬《たと》えれば、水が湧き出る源流（水源）と、そこから流れ出した下流のイメージである。水源がなければ川が存在しないように、物ごとで重要なのは「本（先・原因）」であると、《礼》思想は捉える。そのような思想の書物の冒頭（「本末」でいえば「本」の部分）に書かれることは、最も重要なこと（の一つ）だ。その『礼記』の冒頭は、次の書き出しで始まる。

[11]『曲礼《きょくらい》』曰《いわ》く、「敬《けい》せざること毋《なか》れ。」〈礼は敬《けい》を主《しゅ》とす。〉【曲礼上1】

▼『曲礼《きょくらい》』に「何ごとでも必ず常に敬え」と書いてある。〈礼の最も主な要素は敬うことだ。〉

右の一節は、『礼記』より古い『曲礼』という書物を引用して、シンプルに断言する。『礼記』全体を通読して総合した印象からいっても、また『礼記』の冒頭に記された事実から考えても、『礼記』が最も主張したいことの一つが、この一節に凝縮されているといってよい。この原理は『礼記』で何度も言及される。たとえば、

[12]曾子《そうし》曰《いわ》く、「晏子《あんし》は礼を知ると謂《い》ふべきのみ。恭敬之有り《きょうけいこれあ》」。〈言《い》ふこころは、礼は敬するのみ。〉【檀弓下37】

▼曾子《そうし》はいった。「晏子《あんし》（斉《せい》の政治家）は礼を知る者だと断言できる。なぜなら彼は恭《うやま》い敬う人であっ

たから」と。〈礼とは敬うことで、それ以外の何ものでもない。〉

という一節では、本文も鄭注も、「礼は敬うこと」と端的に断言している。また、『左氏伝』にも「礼を勤《つと》むるは、敬《けい》を致すに如《し》くは莫《な》し〔礼の最上の実践は敬うことだ〕」【成公一三年】と、同じ趣旨を断言した一節が見える。

敬意が《礼》の核心に位置することは、現代の私たちにも容易に理解・実感できる。私たちが「礼儀」「礼節」「礼を尽くす」という場合、それは敬意を表現するという行動になる。したがって私たちは、《礼》の核心を、大筋では正しく認識していることになる。

では、敬意とは何だろうか。実は『左氏伝』に「君子曰《いわ》く、「譲《じょう》は礼の主《しゅ》なり。」」〔君子はいう、「譲ることは礼の主要な要素だ」と〕【襄公一三年】とある。そこには、〈礼の主要な要素＝譲ること〉という等式があるわけだが、これと前述の〈礼の主要な要素＝敬うこと〉という等式を総合すれば、〈敬うこと＝譲ること〉という等式が導かれる。

では、「譲る」とは具体的にどのような行為か。それは一言でいえば、〈相手のために、自己犠牲的に手間をかけること〉である。

私たちの生活で、敬意を払う場面を思い出してみよう。私たちは敬意を表現する時、敬語を使い、お辞儀をし〔頭を下げ〕、贈り物を贈り、道や出入口で他人を先に通す〔譲る〕。

それらの共通点は何か。敬語を使う時は、言葉自体や表現を考えながら、選びながら話すので、普通にごく親しい人と話す時よりも、余計に神経を使う。偉い人とすれ違う時、わざわざ立ち止まることも、頭を下げることも、手間である。ごく親しい間柄なら簡単なお礼の言葉一つで済ませることを、偉い人に対しては、贈り物を調達する。その場合、何を、どれだけ、いつ、どのような形で贈るか考えるのは手間であり、調達自体も手間であり、また経済的負担も生じる。他人に道を譲るのも、先に行きたい気持ちを抑え、我慢することが必要となる。お礼を伝える時、伝えないよりも伝える方が手間であるし、口頭で済ませるより文章で書く方が手間であるし、SNSや電子メールで書くよりも手紙で書いた方が、文章に気を遣うので手間である。そして手間をかければかけるほど、敬意を払ったことになる。

以上の通り、〝敬意を払う〟行動はどれも、通常より手間をかけること、精神的・経済的に自分側の負荷を高める点で共通している。

ではなぜ、自分の手間を増やすことが敬意の表現になるのか。ヒントは次の一節にある。

[13]礼は妄《みだり》に人を説《よろこ》ばしめず。〈佞媚《ねいび》に近きが為《た》めなり。〉【曲礼上6】

▼《礼》の実践では、無闇に人を喜ばせればよいというものではない。〈邪心のある諂《へつら》いと大差なくなるからである。〉

右の文章自体の趣旨は、行き過ぎた《礼》を戒めることにあるが、《礼》の本質がよく現れている。〈相手を喜ばせすぎるのは《礼》に背く〉とは、いい換えれば、〈適切な《礼》とは、相手を適度に喜ばせる行為である〉ということだ。そして、敬意の表現とは相手を喜ばせることであり、相手を喜ばせるには自分が手間をかけるしかないので、手間をかけることが敬意の表現だ、という話になる。

では、人はどのような時に喜ぶのか。それは、こうまとめられるだろう。〈人が喜ぶのは、何らかの意味で快適さを実感した時〉だと。自分が手間をかけることで相手が快適さを実感し、それが敬意の表現になる、という仕組みは、贈り物や道を譲る場合に明らかだろう。美しかったり有用な財物を獲得すれば、生活上の快適さが増す。つまり贈り物は、相手の快適さを直接増大させる効果がある。また道を譲る場合、譲る側が進行を中断しなければならず、我慢を強いられ、つまり快適さが損なわれる。しかし相手が譲れば、自分の快適さは損なわれない。つまり道を譲ることは、相手の快適さを増大させはしないが、自分の快適さを犠牲にすることで、相手の快適さを損なわない効果がある。

要するに、敬意を払うことの最大の主眼は、相手の快適さを最大化させることにある。そして右に見たように、そうした敬意表現には、相手の快適さを増大するタイプ（快適増大型）と、相手の快適さを損なわないタイプ（快適維持型）の二種類があることがわかる。

《礼》の作法は上位者の快適さを優先する

[14]君子に侍《じ》するとき、顧望《こぼう》せずして対《こた》ふるは、礼に非《あら》ざるなり。〈礼は謙《けん》を尚《とうと》ぶなり。〉【曲礼下9】
▼君子の側近く仕える者は、問われるまで、勝手に発言してはいけない。そうせねば礼に背く。〈礼は謙譲を重視するのだ。〉

右の一節の鄭注に、「礼は謙譲を重視するのだ」という、《礼》の根本原理の一つが見える。謙譲とは、相手を絶対的に高めるのではなく、自分を低めることで、相対的に相手を高めることである。なぜそれが重視されるのか。理由は少なくとも二つあるだろう。

第一に、相手の現状（健康・財力・快感）を絶対的に高めて快適さを高める快適増大型には、経済的負担が必要なので、おのずから限度がある、ということである。それに対して、相手の苦痛を肩代わりすることで相手の快適さを損なわない快適維持型なら、比較的容易に実現できる（その意味で、自己犠牲型ともいえる）。

では、誰もが自分の快適さを追求したい中で、誰がそれを犠牲にすべきか。その答えは、右の一節に明記されている。「君子」と「その側近く使える者」がいる場合、後者が、つまり下位の者が犠牲にすべきだ、と。

そこには、〈人々が会話する時、場をリードするのは常に上位者であって下位者ではない〉という考え方がある。これを〝快適さ〟という観点からいい直せば、こうなる。会話では、自分が話したいように話す快適さを上位者が握り、下位者は上位者が望む会話の流れに逆らうべきでない、と。つまり、この一節は、〈世の中には上位者と下位者がある〉ということを大前提としている。儒教的な《礼》は、身分制社会を大前提として、上位者の快適さのために下位者が快適さを犠牲にする、という原理で動いたのである。

「忠信《ちゅうしん》は礼の器《き》なり。卑譲《ひじょう》は礼の宗《そう》なり〔忠信は礼の受け皿、謙譲は礼の根本である〕」という言説がある。『左氏伝』はこれを説明して、次のように述べている。「辞《ことば》、国を忘れざるは忠信なり。国を先にして己を後にするは卑譲なり〔発言する時に自国のことを忘れないのは忠信であり、自国を優先して自己都合を後にするのは謙譲である〕」【昭公二年】と。前半で言及される「忠信〔忠義・真心に基づく信頼関係〕」が、本質的に国ではなく君主との人間関係の問題であることを考慮すると、国を優先するよう説く後半も、上位者（である君主が率いる国）を優先し、下位者である自分の都合を後回しにするべき、という意味に解せる。「卑譲《ひじょう》」という言葉が見えるように、「譲る」という行為は自分を〝卑しい〔取るに足りない小さな〕存在〟と自覚し、その自覚を表明した上で、より大きな存在〔上位者〕に尽くすことだった。

[15]君子に侍《じ》するときに、君子欠伸《けっしん》して、杖屨《じょうく》を撰《と》り、日の蚤莫《そうぼ》を視《み》れば、侍坐《じざ》する者、出《い》でんと請ふ。
〈君子、倦意《けんい》有《あ》るを以《もっ》てなり。撰は猶《な》ほ持のごときなり。〉【曲礼上29】

▼君子の側に仕えている時、君子があくびをしたり、杖や履《はきもの》を手に取ったり、日陰を見やって時間を気にし始めたら、それは君子が疲れたということだから、仕える者は自分から「帰らせて頂いてもよいですか」と申し出るべきだ。

右の一節は、君子が疲れた素振りを見せたら、「休みたい」ということを察して、休めるようにする（一人にする）べきだという。これも、上位者の快適さが損なわれないよう、下位者は気を遣《つか》うべきという話であり、〈上位者の快適さが優先〉という原理が《礼》の核心にあった証左だ。『礼記』に書かれた事細かな作法の大部分は、この原理の実践である。

《礼》の煩瑣な作法は上位者の快適さの追求

[16]凡《およ》そ食《しょく》を進《すす》むるの礼、殽《こう》を左にし胾《し》を右にす。食《し》は人の左に居《お》き、羹《こう》は人の右に居く。〈皆《み》な食に便《びん》するなり。〉【曲礼上36】

▼一般に、人に食事を進呈する時には、殽《こう》（供え物を載せる俎《そ》という台に盛り付けた骨付きの肉）をその人の左に置き、胾《し》（円筒形の足がある豆《とう》という背の高い器に盛り付けた生の切り肉）を右に置くのが《礼》である。また飯は左に置き、羹《あつもの》（吸い物）は右に置くのが《礼》である。

図2　食物を盛る豆《とう》（形が「豆」の字と似ている。公益財団法人泉屋博古館 2002：図37より）

『礼記』は、食膳の並べ方を右のように定めている。どの料理をどこに置くかなど、現代人なら細々《こまごま》として煩わしいと感じるだろう。しかし、なぜそのような決まり事がわざわざ作られたのか、そこが重要だ。どのような決まり事も必ず、定めた時には、定めた者が、それなりの合理性に基づいて定めたはずだからである。

では、右の食膳の並べ方に、どのような合理性があるのか。それは鄭注に「これらの作法はすべて、食べる人の便宜を考えたものである」とあることに明らかだろう。食べる人が最も快適に食べられるために食膳を配置することが、食事を出す人の果たすべき《礼》なのだった。〈骨付き肉が左、切り肉が右〉という配置がなぜ合理的なのかは不明だが、右手で持つ箸で食べられる切り肉は右にあるのがよく、骨付き肉は（箸を持つ右手を汚さずに）左手で骨を持って食べるからだろうか。同様にして、〈飯が左、羹《スープ》が右〉という配置が合理的であることは、現代日本人にも直ちにわかるだろう。現に、私たちの食膳でも、必ずご飯が左、味噌汁が右に置かれるのだから。

箸は原則として右手で持つので、器ごと持ち上げて箸で食べる食品は、左手で上げ下ろしするしかない。そして最も頻繁に上げ下ろしするのはご飯なので、ご飯が左手の至近距離にあるのが合理的だと、私たちは習っている。私たちの毎日の食事で実践されるこの考え方は、何と二千年以上前の『礼記』まで遡《さかのぼ》れるのだった（もっとも、これは、〈利き腕は右腕であるべきで、箸は右手で持たねばならない〉という考え方に基づいているので、左利きを必ずしも右利きに矯正しない昨今では、この配置は昔ほど合理的ではない）。

[17]凡《およ》そ刺刃《しじん》有る者《もの》は、以《もっ》て人に授《さず》くるときは、則《すなわ》ち刃を辟《さ》く。〈刃を辟くるは、以て正しく人に郷《むか》はざるなり。〉【少儀34】

➤一般に、刃物を人に手渡す時は、相手に刃の部分が向かないようにする。

右の定めも、現代の私たちが今なお実践する作法である。私たちが鋏《はさみ》などを手渡しする時に、相手に取っ手を向けて渡すのは、より相手に危険が少ないように、より相手が受け取りやすいようにするためで、相手の快適さを優先した場合、極めて合理的である。この、〈相手が受け取りやすいようにする〉という考え方は、次のような一般論として語られる。

[18]立てるに授《さず》くるには跪《ひざまず》かず。坐《ざ》せるに授くるには立たず。〈尊者《そんじゃ》の俛《ふ》せ仰《あお》ぎして之《これ》を受くるを煩《わずら》ふ

が為《た》めなり。〉【曲礼上25】

➤立っている相手に手渡す時には、跪《ひざまず》かない（自分も立つ）。座っている相手に手渡す時には、立ったまま渡さない（座って渡す）。

右のように定めるのは、受け渡しがしやすいからであり、合理的だ。ではなぜ、自分が相手の姿勢に合わせるのか。それは、鄭注によれば、「受け取るために、尊い相手が立ったり座ったりする煩《わずら》わしい手間を避けるため」だ。ここに、〈身分の低い側が、身分の高い側の都合に合わせて、身分の高い側が快適に過ごせるように煩《わずら》いを軽減し、自分が煩いを引き受ける〉という一般則が明らかである。誰が誰に、どの程度手間をかけるのかは、当事者同士の身分によって決まるのであり、やはり《礼》の思想は、身分制社会を大前提としている。

上位者を優先して下位者は犠牲になれ

右の一般則は、換言すれば、〈敬意の表明とは、自分のもの（労力・財産、時に生命）を犠牲にして相手の快適さを購《あがな》うこと〉であり、つきつめれば自己犠牲とまとめられる。これが極端化すると、次のような自己犠牲精神の称揚になる。

[19]子云《しい》はく、「善は則《すなわ》ち人を称《しょう》し、過《あやま》ちは則ち己《おのれ》を称《しょう》するときは、則ち民争《たみあらそ》はず。善は則ち人を称し、過ちは則ち己を称するときは、則ち怨《うら》み益《ますます》亡《な》し。」……子云《しい》はく、「善は則ち君を称し、過ちは則ち己を称するときは、則ち民忠《たみちゅう》を作《おこ》す。」【坊記8】

孔子はこう教えた。「よいことは「他人の功績です」といい、間違ったことは「自分の過ちです」というならば、民の争いはなくなり、人は怨まなくなる」と。それが身分制度と結びつくと、「よいことは「主君の功績です」といい、間違ったことは「自分の過ちです」というならば、民は主君に忠を尽くすようになる」という話になる。名誉は喜び、つまり快適さの一種であり、不名誉は不快であるから、これらはいずれも、他者の快適さを最大限に高めるため、自分は最大限まで不快さを引き受けよ、という教えである。

ただ、正当な名誉まですべて他人（上位者）に譲り渡し、不当な不名誉まですべて自分で引き受けることには、行きすぎの感が否めない。《礼》とは、つきつめると、〈正当な評価〉を放棄せよ、という教えに行き着くのであり、そこに、《礼》思想を現代社会にそのまま適用することが不可能な理由がある。

現代であれ古代であれ、〈極限まで自己犠牲を強い、正当な評価を一切期待するな〉という教えが、広く受け入れられるはずはない。人間の承認欲求を無視したこの孔子の教えは綺麗事に過ぎ、あまりに人間の本質とかけ離れていて、実現する可能性がほぼ全くない。そう感じるのは私だけではなく、古代中国の思想家も同じだった。だからこそ、こうした実現性の乏しい綺麗事を含む儒教が批判され、〈すべての人間からあらゆる〝いじきたなさ〟を払拭することは不可能だ〉という前提で統治を考える性悪説と、それに立脚した「法家」思想が生まれてくるのである。

第二章　《礼》のメカニズム

――相互作用・外形・理性

《礼》は敬意（適切な心情）の双方向的作用《インタラクション》

もっとも、〈功績は上位者に譲り、上位者の過誤を引き受けよ〉という前述の教えは、実は一方通行ではない。賓客を迎える《礼》の話で言及したように、儒教的な《礼》思想の「辞譲《じじょう》」は、決して一方通行ではなく、相互の譲り合いが大前提となっている。したがって、先の教えの通りに意思表示をしても、譲り合いの精神により、上位者側はそれにもかかわらず功績を認め、過誤の責任を取らせない、という対応があるべきで、それだからこそ理不尽な一方的自己犠牲が現実化せず、結果的に社会が破綻しない、と孔子は見込んだと考えた方がよい。

《礼》思想における《譲り合い》の理念は強固だ。それは、前述の賓客を迎える作法において、同輩同士でさえ譲り合う回数が尋常でなく、さらに主人が上位者で客が下位者であっても、果ては主人が君主で客が臣下であってさえも、主人が客に譲ることがよしとされていた点に明らかだろう。この発想は、次の一節に明記されている。

[20]凡《およ》そ喪《も》を弔《とむら》ふに非《あら》ず、国君《こくくん》に見《まみ》ゆるに非《あら》ざれば、答拝《とうはい》せざる者無《ことな》し。〈礼は往来を尚《とうと》ぶ。喪の賓《ひん》は答拝せず。自ら賓客《ひんかく》とせざるなり。国君の士に見ゆるときは其《そ》の拝に答へず。士は賤《いや》し。〉【曲礼下21】

右によれば、「一般に、自分が他家の死を弔問する時と、相手が国の君主でない時は、必ず答拝《とうはい》する」という。「答拝」とは、相手から敬意を払われて拝礼を受けた時に、自分も拝礼を返すことをいう。《礼》の基本は譲ることだが、それは全員にあてはまるので、誰もが相互に譲ることが《礼》の基本になる。そのため、《礼》に適《かな》う辞譲の所作（礼的所作）は一方通行であってはならず、双方向的でなければならない、というのが右の一節の趣旨である。その本質を鄭注は、「《礼》は相互に行き来することを重視する」と端的に断言している。このことは、鄭注だけでなく、本文でも次のように明記されている。

[21]（a）楽《がく》なる者《もの》は施《ほどこ》すなり。礼なる者は報《むく》ゆるなり。〈楽は出《い》でて反《かえ》らずして、礼は往来有るを言ふなり。〉（b）楽は其《そ》の自《よ》りて生ずる所《ところ》を楽しみて、礼は其の自《よ》りて始まる所《ところ》に反《かえ》る。楽は徳を章《あきら》かにし、（c）礼は情《じょう》に報ゆ、始《はじ》めに反《かえ》るなり。〈自は由なり。〉【楽記36】

これは《楽《がく》》（いわゆる音楽）と《礼》を対比した一節で、「《楽》は一方的に出て行くもの（後述）だが、《礼》は一方から他方へ与えられれば、他方からもまた返されてくるものである」といい、ここでも注が「《礼》は双方向的《インタラクティブ》に往来するものだ」と述べている。

では、なぜ《礼》は双方向的作用《インタラクション》を重視するのか。そのヒントは、[20]の例外規定にある。例外規定の一つは、「弔問者は答拝しない」ことだ。なぜそうなのか。

答拝は賓客としての礼的所作、つまり客として招かれて主人のもてなしを受ける立場の者が行うべき作法である。それに対して、弔問は「悲しい」という心情を表現しに行く、つまりこちらから相手を思いやりに行く礼的所作であって、もてなしを施されるために行くのではない。その違いを明示するため、答拝しないのである。弔問は〝悲しい心情〟の表現、もてなしは〝相手を喜ばせたい心情〟の表現であって、両者の根本的な違いは心情の違いだ。ここに、礼的所作を決める重大な要因に、心情という要素があったことが見えてくる。

哭礼と心情――《礼》は心情を重視し形式化する

このことを踏まえて再度、[21]（a）の本文が「《礼》は報いる行為だ」と述べていることに注意したい。「報いる」とは、〈AからBに働きかけられた何ごとかに対応して、何ごとかがBからAに返されてゆくこと〉である。例えば「報酬」とは、よい成果に対して、相応の褒美を与えることである。また「因果応報」などの言葉があるように、それはよいことに限らず、悪いことにも適用される。よい働きかけに対応してよいものが返され（善行に対して褒美が出され）、悪い働きかけに対応して悪いものが返される（悪事に対して処罰が下される）、ということである。それは善悪いずれでもよいが、重要なことは、そこに必ず、「善悪」という評価、つまり価値判断が介在することだ。

では、《礼》においては、「報いるべき」価値があるものとは何か。その答えは、右の[21]（c）に「《礼》は、相手がくれた「情」に対して報いるものだ」と明記されている。この場合の「情」はポジティブで利他的な感情、つまり厚情である。ここに、〈《礼》とは厚情の応酬である〉という一般則が導かれる。

〈感情表現を形式化したもの〉という《礼》の性質が最も濃厚に現れるのは、喪礼《そうれい》（死者を悼《いた》む定め）で行われる哭礼《こくれい》だろう。『説文解字《せつもんかいじ》』（二世紀初頭の後漢の古辞書）に、「哭」とは「哀しむ声なり」とあるように、「哭」は声をあげて泣くことである。そして哭礼は、〈天然自然に悲しくて泣く〉という動作を、適切な場所で適切な時に、具体的には死者を出した家に赴いて意図的に行う礼的所作である。『漢書』王莽《おうもう》伝の注に「哭は哀しむことを告ぐる所以《ゆえん》なり」とあるように、それは「私は哀しんでいます」という意思表示だ。〈儀礼として泣く〉のは日本に根づかなかった風習であり、私たちの目から見ると奇異に映るが、韓国には今でもその風習があるし、儒教的《礼》思想では重要な要素だった。そして哭礼に代表されるように、〈《礼》は心情から生ずる〉という構造が、『礼記』には明記されている。

[22]孔子、衛《えい》に在《あ》るとき、葬《ほうむ》りを送る者有り。夫子《ふうし》之《これ》を観《み》て曰《いわ》く、「善《よ》いかな喪《も》を為《な》すや。以《もっ》て法《のり》と為《な》すに足れり。小子《しょうし》之《これ》を識《しる》せ」と。子貢《しこう》曰《いわ》く、「夫子何ぞ善《よ》みすること爾《しか》るや」と。曰《いわ》く、「其《そ》の往《ゆ》くや慕《した》ふが如《ごと》く、其の反《かえ》るや疑《うたが》ふが如し」と。〈慕ふとは小児の父母に随《したが》ひて啼呼《ていこ》するを謂《い》ふ。疑ふとは親の彼《かれ》に在《あ》るを哀《かなし》み、還《かえ》るを欲《ほっ》せざるが如く然《しか》るなり。〉子貢曰《いわ》く、「豈速《あにすみ》やかに反《かえ》りて虞《ぐ》するに若《し》かんや」と。〈速は疾。〉子曰《いわ》く、「小子之《これ》を識せ。我《わ》れ未だ之《これ》を行《おこな》ふこと能《あた》はざるなり」と。〈哀戚は本なり。祭祀は末なり。〉【檀弓上46】

孔子が衛《えい》の国にいた時、葬列を送る（故人の家から墓まで遺体を送る）者を見かけて、「喪（葬儀）の仕方が見事で、模範的だ。弟子よ、よく覚えておけ」と教えた。弟子の子貢《しこう》が「なぜそう褒めるのですか」と尋ねると、孔子は「墓まで死者（親）を送る時には泣いて親を呼び続け、埋葬しても親から離れたくないあまり墓から帰りたがらない様子だからだ」と答えた。すると子貢は「それよりも早く墓から帰って、虞《ぐ》の祭（埋葬後に家に帰って殯宮《ひんきゅう》という特設の場所で死者の魂を安置する祭）を行う方がよいのではないですか」といったので、孔子は「弟子よ、よく覚えておけ。私にはいまだあのように素晴らしい喪礼を行うことができない」と諭した。孔子の真意は、注によれば、「哀しむ心情が「本」（根本的に大事）であり、祭祀という礼節的所作は「末」（二の次）」ということだった。孔子は次のようにも述べている。

[23]子路《しろ》曰《いわ》く、吾《われ》、諸《これ》を夫子《ふうし》に聞《き》けり。喪礼《そうれい》は其《そ》の哀足《あいた》らずして礼余《れいあま》り有《あ》らん与《よ》りは、礼足らずして哀余り有らんには若《し》かざるなり。〈喪は哀を主とす。〉祭礼は其の敬《けい》足らずして礼余り有らん与《よ》りは、礼足らずして敬余り有らんには若《し》かざるなりと。〈祭は敬を主とす。〉【檀弓上56】

弟子の子路《しろ》は、孔子からこう聞いた。「人が死んだ時、喪礼《そうれい》では、哀しみの心（を表現する仕草）が不十分であるのに《礼》を十二分に尽くすよりも、《礼》が不十分でも哀しみの心を十二分に表すことの方が大事だ」と。喪礼という礼的所作は、あくまでも〝哀しみ〟という心情から発して、それを形に表現したものであり、心情を欠く礼的所作は、魂の抜けた抜け殻と同じで虚《むな》しい形骸だ、ということである。

それは、「祭礼を軽視してよい」ということではない。祭祀というのは形であり、それはそれで大事なのだが、なぜ形が大事かといえば、心がこもっているからであり、心が形に意味を与えているのであって、その逆ではない。だから形を成し遂げることと心情の情動が両立しない時には、両者を天秤にかければ、心情こそが大事なのだ、という意味である。

ここに、孔子の《礼》観が見えてくる。そしてそれは、後段で次のように敷衍《ふえん》される。「祖先を祭る祭礼では、敬う心（を表現する仕草）が不十分であるのに《礼》を十二分に尽くすよりも、《礼》が不十分でも敬う心を十二分に表すことの方が大事」なのであり、それは「祭祀が敬意という心情から発するものだから」で、敬意なくして祭祀はない、と。

《礼》は不可視の心情を可視化する外形である

以上から、次第に《礼》の輪郭が見えてきた。《礼》は心情そのものではなく、目に見えない心情を形にして伝えるものである、と。極論すれば、それは形にすぎず、特に心情がこもっていない場合は、形骸にすぎない。このことは、『礼記』で何度も明記されている。特に、孔子が君子の教養として《礼》と同等に重視した《楽《がく》》（音楽）を、《礼》と対比する部分で、この考え方が顕著に現れている。

[24]（a）楽《がく》は中《うち》由《よ》り出《い》で、〈和は心に在《あ》るなり。〉礼は外《そと》自《よ》り作《おこ》る。（b）〈敬《けい》は貌《すがた》に在《あ》るなり。〉楽《がく》は中《うち》由《よ》り出《い》づ、故《ゆえ》に静かなり。（c）礼は外自《よ》り作《おこ》る、故に文《ぶん》あり。〈文は猶《な》ほ動のごときなり。〉【楽記10】

[25]故《ゆえ》に楽《がく》なる者《もの》は内に動く者なり。礼なる者は外に動く者なり。【楽記62】

[26]楽は内を脩《おさ》むる所以《ゆえん》なり。礼は外を脩むる所以なり。【文王世子8】

[27]礼を致《いた》して以《もっ》て躬《み》を治《おさ》むれば則《すなわ》ち荘敬《そうけい》なり。荘敬なれば則ち厳威《げんい》あり。〈躬は身なり。礼は外自《よ》り作《おこ》る、故に身を治む。〉……外貌斯須《がいぼうしばらく》も荘《そう》ならず敬《けい》ならざれば、則ち易慢《いまん》の心之《これ》に入《い》る。〈易は軽易《けいい》なり。〉【楽記61】

『礼記』では一貫して、〈《楽》は内側にあるもの⇔《礼》は外側にあるもの〉という対比が明瞭である。[24]や[25]によれば、「《楽》は人間の内側に発生（発動）するもの、対照的に《礼》は人間の外側に発生（発動）するもの」である。また[26]は、「《楽》は内を修める（正しい形に整える）もの、対照的に《礼》は外を修めるもの」と説く。後述のように、《楽》は人の心の動きから発するものなので、ここでいう「内」とは（形のない）精神、そしてそれと対比される「外」は（形のある）外形（見た目や動作）を意味しているだろう。つまり、「《楽》は精神を正しく整え、《礼》は外形を正しく整える」と説かれているのである。

そしてその意義は、[24]の注（b）によれば、「尊敬とは、貌《かたち》として存在するものだ」ということなのだった。尊敬は、心の中にあるだけでは、尊敬とはいえない。目に見える形になって初めて、尊敬といえるのだ、という意味だろう。

[27]によれば、「《礼》を実践して身を治めれば、荘重な雰囲気と敬意を身につけられる。そうすれば、威厳が備わる。「外貌」が短い間でも荘重な雰囲気や敬意を欠けば、物ごとを軽く見る慢心が生じる」という。後半で、《礼》の機能が「外貌」、つまり「外見上の容貌」を扱うものだと明記されている。そして、ここでも鄭注が「《礼》は人間の外部に発生するもの」といい、「だから身を治めることができる」

という。つまり、《礼》とは外部から人間を規制する規範、いわば人間を外部から縛りつけ、容姿や行動を制限する、一種の桎梏《しっこく》・羈絆《きはん》（手枷《てかせ》・足枷《あしかせ》）なのである。そして、外部からそのように羈絆を当てはめて強制的に振る舞いを正しい方向へと矯正することにより、心が不正な状態（驕慢な心）に陥ることを防ぐ、と考えられている。《礼》には、〈人間の正しい振る舞いには心が大切だが、ともかくも、まずは形から入ることが大事だ〉という理念がある、とまとめてよい。

さらに、[24]の（c）は、「《楽》は内側から発生するので静的であり、《礼》は外側から発生するので動的である」という。「自然な状態では動きがないものを、あえて人為的に動かすことが《礼》である」という意味に解釈できるから、右でいう「目に見える形」とは、〈ある状態から別の状態へと、あえて人為的に変化させること〉であり、人間でいえば〈何らかの動作をおこなうこと〉、つまり〝所作〟を意味することになるだろう。

以上をまとめると、礼の定める所作（礼的所作）とは、敬意が精神的世界にとどまらず、その外側の物理的世界に実体を持って、確かに存在することを保証するために、形を与える手続きであった、といえるだろう。

形の大切さ――雨は儀礼の威容を損なうので儀礼を中止する

儒教において、《礼》という外形がいかに重要視されたかは、次の一節に明らかである。

[28]曾子《そうし》問《と》うて曰《いわ》く、「諸侯相見《あいまみ》ゆるとき、揖譲《ゆうじょう》して門に入《い》るも、礼を終《お》ふるを得ずして廃《や》むる者幾《ことい くばく》ぞ」と。孔子曰《いわ》く、「六《ろく》」と。之《これ》を請ひ問ふ。曰《いわ》く、「天子の崩《ほう》、大廟《たいびょう》の火《ひ》、日食、后《こう》・夫人《ふじん》の喪《も》、雨《あめふ》り服を霑《うるほ》して容《かたち》を失《うしな》ふときには、則《すなわ》ち廃《や》む」。〈夫人は君の夫人。〉【曾子問19】

▼孔子の弟子の曾子《そうし》が質問した。「諸侯が会見する時、会見場所に入るにあたっては、門に入る段階

から始まって、互いに譲り合う所作を繰り返して儀礼が進むが、その一連の礼的所作がすべて終わる前に、儀礼を中止する場合はいくつあるでしょうか」と。すると孔子はこう答えた。「六つある。天子（周の王）が死去した時、大廟《たいびょう》（周の王の宗廟）が火事になった時、日蝕《にっしょく》がある時、天子の后（正妻）・夫人（上等の側室）が死去した時、雨が降って衣服を濡らし正しい容姿が保てない時には、中止する」と。

右の対話で注目すべきは、最後の六つ目である。現代でも雨天の時に行事をやめることが多いが、それは体を冷やして辛い思いをし、また体調を崩して辛い思いをすることを避けるため、つまり参加者の快適さの問題にすぎない。しかし《礼》では、全く違う思想から儀礼を中止する。屋外で行う儀礼では、雨が降ると参加者の衣服を濡らしてしまう。それは参加者の容姿を乱してしまい、したがって儀礼の外形を乱してしまう。そうして外形が乱れた儀礼は有害無益なので、中止されるのである。

《礼》思想は、これほど外形が整うことを重視した。日本の古代・中世の公家（廷臣）の日記を読むと、雨天を理由に儀礼が中止された事例が山ほど見つかる。それは右のような現代的感覚で、参加者側の都合として解釈されがちだが、そうではなく、「雨が儀礼の威容を損なってしまうから」という、儀礼自体の都合でなされたと解釈すべきなのである。

《礼》とは「仁」の正しい外形

ところで、孔子は、人間の理想的な性質を《仁《じん》》という字・概念で表現した。五〇〇年ほど後の後漢の光武帝《こうぶてい》の時代に、「仁《じん》は、人を愛《めぐ》むなり」と端的に理解されたように【『晋書』刑法志－梁統上疏】、《仁》は〈人を大切に扱うこと／仁愛〉を意味すると考えられ、『礼記』でも「仁《いつくし》む」と訓《よ》んで、〈敬愛し大切にする〉意味で使われている〔83〕。

『礼記』はまた、《仁》の内実の構成要素を列挙した一節で、次のようにいう。

[29]礼節は仁《じん》の貌《ぼう》なり。【儒行18】

《仁》を構成する様々な要素のうち、「「礼節」は《仁》に実体を与える外形だ」というのであり、やはり〈《礼》は外形である、という点に《礼》の根幹的性質がある〉という主張が一貫している。唐代に孔《く》穎達《ようだつ》が著した疏《そ》(注の注)は、この一文を「礼儀撙節《そんせつ》を言ふ。是《こ》れ仁儒《じんじゅ》の外貌《がいぼう》なり(〈礼儀を守り節度を保つことは、完成された儒者の《仁》の外形だ〉という意味だ)」と解説している。《礼》が外側(物理的世界)の形(物理的実体)であることを、強調しているのである。

ところで、前述のように、孔子は、「心がこもっていない《礼》は価値が低い」と考えた。それは、《礼》には心をこめることもできるし、こめないこともできる、ということだ。つまり、心をこめなくても《礼》は《礼》として存在するのであり、そこに、《礼》は単体では外殻に過ぎず、心を伴って初めて完全になる、という本質を見て取れる。

《礼》の根幹は相手に対して最適な感情を形にすること

〈正しい心情を伴わない《礼》は空疎な形骸にすぎない〉ことは、国政レベルに即しても説かれた。

[30]曾子《そうし》曰《いわ》く、国に道《みち》無《な》きときは、君子は礼を盈《みた》すを恥《は》づ。国奢《おご》るときは、則《すなわ》ち之《これ》に示すに倹《けん》を以《もっ》てし、国倹《くにけん》なるときは、則ち之《これ》に示すに礼を以てすと。【檀弓下37】

➤曾子《そうし》はいう。「国に正しい行いをする民が少ない時、君子は、《礼》が定め通りに執行されていることを、かえって恥じる。国の民の心や振る舞いに傲慢さがある時は、君子は率先して質素な振る舞いを示して民の奢《おご》りを戒《いまし》め、国の民が正しく質素になって初めて、君子は《礼》を教えて民を導くことに取りかかれるのだ」と。

《礼》が重視する、身分秩序や敬譲を重んじる精神を民が失っている時、《礼》という外形が完備していても、それは虚《むな》しい形骸なのだが、それだけでは済まない。最も大切なものと、それほど大切でないものの弁別ができておらず、彼が君主として民を統治する能力に欠けていることを発覚させ、天下の嘲哢《ちょうろう》を招き、恥を招く、有害な状態なのだった。

その虚しい外殻である《礼》が、有意義で価値ある存在となるためには、内部に魂を宿さねばならず、それこそが心情なのだった。祭礼を行うにせよ、喪礼を行うにせよ、いかなる礼的行為であれ、孔子はとにかく心情が根底にあることを重視した。祭礼の時には祭神に対する敬意という心情、喪礼の時には故人に対する哀惜という心情で、どちらも種類は違うが心情には違いない。《礼》で最も重視されるのが〝敬うこと〟(第一章)である理由も、それに直結する。平常時の、恒常的で継続的な、祖先の霊や生きた人々に対する最も適切な心情が、敬意だからである。ただし、生者(特に親)が死者になってしまった瞬間とその直後だけは、最も適切な感情は哀惜になる。そのように、状況によって異なる心情を、状況ごとの《礼》にこめるべきだと、『礼記』は主張している。それは、こういい換えることができるだろう。〈《礼》の根幹は、相手(の状態)に対して最適な感情を形に表すことだ〉と。

心情のままの直情径行は《礼》を知らない野蛮人の振る舞い

以上のように、孔子は心情というものを、単体では価値の乏しい《礼》に有意義な価値を与える不可欠のもの、いわば一種の燃料と考えた。ただ、《礼》が単体ではさして価値が高くないのと同様に、心情もまた、それ単体では決して価値が高いわけではない、と考えられていたことに注意せねばならない。

そのことは、次の一節に明らかである。

[31]君子曰《いわ》く、礼の人情に近《ちか》き者《もの》は、其《そ》の至れる者に非《あら》ず。〈人情に近きは褻《な》れて、之《これ》に遠ざかるは敬《うやま》ふなり。〉【礼器17】

➤君子はいっている。「過度に心情に忠実な振る舞いは、望ましい《礼》といえない」と。

単体の心情、《礼》という外形を伴わない心情、あるがままの、天然自然の、むきだしの心情が、いかに価値の低いものであるかを、『礼記』は繰り返し説いている。

[32]子曰《いわ》く、「敬《けい》にして礼に中《あた》らざる、之《これ》を野《や》と謂《い》ひ、恭《きょう》にして礼に中らざる、之《これ》を給《きゅう》と謂ひ、勇《ゆう》にして礼に中らざる、之《これ》を逆《ぎゃく》と謂ふ」と。子曰《いわ》く、「給《きゅう》は慈仁《じじん》を奪《みだ》る」と。〈奪は猶《な》ほ乱のごときなり。巧《こう》言《げん》・足恭《しゅきょう》の人は、慈仁に似て、実は仁鮮《すくな》し。〉【仲尼燕居2】

➤孔子はいう。「《礼》という外形をまとわなくてはだめだ。敬う心情だけで《礼》がないのを「野《や》」という。それでは野蛮にすぎない。遜《へりくだ》る気持ちが空疎で《礼》がないことを「給《きゅう》」という。勇ましいだけで《礼》がないことを「逆」という」と。またいう。「「給」はうわべだけで真心がない」と。〈弁舌巧みに遜り、這《は》いつくばるように遜る人は、真心をこめているように見えて真心が乏しい。〉

ここに、〝野蛮〟という概念が現れることに注意して欲しい。

[33]有子《ゆうし》、子游《しゆう》と立つ。孺子《じゅし》の慕《した》ふ者《もの》を見る。有子、子游に謂《い》ひて曰《いわ》く、「予壱《われいつ》に夫《か》の喪《も》の踊《よう》を知らざるなり。予之《われこれ》を去らんと欲《ほっ》すること久し。情斯《じょうこ》に在《あ》り。其《そ》れ是《ぜ》なるか」と。〈喪の踊は、猶《な》ほ孺子の

号《さけ》び慕ふがごとし。〉子游曰《いわ》く、「礼は情《じょう》を微《そ》ぐ者《もの》有り。〈哭踊を節《せっ》す。〉故《こと》を以《もっ》て物《もの》を興《おこ》す者有り。〈衰経《さいてつ》の制《せい》。〉情《じょう》を直《なお》くして径《ただち》に行《おこな》ふ者有り。戎狄《じゅうてき》の道なり。〈哭踊に節《せつ》無《な》く、衣服に制無《な》し。〉礼の道は則《すなわ》ち然《しか》らず。〈戎狄と異《こと》なる。〉【檀弓下41】

▼ある時、有子《ゆうし》は、親を喪《うしな》ったばかりの幼児が、泣き叫んで亡き親を慕う場面に出くわした。そこで、一緒にいた子游《しゆう》に「私は久しく、「踊《よう》（人が亡くなった時に地団駄を踏んで哀悼の意を示す儀式）」がなぜ重要なのか理解できず、やめればいいと考えている」と疑問を述べた。これに対して、子游はこう指摘する。「《礼》には、心情を抑制するものと、事物をもって心情を増幅するものの、二種類がある」と。そして、《礼》が心情を抑制するのはなぜかというと、「心情が生じるに任せて、そのまま行動に表すのは、「戎狄《じゅうてき》」のやり方である。〈戎狄は節度なく悲しみ・喜びを爆発させ、好き勝手な衣服を着る。〉《礼》が必要なのは、私たちが「戎狄」とは違う存在であるためだからだ」という。

この一節に「戎狄《じゅうてき》」という言葉が用いられたことに、《礼》の重要な性質が読み取れる。中国には、華夷《かい》思想という伝統的な考え方がある。世界の中心に文明的・文化的で洗練された「中国」があり、その周囲に、それほどの高みに到達できていない野蛮人がいる、という世界観である。それらの野蛮人は、存在する方角によって呼び名が異なり、東は東夷《とうい》、西は西戎《せいじゅう》、南は南蛮《なんばん》、北は北狄《ほくてき》という（この世界観に従って、日本は伝統的に「東夷」に区分される。いわゆる『魏志倭人伝』が、『三国志』の「魏書」の「東夷伝」に含まれた「倭人条」であることは、周知の通りである）。呼び名は異なるが、すべて〝野蛮人〟という意味であり、「戎狄」も同じ意味である。つまり、儒教では、心情をそのまま行動に表現することは、文化的に遅れ、人間として洗練が足りない野蛮人の振る舞いだ、と見なされていた。そのような野蛮人と、文化的に最先端で最も人間として洗練された中国人を分けるのが、《礼》の存在なのだ。

感情に身を任せると孝や祭祀が完遂しない

このように、孔子は、生じるに任せて心情を発露することを、ある種の〝暴走〟だと考えていた。《礼》とは、それを抑制する装置なのだった。しかし、なぜ心情のままに振る舞うことが間違っているのか。『礼記』はその理由を、次のように理路整然と説明する。

[34]喪《も》に居《お》るの礼は、毀瘠《きせき》形《あらわ》れず、視聴《してい》衰《おとろ》へず。〈其《そ》の喪事《そうじ》を廃《はい》するが為《た》めなり。形は骨の見《あらは》るるを謂《い》ふ。〉……喪に居るの礼は、頭に創《そう》有れば則《すなわ》ち沐《もく》し、身に瘍《よう》有れば則ち浴《よく》し、疾《やまい》有れば則ち酒を飲み肉を食《くら》ひ、疾止《や》めば初めに復《ふく》す。喪に勝《た》へざれば、乃《すなわ》ち不慈《ふじ》不孝《ふこう》に比《ひ》す。〈勝は任なり。〉【曲礼上57】

▼親を亡くした時は、骨のようになるまでやせ細り、目が見えなくなるほど衰弱するまで哀しんではいけない。……頭に傷があれば髪を洗って清潔にし、体にできものができたら入浴して清潔にし、病気になれば酒を飲んで体を温め、肉を食べて精力をつけるなど、（本来なら哀しみのあまりやる気が起きないような）普段通りのことをすべきだ。なぜなら、健康体を保たねば、親の喪礼ができないからである。

[35]喪《も》には居《きょ》を慮《おもんぱか》らず。〈舎宅《しゃたく》を売りて以《もっ》て喪《も》に奉《つと》むるを謂《い》ふ。〉毀《き》には身《み》を危《あや》ふくせず。〈憔悴《しょうすい》して将《まさ》に性《せい》を滅《めっ》さんとするを謂ふ。〉喪に居を慮らざるは、廟無《びょうな》からんとするが為《た》めなり。毀に身を危ふくせざるは、後無《のちな》からんとするが為《た》めなり。【檀弓下71】

▼親を亡くした時は、家を売って喪礼の費用を工面するような無理をしてはいけない。哀しみのあまり、命の危険に及ぶほど痩せ細って健康を損なってはいけない。なぜなら、家がなければ、亡き親を祭る場である廟《びょう》が設けられなくなるからであり、死んだら亡き親を祭る子孫が絶えるからだ。

儒教では、人は必ず親の葬儀を丁重に行い、祖先の霊を祭祀し続けなければならない（理由は後述）。親が亡くなった時、それを哀しむことは自然であり、重要な孝心の発露には違いないが、哀しむあまり健康を損なって葬儀を満足に行えなくなれば、かえって亡き親に対して責務を果たせなくなり、孝心を欠くことになる。また、哀しむあまり葬儀だけに注力して家を失えば、その後に親を祭る場がなくなり、かえって孝心を欠くことになる。哀しむあまり健康を損なって子孫を残さず自分も死んでしまったら、親を祭る者がいなくなり、かえって孝心を欠くことになる。大事なのは、最大限の孝心を親や祖先に尽くすことであり、一時の感情に任せて振る舞うと、後で孝心を欠く振る舞いを避けられないという、本末転倒の結果を招く。そのため、心情のままに振る舞ってはならないのである。

《礼》とは理（理性的・論理的）である

このように、儒教における心情の発露の制限とは、要するに、「後先を考えて行動せよ」ということであり、それができないのが野蛮人であり、文明人は後先を考えて行動すべきだ、ということだった。この考え方は、理路整然としている。最も望ましい状況を作るためには、感情のままに振る舞うのではなく、論理・理性をもって、物ごとの全体像を分析し、〈最も重要なのは何か〉を見出し、物ごとに優先順位をつけて、重要なことを最優先して（心情に逆らってでも）振る舞うべきだという、理性重視の発想が《礼》の根幹にある。

理性は、本能的な心情の対極である。『礼記』は、心情を次のようなものと定義している。

[36]何をか人情と謂《い》ふ。喜《き》・怒《ど》・哀《あい》・懼《く》・愛《あい》・悪《お》・欲《よく》なり。七つの者《もの》は学ばずして能《よ》くす。【礼運22】

「人情とは、喜び、怒り、哀しみ、懼《おそ》れ、愛《いつく》しみ、悪《にく》しみ、欲である」という。そして重要なのは、「人はこれら七の情動を、学ぶことなく持ち合わせている」ことだ。それに対して、理性は後天的に学ばねば身につかない。つまり、心情という先天的な行動原理のままに振る舞って社会を混乱させないために、後天的に理性を学ぶことが重要だと、『礼記』は教えるのである。

[37]子曰《しいわ》く、「礼なる者《もの》は理《り》なり。楽《がく》なる者は節《せつ》なり。君子は理無《な》きときは動かず、節無《な》きときは作《な》さず。詩を能《よ》くせざるときは、礼に於《お》て繆《あやま》り、楽を能くせざるときは、礼に於て素《そ》に、徳に薄きときは、礼に於て虚《むな》し」と。【仲尼燕居8】

《礼》と《楽》を対比する文脈で、「《楽》とは節度である」という定義と対照させて、孔子は、「《礼》とは理である」と断言している（冒頭部）。物ごとの是非を、筋道を立てて論理的に考える理性こそが《礼》の重要な性質であり、人間の成熟度、すなわち文明人を野蛮人と分かつ機能だった。

《礼》は感情の発露を適切（過不足なし）にする

孔子は、次のようにも語っていた。

[38]古《いにしえ》に志《し》有り。「己《おのれ》に克《か》ちて礼に復《かえ》るは仁《じん》なり」と。【『左氏伝』昭公一二年】

▼古い記録に書いてある。「（動物的な本能・感情に身を任せたくなっても）自分に打ち勝って《礼》という理性に立ち返ることが「仁（人間らしさ）」だ」と。

文明人は、理性によって感情の暴走を抑制し、行動を自ら統制せねばならない。そしてその点にこそ、《礼》の体系が定める、細かくて具体的な形・数量の存在意義があった。

[39]三年の喪《も》とは何《なん》ぞや。曰《いわ》く、情《じょう》に称《かな》へて文《ぶん》を立て、因《よ》りて以《もっ》て群《ぐん》を飾《あらわ》し、親疎《しんそ》・貴賤《きせん》の節《せつ》を別《わか》ちて、損益《そんえき》すべからざるなり。故《ゆえ》に曰《いわ》く、無易《ぶえき》の道《みち》なりと。〈情を称へて文を立つとは、人の情の軽重に称へて、其《そ》の礼を制《せい》するなり。群とは親の党を謂《い》ふなり。無易は猶《な》ほ不易のごときなり。〉創《きず》の鉅《おほ》いなる者《もの》は其《そ》の日久《ひひさ》しく、痛みの甚《はなは》だしき者は其《そ》の愈《い》ゆること遅《おそ》し。三年は情に称へて文を立つ。至痛《しつう》の極《きょく》と為《な》す所以《ゆえん》なり。斬衰《ざんさい》に苴杖《しょじょう》し、倚廬《いろ》に居《お》りて粥《かゆ》を食《くら》ひ、苫《とま》に寝《い》ね塊《つちくれ》を枕とするは、至痛の飾《しるし》と為《な》す所以《ゆえん》なり。〈飾とは情の章表《しょうひょう》なり。〉三年の喪は、二十五月にして畢《おわ》る。哀痛《あいつう》未だ尽《つ》きず、思《し》慕《ぼ》未だ忘れず。然《しか》り而《しこ》うして服《ふく》は是《これ》を以《もっ》て之《これ》を断《た》つは、豈《あに》死《し》を送ること已《や》む有り、生に復《かえ》ること節《せつ》有るにあらずや。〈生に復るとは喪を除きて生者の事に反《かえ》るなり。〉【三年問1】

▽ある人が「親の喪に服する期間は、なぜ三年と定められているのか」と問うた。それに対する解答はこうである。「人の心情に沿うように測って《礼》を定め、それによって親の親族との関係を明らかにし、親との親疎《しんそ》や身分の高低をきちんと区別するのであり、その期間は三年より減らしても増やしてもいけない。だから「変えてはならない道」といわれる。（親の死という精神的な）大きな傷・甚だしい痛みは、治癒するまでに時間がかかる。だから服喪期間として三年は必要だと、《礼》に定められている。親の死は、最大の（精神的）苦痛だからである。服喪中の人が粗末な竹の杖をつき、粗末な仮の住まいに暮らし、粗末な粥《かゆ》を食い、粗末な莚《むしろ》に寝て粗末な土くれを枕にするのは、極限の心痛を人に示すためである。三年の服喪期間は、実際には二五ヶ月（三年目の最初の月）で終わる。それだけの期間が過ぎても、哀しみの心痛は未だ収まってはいないし、親への追慕の念は忘れられるものではないが、それでも服喪を終わらせる。死者を送ることはいつか終わらせねばならず、自分自身の人生を生きる生活に戻らねばならないからである。」

長文の引用になったが、こういうことだ。親の死という最大の悲痛は、長期間、表現せねばならない。

しかしその一方で、死者を悼《いた》み続けるだけで人生を終えるのは現実的ではなく、人はいつか日常生活に戻らねばならない。その相反する両者の、最もちょうどよいバランスを見極めた結果が、三年（実質二五ヶ月）という服喪期間なのだ、と。《礼》の体系に定められた、細かくて具体的な形・数量とは、このような、心情と理性のバランスを考え抜いた上での〝落としどころ〟、平衡点なのである。

心情と理性の関係は、自動車と燃料に譬《たと》えられる。自動車には価値があるが、燃料がなければ価値を発揮しない。逆に、燃料にも価値があるが、それで動かす機械がなければ価値を発揮しない。それと同様に、心情と理性それぞれの性質を活かした相互作用・合わせ技があってこそ、《礼》には十分な存在意義が備わるのである。

第三章　《礼》の類別機能

——人を禽獣と分ける秩序の大前提

《礼》は「中庸（過不足ない最適バランス）」を実現する堤防

このような《礼》思想の根底にあるバランス感覚は、「中庸《ちゅうよう》」という概念で表現される。

[40]子貢《しこう》席を越えて対《こた》へて曰《いわ》く、「敢《あえ》て問ふ、将《まさ》に何を以《もっ》て此《こ》の中《ちゅう》なる者を為《な》さんとするや」と。子曰《しいわ》く、「礼か。礼なり。夫《そ》れ礼は中《ちゅう》を制《せい》する所以《ゆえん》なり。」〈礼か、礼なりとは、唯《ただ》礼有るなり。〉【仲尼燕居4】

▼弟子の子貢が身を乗り出して、孔子に問うた。「敢《あ》えて問います。中庸は、何に基づけば実現できますか」と。孔子は答えて、「《礼》かと人は思うだろう。その通り、《礼》以外にない。そもそも《礼》は、「中庸」を実現するためにある」と断言した。

「中庸」とは、人の振る舞いに適度なバランスが取れている状態であり、やり過ぎでもなく足りなくもないことである。そして《礼》とは、感情の発露を最大限認めつつ、それを理性によって最大限無害な範囲に押しとどめ、最も適切なバランス（中庸）はどこかということを、追究する思想なのだった。

[41]是《こ》の故《ゆえ》に先王《せんおう》の礼楽《れいがく》を制《せい》するや、人に之《これ》が節《せつ》を為《な》す。〈言《い》ふこころは、為《た》めに法度を作りて、以《もっ》て其《そ》の欲を遏《とど》む。〉衰麻《さいま》・哭泣《こくきゅう》は、喪紀《そうき》を節《せつ》する所以《ゆえん》なり。鐘鼓《しょうこ》・干戚《かんせき》は、安楽《あんらく》を和《わ》する所以なり。昏《こん》姻《いん》・冠笄《かんけい》は、男女を別《わか》つ所以なり。射《しゃ》・郷《きょう》・食《し》・饗《きょう》は、交接《こうせつ》を正す所以なり。〈男は二十にして冠《かん》し、女は許嫁《きょか》して笄《けい》するは、成人の礼なり。射・郷は大射《たいしゃ》と郷飲酒《きょういんしゅ》是《こ》れなり。〉【楽記8】

▽昔の周の王が《礼》と《楽》を制定したのは、人に節度を与えるためだ。喪服・哭泣《こくきゅう》（喪礼）は、人が亡くなった時の振る舞いに節度を与えるため。音楽・舞踊は、心を落ち着かせ、楽しみ、調和させるため。結婚・成人式（男子の元服と女子の笄《けい》）は男女を分けるため。射郷《しゃきょう》（郷射《きょうしゃ》・郷飲酒《きょういんしゅ》の礼）と食饗《しきょう》（賓客をもてなす礼）は、人との交際の仕方を正すためである。

右に挙がる事柄のうち、音楽と舞踊は《楽》の守備範囲（後述）だが、喪礼・結婚・成人式や地域の行事（同郷が一堂に会する射・飲酒行事）・賓客の礼は、すべて《礼》であり、そして節度のために存在する。前述のように、喪礼では哀しみの暴走を防ぎ、また後述のように、結婚や成人式は男女の区別をはっきりさせて男女関係が猥雑になるのを防ぎ、地域の行事は年齢や地位の低い者が高い者と馴《な》れ合うのを防ぎ、賓客の礼は対等同士の馴れ合いを防ぐ。それらすべては、行きすぎを防ぐ〝堤防〟なのである。

『左氏伝』は、『書（書経＝尚書）』を引用して「欲は度を敗《やぶ》り、縦《じゅう》は礼を敗《やぶ》る」と強調する【『偽古文尚書』商書太甲第二篇】。「本能的な欲望や縦《ほしいまま》に振る舞う感情的行動は強力で、油断すると節度や《礼》はそれらに負けて守られなくなる」という意味である。人間が生来備える動物的な動機（本能や感情）は、強力だ。《礼》とは、いわば、そうした感情が有害なレベルまであふれ出さないよう押しとどめる、一種の〝堤防〟であり、いい換えれば〝節度〟なのである。

気をつけたいのは、それが前述のように「中庸」というバランス感覚に基づいており、決して、本能や感情を過度に圧殺する方向には向いていないことだ。《礼》思想は、有害な水準まで高まらない限り、本能や感情を認めている。それを示す逸話がある。

晋《しん》の平公《へいこう》が病気になった時、医者は「女人に溺《おぼ》れて心神を喪失しているのが原因です」と指摘した。平公が「女人を全く近づけてはいけないか」と問うと、「いいえ、節度をもってほどほどにすべきです（之《これ》を節するなり）」と答え、君主と楽（音楽）の関係に譬《たと》えた。

[42]先王《せんおう》の楽《がく》は百事《ひゃくじ》を節《せっ》する所以《ゆえん》なり。……君子の琴瑟《きんしつ》を近づくるは、以《もっ》て儀節《ぎせつ》をするなり。以て心を慆《よろこ》ばすに非《あら》ず。【『左氏伝』昭公元年】

➤昔の周の王が楽曲を定めたのは、あらゆる物ごとに節度を設けるためです。……君子が琴《こと》や瑟《おおごと》（大型の琴）などの楽器を嗜《たしな》むのは、演奏によって物ごとの節度を示す手続きとしてであって、音曲の快楽に身を任せるためではありません（同様に、君子が女人を近づけるのも、淫乱に走らない節度を民に示すためで、快楽に身を任せるためではありません）。

性欲という人間の避けがたい本能を、《礼》は否定しない。しかし、限度を超えれば体の不調となって自分に跳ね返る。そうならぬよう、君子は性欲の発散をほどほどに抑《おさ》え、むしろその自制心を民に示して模範となるためにこそ、ほどほどに女人を近づけるのだ、という。川の水流自体を完全にせき止めるのではなく、川の水流をほどほどに残しつつ無害な範囲に押しとどめる〝堤防〟と《礼》は同じであり、そのような〝堤防〟の比喩を、『礼記』はしばしば用いる。次の[43]の一節を収めた章は、「堤防の比喩についての解説書」という意味で『坊記《ぼうき》』と名づけられたほどだ（「坊」は堤防のこと）。

孔子は、心情に対して《礼》が果たす機能を次のようにいう。

[43]子《し》云《い》はく……「礼は人の情に因《よ》りて、之《これ》が節文《せつぶん》を為《な》して、以《もっ》て民の坊《つつみ》を為《な》す者《もの》なり。」【坊記2】

▼《礼》は、人間の心情に基づきつつ、それに節度ある形を設ける。いわば、民の心情が洪水のように好き勝手に流れ出て社会を荒廃させるのを防ぐ、堤防のようなものだ。

[44]夫《そ》れ礼の、乱の由《よ》りて生ずる所《ところ》を禁ずるは、猶《な》ほ坊《つつみ》の、水の自《よ》りて来《きた》る所《ところ》を止むるがごときなり。故に旧《ふる》き坊を以《もっ》て用《もち》ふる所《ところ》無《な》しと為《な》して、之《これ》を壊《やぶ》る者《もの》は、必ず水敗《すいはい》有り。旧《ふる》き礼を以て用《もち》ふる所《ところ》無《な》しと為《な》して、之《これ》を去《す》つる者は、必ず乱患《らんかん》有り。【経解4】

▼社会に暴乱が生じないようにする《礼》の機能は、川の暴走を上流で封じ込める堤防のようなものだ。したがって、「古い堤防は役立たずだ」といって軽率にこれを破壊すれば、洪水が土地を荒廃させるように、「古い《礼》は役立たずだ」といって軽率にこれを捨てれば、社会が乱れて心配事が尽きなくなる。

[43]の例では、感情が有害なレベルまで増大しないように設けられた堤防が、《礼》だった。それは、こういい換えることができる。感情と理性がせめぎ合い、感情が理性を侵し、押しのけて暴走してゆく可能性がある時に、感情に対して、〝これ以上進んではいけない、踏み越えてはいけないライン〟を引くのが、《礼》である、と。

《礼》の根本的機能の一つは〝類別〟

ここまで論じ来たって、ようやく《礼》の本質に迫る準備が整った。実は、《礼》の最大の、そして最大公約数的な、根本的な機能はすべて、この〝踏み越えてはいけない線を引く〟ことにこそある。

[45] 子云《しい》はく、「（a）夫《そ》れ礼は民の淫《むさぼ》る所《ところ》を坊《ふせ》ぎ、（b）民の別《べつ》を章《あきら》かにし、（c）民をして嫌《うたがひ》無《な》からしめ、以《もっ》て民の紀《き》と為《な》す者《もの》なり。〈淫は猶《な》ほ貪のごときなり。章は明なり。嫌は嫌疑なり。〉」【坊記17】

➤孔子はいう。「《礼》は民の欲望の暴走を防ぎ、民の一人一人に立場の違いを自覚させ、民が善と悪を迷わず確信できるようにする、民の行動規範だ」と。

このうち、（a）は行動の節度を意味し、（b）は異なる立場の人同士（尊卑・君臣・親子・兄弟・男女など）を混淆《こんこう》してはいけないので区分・類別することを意味し、（c）は何が善で何が悪かを区分・類別することを意味する。ここに挙がる節度と類別こそ、《礼》の主要な機能であるという。そして節度を守るためには、許容範囲と範囲外が類別され、区分する線が引かれている必要があるので、《礼》の機能とはつまり、類別機能に収斂《しゅうれん》することになる。

《礼》には様々な側面がある。敬譲も、細かい礼儀作法も、祭祀も、倫理も、《礼》の一部である。《礼》に含まれる範囲は広く、『礼記』などの儒教の経典を読むと、ほぼあらゆる人間の望ましい倫理道徳・行動規範が《礼》だ、という結論に至らざるを得ない。

しかし、それでは何も説明したことにならず、思考停止に等しい。それらの倫理道徳がなぜ大切とされたのか、それを説明せねば《礼》の根幹は理解できない。様々な形で現れる《礼》には、根幹的な意味や、一貫した論理が存在するはずだ。何が主で、何が従かを腑分《ふわ》けすることは困難だが、あらゆる《礼》的な倫理道徳の最も根底にある論理は何か。

そうした問題意識から探す時、次の一節は注目に値する。私が見る限り、これは、〈《礼》とは何か〉を、根幹にある単純な原理を織り込みながら最も簡潔明瞭に示した一文である。

[46]（a）夫《そ》れ礼は、親疏《しんそ》を定め、嫌疑を決し、同異《どうい》を別《わか》ち、是非を明らかにする所以《ゆえん》なり。（b）礼は

妄《みだり》に人を説《よろこ》ばしめず。〈佞媚《ねいび》に近きが為《た》めなり。〉……（c）礼は節を踰《こ》えず、侵《おか》し侮《あなど》らず、好み狎《な》れず。〈敬を傷《きず》つくるが為《た》めなり。人は則《すなわ》ち習近《しゅうきん》するを好狎《こうこう》と為《な》す。〉【曲礼上6】

▼（a）礼とは、第一に、誰と親しく接し、誰と疎遠に付き合うのがよいか、人間関係の距離を見極めるものである。第二に、不明瞭な物ごとから真実を見極めるものである。第三に、何と何が同じで、何と何が異なるのかを見極め、物ごとを腑分けするものである。そして第四に、何が正しく、何が間違っているかを見極め、明らかにするものである。

右の（a）に挙がる四つの《礼》の役割に共通するのは、様々な物ごとが入り交じっている状態（親しくすべき者と疎遠にすべき者、真実と偽り、同じものと違うもの、正しいことと間違ったこと）を、分類し、重要なもの（親しくすべき者、真実、同じもの、正しいこと）を抽出し、確定することだ。四つ並列だが、三つ目が、事実上すべての根底にある。

A・B・C……という物ごとが入り交じっている時に、それらの一つ一つが同じものか違うものかを判別し、AとBは違うもの、AとCは同じもの……といった具合に分類し、グループ分けすることが、《礼》の根底的な機能である。『礼記』の別の一節には次のようにある。

[47]天高《てんたか》く地下《ちひく》く、万物散殊《さんしゅ》して、礼制行《おこな》はる。【楽記16】

▼天が高い場所にあり、地が低い場所にあることをはじめとして、あらゆる物ごとが異なる場所にあってこそ、《礼》を定めて実践可能になる。

右の本文を、鄭注は「礼は異《い》を為《な》すなり」、つまり「なぜなら、《礼》とは〝異なることを示すもの〟だからである」と解説している。また、右に続けて次のようにある。

▼[48]礼は宜《ぎ》を別にし、鬼《き》に居《い》て地に従《したが》ふ。【楽記16】

《礼》とは適切に分別することであり、鬼《き》（ある種の霊的存在。後述）に従い、地で行うものである。

右の本文を、鄭注は「礼は異《い》を尚《とうと》ぶなり」、つまり「《礼》とは、〝異なること〟を重視するのである」と解説している。これらすべては、《礼》の主要な機能が〝AとBは違うものだ、と示すこと〟にあったという証拠である。より一般化していえば、こうなるだろう。私たち人間にとって混沌《こんとん》に見える様々な物ごとを、〝類別〟（種類ごとに分けること）することこそ《礼》の機能である、と。《礼》の機能は、一言でいえば〝線引き〟である。雑多に見える物ごとに適切な線を引き、何が線の内側に、何が外側にあるかを明らかにするのが《礼》の機能なのだ。

社会では〝自他の線引き〟が何より重要

右の[46]の後段（c）に、「礼とは、「節」を踏み越えないこと、相手の領分を侵すことで相手を侮《あなど》らないこと、相手と親しくしすぎて馴《な》れ合いにならないこと」とある。「節」とは、〝物ごとを区切る線〟にほかならない（植物の竹の「節《ふし》」をイメージされたい）。感情と理性のバランス＝節度を定めることに《礼》の重要な意義がある、という前述の話が、ここにつながる。そして「侵す」とは、〝越えるべきでない線を越える〟ことだ（侵略戦争・人権侵害・不法侵入などの侵）。つまり「節」も「侵す」も、〝線引き〟の存在を前提としている。

自分と他人の間には線がある、つまり、〈自分と他人は別々の人間なのだ〉という線を強く意識せねばならない、というのが右の記事の主張である。その〝自分と他人を類別する線〟こそが敬意の基本である、と。それは、次のように換言できる。

人は、自分に対しては好きなように振る舞う。自分を大切にするのも粗末にするのも、突き詰めれば自分の裁量次第だ。とすると、自分と他人の間の線を越えてしまうことは、他人をも好きに扱ってしまうことになり、ともすれば粗略に扱うことになる。粗略に扱えば相手の尊厳を損ない、相手は侮られたと自覚する。[46]（c）の鄭注がいうように、人は慣れ親しんでしまうと、〈相手が自分ではない（自分と同様に粗略に扱ってはいけない）〉ということを忘れ、敬意を忘れがちになる。したがって、相手を侮らず、相手の尊厳を保つために何より重要なのは、〈相手は自分ではない〉という、あまりに当然の（しかし頻繁に軽視されがちな）事実を強く自覚するための線引きだと、『礼記』はいうのである。

[49]敬譲なる者は、君子の相接《あいせつ》する所以《ゆえん》なり。故に諸侯相接するに敬譲を以《もっ》てするときは、則《すなわ》ち相侵《あいしん》陵《りょう》せず。〈君子の相接するときは、賓譲《ひんゆず》りて主人敬《けい》するなり。〉【聘義5】

➤君子同士が会う時は、互いに敬い、譲る。そこで、諸侯が会う時に互いに敬い譲ることを実践すれば、互いに相手の領分を侵すことがない。

右でいう「相手の領分」とは、具体的には相手の（地位に基づく）名誉や権威、領土などを指すだろう。諸侯は、権威を傷つけられれば報復のために戦争を起こし、領土を侵されれば奪還するために戦争を起こす。したがって、諸侯が互いに敬譲をもって接すれば、戦争の原因を未然に防ぎ、世界の平和を保てる、ということである。そこで大切なのは、相互に相手の領分を侵さないことであり、そのためには、自分の領分と相手の領分を区画する線引きが何より重要だ、ということになる。

〈《礼》の最も重要な機能は、物ごとの雑多な集合の中に線を引き、これはA、それはB……と、類別することである〉という主張は、『礼記』において、枚挙に遑《いとま》がない。『礼記』は、これでもかと具体例を挙げて、《礼》の類別機能の重要さを説いている。

〈各種の《礼》が実践されると社会がどう改善するか〉をまとめた一節に、次のようにある。

[50]（a）故《ゆえ》に朝覲《ちょうきん》の礼は、君臣の義《ぎ》を明らかにする所以《ゆえん》なり。（b）聘問《へいもん》の礼は、諸侯《しょこう》をして相尊敬《あいそんけい》せしむる所以なり。（c）喪祭《そうさい》の礼は、臣子《しんし》の恩を明らかにする所以なり。（d）郷飲酒《きょういんしゅ》の礼は、長《ちょう》幼《よう》の序《じょ》を明らかにする所以なり。（e）昏姻《こんいん》の礼は、男女の別《べつ》を明らかにする所以なり。……〈春見《はるまみ》ゆるを朝《ちょう》を曰《い》ひ、小聘《しょうへい》を問《もん》と曰《い》ふ。其《そ》の篇今亡《へんいまほろ》ぶ。昏姻とは嫁取《かしゅ》を謂《い》ふなり。壻《むこ》〔婿〕を昏《こん》と曰《い》ひ、妻を姻《いん》と曰《い》ふ。自も亦《ま》た由なり。〉【経解4】

臣下が君主のもとに参上して謁見する「朝覲《ちょうきん》」の礼が行われれば、主従関係が明確になる（a）。諸侯が互いに招待・訪問して顔を合わせる「聘問《へいもん》」の礼が行われれば、諸侯同士の敬意が保たれ、諸侯同士の戦乱が起こらなくなる（b）。親の死を弔い祖先を祭る「喪祭《そうさい》」の礼が行われれば、子が親から、また子孫が先祖から受けた恩が明確になる（c）。地域の人々が一堂に会して宴会を行う「郷飲酒《きょういんしゅ》」の礼が行われれば、年長者を年少者が敬うという社会の序列が明らかになる（d）。「昏姻《こんいん》」（婚姻）の礼が行われれば、「男女の別《べつ》」が明らかになる（e）、と『礼記』はいう。

ここに挙がる君臣・諸侯同士（対等）・親子・長幼・男女という五つの要素は、儒教が、当時の社会に存在した人間関係を五つに類型化したものであり、後世、孔子の数世代後に現れた孟子《もうし》によって、「君臣の義《ぎ》」、「朋友の信《しん》」、「父子《ふし》の親《しん》」、「長幼の序」、「男女の別」という「五倫《ごりん》」（道徳的に正しい五つの人間関係）として整備されることになる。

「男女の別」は何のための〝線引き〟か

君主が臣下を信頼して慈しみ、臣下が君主に忠義を尽くすべきとする「君臣の義」や、対等の関係同士でも敬意を払い合うべきとする「朋友の信」、親子は親愛の情を深く抱き合うべきとする「父子の親」、年長者が年少者を慈しみ、年少者が年長者を敬うべきとする「長幼の序」は、比較的容易に、今日の私たちにも理解できる。

しかし、「男女の別」は、現代人の感覚ではわかりにくい。これは、一般に、〈男には男に固有の仕事があり、女には女に固有の仕事がある〉ということと解釈されやすい。それは、〈性別を超えて相手の仕事に介入するな〉ということであり、特にしばしば〈女が男の仕事に口を出すな〉という意味で使われがちだ。

ただ、そのような単純な理解では腑《ふ》に落ちない部分がある。確かに、男と女は先天的に異なる能力を持つので、おのずと担当すべき仕事も異なる。何より〝子を産む〟という作業は女性にしかできないし、男の方が筋力が強いから、力仕事、特に軍事・警察に関わる仕事は男性が適任ではある。

しかし、それはあまりに自明であって、取り立てて人に口うるさく教え込まねばならない徳目であるとは、どうにも考え難い。人間が天然自然に、生得の能力の適否に従って行動すれば、文明人でなくとも、野蛮人でも、女性だけが出産という女性特有の仕事をこなし、男性が主に力仕事という男性に適任の仕事をこなすに違いない。出産に限れば、知性を持たない（と儒教では考える）動物でさえ、天然自然にそのように振る舞う。したがって、〈性別ごとに適切な仕事がある〉というだけでは、理性と教育を必須とする他の四つの徳目からは浮いてしまうのである。

また、性別を問わず可能な仕事は多い。男女同権が急速に進んだ今日、旧来男性が行ってきたほとんどの仕事を、女性が行うようになっている。単純に考えて、頭脳労働を行う能力も、学問を修める能力も、男女で差があるはずがないし、西欧諸国には急速に女性兵士が増えており、軍事という最も男性的な仕事にさえ、女性が従事できると証明されている。人間が取り組むべき大多数のタスクにおいて、男女に同じ能力があることは明らかなのに、男の仕事と女の仕事がなぜ厳密に分類されねばならず、それを口うるさく民に教え込まねばならないのか。その点が、前述の単純な解釈では説明されておらず、納得し難いのである。

では、「男女の別」という徳目が存在する理由・目的は何か。ここで、「五倫」という形で孟子がまとめた社会関係（人間関係）の類型のうち、男女関係だけに「別」と明記されていることに注意されたい。《礼》についてここまで考察してきた私たちは、この「男女の別」という徳目が、《礼》の最も主要な機能＝〝厳密に線引きして物ごとを類別する機能〟を、最も直接的に反映・達成する徳目であることを、直ちに推察できる。

「男女の別」は「淫乱（男女関係の暴走）」防止のため

では、男女間の厳密な線引きがなぜ必要なのか。その答えは次の一節に明らかだ。

[51]（a）故《ゆえ》に昏姻《こんいん》の礼廃《すた》るるときは、則《すなわ》ち夫婦の道苦《みちくる》しみて、淫辟《いんぺき》の罪多《つみおお》し。（b）郷飲酒《きょういんしゅ》の礼廃るるときは、則ち長幼《ちょうよう》の序失《じょうしな》ひて、争闘《そうとう》の獄繁《ごくしげ》し。（c）喪祭《そうさい》の礼廃るるときは、則ち臣子《しんし》の恩薄《おんうす》くして、死に倍《そむ》き生を忘《わす》るる者衆《ものおお》し。（d）聘覲《へいきん》の礼廃るるときは、則ち君臣の位失《くらいうしな》ひ、諸侯《しょこう》の行《おこな》ひ悪《あ》しくして、倍畔《はいはん》・侵陵《しんりょう》の敗起《はいおこ》る。〈苦しむとは至らず咎へずの属《たぐい》を謂《い》ふ。〉【経解5】

右の（a）によれば、「婚姻の礼が廃れた場合、夫婦仲が不十分になって、淫《みだ》らで曲がった罪が増えることになる」という。夫婦関係の悪化によって発生する淫らで曲がった罪とは、夫婦外の男女関係である。つまり、夫婦関係によらない男女関係、有り体にいえば男女の「淫乱」を防ぐことが、婚姻の礼の存在意義なのだった。この問題には、人間が心情の赴くままに振る舞うことの危険性を説く、前述の話が深く関わってくる。

[52]飲食・男女は人の大欲存《たいよくそん》す。【礼運22】

『礼記』は、「食欲と性欲こそ、人間の最大の欲望である」とする。前述[36]の、人間に生まれつき備わっている七つの心情の一つに「欲」があったが、それは主に飲食と異性に対して発露される、ということだ。心情に任せた振る舞いのうち、最も現れやすいのは食欲とともに性欲であり、その性欲の暴走を、《礼》思想は懸念するのである。人は性欲を暴走させると、際限なく相手を増やし、相手を変えて、求め合ってしまう。男女関係は嫉妬を生み、争いを生む。それでは社会は治まらない。そうならないための節度として、夫婦関係という、社会的に公認された男女関係を定め、その枠内でだけ、男女関係が許されるようにした。そして、その公認の男女関係が締結されたことを社会に宣言し、認知されるための手続きが、昏姻《こんいん》(婚姻)の《礼》なのである(昏はムコ、姻はツマの意味だと[50](e)の鄭注にある)。『礼記』や儒教が、「男女の別」の問題を、〝淫乱の抑止の問題〟として捉えている証拠は多い。たとえば、次のような一節がある。

[53](a)道路は男子は右由《よ》りし、婦人は左由《よ》りし、車は中央従《よ》りす。〈道、三塗《さんと》有り。遠く別《わか》つなり。〉(b)父の歯《よわい》には随行《ずいこう》し、(c)兄の歯には鴈行《がんこう》し、(d)朋友には相踰《あいこ》えず。〈敬を広むるなり。塗《と》中《ちゅう》に於《お》てするを謂《い》ふ。〉【王制51】

右は、道路の歩き方に関する《礼》の定めである。(b)に、「ともに行く人が父の年代以上なら真後ろに従って進め」、(c)に、「兄の年代以上なら斜め後ろを進め」、(d)に、「対等の友人なら横一列に並んで、互いに相手より前に出るな」とある。それぞれ「父子の親」、「長幼の序」、「朋友の信」と対応した項目であり、上位者ほど前に進むようにして、縦関係と横関係の正しい人間関係を、そのまま道路の二次元平面上に表している。

その中で、冒頭の(a)に、男女の道の進み方が定められている。それは「男は道の右端を進み、女は道の左側を進み、その間に車が通行できるくらい両者の間隔を空けよ」という。理想的な人間関係が道路の二次元平面上に表現されており、なおかつ鄭注が「男女を遠く隔てるためである」と述べているのを総合すると、〈男女は文字通り物理的に遠く隔てられていることが理想的なあり方だ〉というのが、「男女の別」の意味だとわかる。

しかし、なぜそのように男女を遠ざけねばならないのか。ヒントは次の一節にある。

[54]姑《こ》・姉妹・女子子《じょしし》、已《すで》に嫁《か》して反《かえ》れば、兄弟《けいてい》与《とも》に席を同じくして坐《ざ》せず。与《とも》に器《き》を同じくして食《しょく》せず。〈皆《み》な別《べつ》を重んじ淫乱《いんらん》を防ぐが為《た》めなり。〉【曲礼上31】

「他家に嫁いだ姑・姉妹・娘が生家に戻って過ごす時には、兄弟は同じ場で席を同じくしてはいけないし、同じ器を共有して食べてはいけない」という。鄭注はその理由を、「それは全て、男女の別、つまり男女の物理的な分離を重視するからであり、それは淫乱を防ぐためだ」と端的に述べている。他家に嫁した女性、つまりある男性と婚姻関係を結んだ女性にとっては、兄弟も含め、夫以外のいかなる男性との接近・接触も「淫乱」を招くので、夫以外のあらゆる男性から遠ざけるべきなのだった。

兄弟との間にさえ「淫乱」の可能性が想定されたあたりは、現代日本人から見れば驚くべきことだが、それほど当時の儒教においては、婚姻関係にない男女の「淫乱」は警戒すべき悪徳だった、ということだ。『礼記』が繰り返し強調する「男女の別」とは、〈男と女にそれぞれ固有の仕事がある〉という話ではなく、〈見境のない男女関係（が誘発するトラブル）を防止するために、夫婦以外の男と女の間に、厳密に越えられない線を引くこと〉だった。「男女の別」の徹底が徳目であり得るのは、こうした理由による。

「男女の別」で「淫乱」を防ぎ社会崩壊を抑止する

以上のように、「男女の別」は（分断に近い）〝類別〟を主目的とし、それは『礼記』のいう《礼》の根幹的機能とよく合致している。とすれば、「五倫」の残りの四つの人間関係、つまり君臣・父子・長幼・朋友の関係についての徳目にも、根幹には類別しようとする機能・目的があった可能性が高いと考えるべきだ。

[55] 哀公《あいこう》孔子に問ひて曰《いわ》く、「大礼《たいれい》は何如《いかん》。君子の礼を言《い》ふ、何《なん》ぞ其《そ》れ尊《とうと》ぶや」と。孔子曰《いわ》く、「丘《きゅう》や小人《しょうじん》なり。以《もっ》て礼を知るに足らず」と。君曰《いわ》く、「否《しから》ず。吾子之《ごしこれ》を言《い》へ」と。孔子曰《いわ》く、「丘之《きゅうこれ》を聞く。〈謙《へりくだ》りて答《こた》へざるなり。〉民の由《よ》りて生《しょう》ずる所《ところ》は、礼を大《だい》と為《な》す。礼に非《あら》ずんば以《もっ》て天地の神《しん》に事《つか》ふるを節《せっ》する無《な》きなり。礼に非《あら》ずんば以て君臣・上下《しょうか》・長幼《ちょうよう》の位《くらい》を弁《わか》つ無《な》きなり。礼に非《あら》ずんば以て男女・父子《ふし》・兄弟《けいてい》の親《しん》、昏姻疎数《こんいんそさく》の交《まじ》はりを別《わか》つ無《な》きなり。君子此《こ》れを以て尊敬を為《な》すこと然《しか》り。〈言ふこころは、君子此《こ》れを以ての故《ゆえ》に礼を尊ぶ。〉然《しか》る後《のち》に其《そ》の能《よ》くする所《ところ》を以て百姓《ひゃくせい》に教《おし》へ、其の会節《かいせつ》を廃《す》てず。〈君子は其の礼に能《よ》くする所《ところ》を以て百姓に教へ、其《それ》をして此《こ》の上事《しょうじ》の期節《きせつ》を廃《す》てざらしむ。〉成事《せいじ》有《あ》りて、然《しか》る後《のち》に其《そ》の雕鏤《ちょうろう》・文章・黼黻《ほふつ》を治《おさ》めて以《もっ》て嗣《つ》ぐ。〈上事、民に行《おこな》はれて成功有り。乃《すなわ》ち後続けて以《もっ》て文飾《ぶんしょく》を治め、以て尊卑の差を為《な》す。〉【哀公問1】

▼ある時、魯《ろ》の哀公《あいこう》は、孔子に「君子の《礼》は広大だというそうだが、何を重要視してそのようにいうのか」と尋ねた。孔子は一度は「君子でない私のようなつまらぬ人に《礼》は分かりません」と謙遜して辞したものの、哀公が重ねて問うので答えた。「聞くところでは、民が生きる上で、《礼》は極めて重大なものです。なぜなら、《礼》を軽視しては、天地の神の祭祀に奉仕するための節度ある振る舞いができなくなり、君臣・上下・長幼という立場の違いを正しく分けることができず、男女・父子・兄弟の親愛関係や、婚姻（姻戚）関係や交際関係一般を、適切な遠近に分けることがで

きません。ですから、それらの機能を果たす《礼》を、君子は重要視するのです」と。

右の一節に、男女関係と並んで、君臣・父子・長幼の関係もまた、《礼》によって適切に「分ける」必要があることが明記されている（孟子が五倫に数え、『礼記』では諸侯の問題に限定されて語られる〝対等〟の関係は、文中の〝交際関係一般〟に含まれるだろう）。「人間は、ともすれば親しくなると馴《な》れ合ってしまう」という前述の『礼記』の記載［46］（c））を踏まえると、次のようなことだろう。

馴れ合いにならないよう、〈君主・上位者・年長者は決して臣下・下位者・年少者とは対等にならないし、入れ替わる可能性もない〉ということを、はっきりさせるのが重要だ。そのためには、君と臣の間に、上位者と下位者の間に、年長者と年少者の間に、両者を類別する線を引き、相互に決して越えてはならない、と教える《礼》が必要なのだ、と。

また、「姻戚関係や交際関係を適切に遠近に分ける」とは、自分との関係によって、遠い関係か近い関係かを判別し、常に意識して、その距離にふさわしい振る舞いを取るべきだ、ということだろう。たとえば、妻の父か、妻の兄か、妻の兄の子か、といった具合に。あるいは、祖父の兄か、弟か、父の兄か、弟か、弟なら何番目に下の弟か、実母か継母か、母がまだこの家にいるか実家に帰った（離婚した）か、等々の、関係性の遠近の問題である。

楚子《そし》（後の楚《そ》の成王《せいおう》）が鄭《てい》を救援して宋《そう》を破り、鄭に入った時、鄭の文公《ぶんこう》の夫人がねぎらいのため迎えに出向いた。これを『左氏伝』は非難する。「これは礼に反する。婦人は他人の送迎のために家の門を出るべきでなく、兄弟と会うにも家の敷居を超えるべきでない（礼に非《あら》ざるなり。婦人は送迎するに門を出《い》でず、兄弟《けいてい》に見《まみ》ゆるに閾《しきい》を踰《こ》えず）」と。

さらに楚子は、鄭で饗応の礼を受けた後、文公の婦人に自分の陣まで見送らせ、鄭の公女（君主の娘）二人を楚まで連れ帰った。『左氏伝』は、これを見た鄭の叔詹《しゅくせん》が、「楚王（楚子）は終わりを全うできないだろう。鄭の饗礼《きょうれい》を受けたのに、自分は最後まで〝(男女の)別〟を疎《おろそ》かにした。〝別〟がなければ礼とはいえず、それではとてもまともに死ねまい〔楚王其《そ》れ没《おは》らざらんか。礼を為《な》して別無《べつな》きに卒《おは》る。別無《な》くんば礼と謂《い》ふべからず。将何《はたなん》ぞ以《もっ》て没らん〕」と非難し、諸侯も、楚が覇業を完遂することはないと知ったという【僖公二二年】。男女の別は、〝あらゆる人間の類別が重要〟という《礼》思想の根幹であり、君主が男女の別を疎かにすれば、国内のあらゆる身分秩序の崩壊につながる、ということである。

《礼》の類別機能は社会秩序の大前提

以上から、人間関係における《礼》の存在意義が明らかになった。《礼》とは、〈人それぞれの立場を明示し、常に繰り返し自覚させ、他者と類別・線引きした上で、相互に適切な振る舞いをせよ〉と定める思想なのだった。『礼記』の別の一節は、そこからさらに、視野を人間生活・人間社会全般にまで広げて、次のように述べている。

[56]道徳仁義は礼に非《あら》ざれば成らず。教訓、俗《ぞく》を正しくするは、礼に非《あら》ざれば備《そな》はらず。争《あらそ》ひを分《わ》かち訟《うったえ》を弁《べん》ずるは、礼に非ざれば決《けっ》せず。君臣上下《しょうか》・父子兄弟《ふしけいてい》は、礼に非ざれば定まらず。宦学《かんがく》、師に事《つか》ふるは、礼に非ざれば親《した》しからず。朝《ちょう》を班《わか》ち軍を治め、官に涖《のぞ》み法を行《おこな》ふは、礼に非ざれば威厳行《おこな》はれず。禱祠《とうし》祭祀、鬼神に供給するは、礼に非ざれば誠《まこと》ならず荘《おごそ》かならず。〈分・弁は皆《み》な別なり。官〔宦〕は仕なり。班は次なり。涖は臨なり。荘は敬なり。学、或ひは御に為《つく》る。〉是《ここ》を以《もっ》て君子恭敬撙節退譲《そんせつたいじょう》、以て礼を明らかにす。〈撙は猶《な》ほ趨のごときなり。〉【曲礼上7】

▼道徳・仁義は、《礼》に基づかなければ実現しない。《礼》に基づかなければ、民に教訓して風俗・風紀を正しく導くことができない。争いごとや訴えごとで当事者の正邪・真偽を判定し裁決することもできない。君臣や他人との上下関係、また親子・兄弟の上下関係が定まらず、学ぶにあたって

は師を適切に敬愛することができないし、官僚の序列を定めて軍を統率し、役所で公務に従事して法を執行するにあたっては威厳がなく舐《な》められるし、祭祀にあたっては誠意が届かず、厳粛さにも欠けてしまう。

右の一節は、君主や、それに仕える官僚の仕事万般において、いかに《礼》が重要かを説いている。このうち、争い・訴訟に関する部分に、類別機能の重要性がこれ以上なく明瞭に現れている。あらゆる事物を適切に類別する《礼》が実践されていてこそ、争いごと・訴えごとにおいて、当事者の真偽・正邪を類別することが可能になる、と。その意味において、《礼》は行政（民政）の基礎をなす前提なのだった。

《礼》と民政の関係については、前掲[45]に端的なまとめがあった。「《礼》は民の欲望の暴走を防ぎ、民の一人一人に立場の違いを自覚させ、民が善と悪を迷わず確信できるようにする、民の行動規範だ」と。それに続けて、男女関係が具体例として挙がっている。

[57]故《ゆえ》に男女、媒《ばい》無《な》きときは交《まじ》はらず、幣《へい》無《な》きときは相見《あいみ》ざるは、男女の別無《べつな》からんことを恐《おそ》るればなり。〈男女の会《かい》を重くするは、之《これ》を禽獣《きんじゅう》より遠別《えんべつ》する所以《ゆえん》なり。幣《へい》有る者は必ず媒《ばい》有り。媒有る者は必ずしも幣有らず。仲春《ちゅうしゅん》の月、男女を会するの時は、必ずしも幣を待たず。〉【坊記17】

➤だからこそ、適切な仲介者が仲を取り持たなければ（結婚を前提とした）交際をせず、結婚を前提に交際しても結納の手続きが済まなければ（実際の結婚の手続きが開始されなければ）実際に対面しないのだ。そこまで男女の交際に慎重になるべきなのは、男女の別が破綻し、世の男女が淫乱に陥ることを恐れるからである。

孔子がこれほど淫乱（男女の別の破綻）を恐れたのは、前述のように、それが秩序を紊乱《びんらん》させ、社会を混沌《こんとん》とさせ、筋が通らなくなり、争いを招くからだと考えられる。その上で、右の一節の鄭注が述べていることが興味深い。そのような荒れた社会にならないように《礼》を大切にすることで、私たち人間は自分自身を「禽獣《きんじゅう》」と区別し、禽獣とは異なる存在として一次元、上にいることができるのだ、と鄭注はいう。「禽獣」とは鳥と獣であり、つまり動物のことだ。ここに、人間にとっての《礼》の重要な存在意義がまた現れた。〈私たち人間は、《礼》という、理性に基づく節度を持っているからこそ、動物とは違う高等な生き物であり得る。《礼》がなければ人間も動物と同じ下等な生き物にすぎない〉と。

《礼》が人を人にする――《礼》の類別がなければ禽獣（動物）と同じ

動物と人間がいかに異なる（べき）か、そしてその相違は、人間が高等な生物であるためにいかに重要かを、別の一節は次のような比喩で説いている。

[58] 鸚鵡《おうむ》は能《よ》く言《ものい》へども、飛鳥《ひちょう》を離れず。猩猩《しょうじょう》は能《よ》く言《ものい》へども、禽獣《きんじゅう》を離れず。今、人にして礼無《な》ければ、能《よ》く言《ものい》ふと雖も、亦《ま》た禽獣の心ならずや。夫《そ》れ唯《ただ》禽獣は礼無《な》し。故《ゆえ》に父子《ふし》麀《いう》を聚《とも》にす。〈聚は猶《な》ほ共のごときなり。鹿の牝を麀と曰《い》ふ。〉是《こ》の故《ゆえ》に聖人《せいじん》、礼を作為《さくい》して、以《もっ》て人に教《おし》へ、人をして礼有るを以て、自ら禽獣に別《わか》つことを知らしむ。【曲礼上7】

▼鸚鵡《おうむ》や猩々《しょうじょう》（架空の動物）は人の言葉を話すが、鳥や動物にすぎない。人も、礼がなければ、人のように話していても、中身は動物と同じだ。動物には礼がない。だから鹿は、父子で同じ牝《めす》を共有するのだ。そのようなことがないよう、昔の聖人は《礼》を作って人に教え、人に《礼》を持たせて、動物と違うことを示したのである。

人間は、天然自然のままではその他の動物と変わらず、欲望の赴くままに放置しておくと、親子で同じ女性を共有するような不道徳が起こる。そのような不道徳を犯す動物とは一線を画した高等な生物であるためには、〝すべきこと〟と〝すべきでないこと〟を弁別できる《礼》が必要だ。人間はそれが実践できる生き物であり、人間と動物を分けるのは《礼》の有無である、というのが『礼記』の思想だった。別の一節は、次のように断言している。

[59] 凡《およ》そ人の人為《た》る所以《ゆえん》は礼義《れいぎ》なり。【冠義1】

▼人を（下等な動物とは異なる）人たらしめているのは《礼》（によって筋目を守ること）である。

《礼》の類別機能は、何よりまず、人と動物を類別することから果たされたのである。そしてそれは、動物は本能のままに生きるが、人間は理性で善悪を判断し、行動を節することができるからだ、という意味だった。

[60] 雷同《らいどう》すること毋《なか》れ。〈雷の声を発す、物《もの》として同時に応《おう》ぜざる者無《ものな》し。人の言《げん》、当《まさ》に各《おのおの》己《おのれ》由《よ》りすべし。当《まさ》に然《しか》るべからざるなり。〉孟子《もうし》曰《いわ》く、「人《ひと》にして是非《ぜひ》の心無《な》ければ、人に非《あら》ざるなり」と。〉必ず古昔《こせき》に則《のっと》り、先王《せんおう》を称《しょう》す。〈言《げん》、必ず依拠《いきょ》有り。〉【曲礼上28】

「付和雷同して他人に流されず、自分で考えよ」という右の一節を、鄭注は次のように解説している。「雷同とは、雷鳴で驚いた人々が皆一斉に同じ声を発するようなことだ。人間の発言はそれとは違い、他人に盲従せず、自分の中から発せられるべきものだ」と。自分で思考し、自分自身の理性で善悪是非を判断して発言せよ、ということである。

鄭注はさらに、『孟子』の強烈な一節を引用して、その説明を補強している。「正しいか間違っているかを自分で判断する心を持たなければ、人間とはいえない」と。《礼》は、善悪是非を判断して感情・本能を制御する理性の結晶であり、その理性を持つことこそが、人間を下等な動物と分ける不可欠の要素だ、という構図になる。《礼》とマナーはイコールではないが、英語の諺《ことわざ》に「Manners maketh man（マナーが人を人にする）」というのと似ている。

前述の、欲望に任せた「淫乱」を《礼》思想が恐れる理由も、ここに明らかだ。[58]の「父と子でメスを共有する鹿」の比喩通り、それもまた動物的だからである。その「父と子でメスを共有する」ような「淫乱」を《礼》によって防止すれば、父子の関係がまともになる。

[61]男女別《べつ》有りて、然《しか》る後《のち》に父子《ふし》親しむ。父子親しみて、然る後に義生《ぎしょう》ず。義生じて、然る後に礼作《おこ》る。礼作りて、然る後に万物安《ばんぶつやす》し。〈言ふこころは、人倫別《じんりんべつ》有れば、則《すなわ》ち気性醇《じゅん》なり。〉別無《な》く義無《な》きは、禽獣《きんじゅう》の道なり。〈麀《ゆう》を聚《とも》にするの、類を乱すを言ふなり。〉【郊特牲41】

▼〝男女の別〟が正常に機能すれば、父子の正常な親愛が成立する。それで初めて義《ぎ》（物ごとの正しい節目）が生じ、それで初めて《礼》が正常に成立・機能する。そうなって初めてすべてが安定し、心配事がなくなる。男女の別や義がなければ、（父子でメスを共有する類の）動物と同じなのだ。

「男女の別」の確立、つまり女性を夫以外の男性から遠ざけることが父子の正常な親愛を成立させるのは、鄭注や前述の[58]を参照するに、父子で同じ女性を奪い合うような可能性が排除されるからだろう。

《礼》がない戎夷（野蛮な異民族）は禽獣と同じ

右のような論理は逆に、《礼》を適切に実践できない人物を〝人間以下の動物〟と見なすことにつながる。当時、中国周辺には、《礼》の実践が足りないか皆無の人々がいた（とされた）。「戎《じゅう》」や「夷《い》」などと呼ばれる蛮族（合わせて戎夷《じゅうい》という）である（六六頁で述べた「戎狄《じゅうてき》」と同じ）。

『左氏伝』に、魯が杞《き》という国（「杞憂」の語源）を攻めた話がある。攻めた理由は、魯に来朝《らいちょう》（上位の国への挨拶）した杞の君主の振る舞いが「不敬」だったからという【桓公二年】。では、なぜ杞の君主は不敬と見なされたのか。答えは、杞の君主（成公《せいこう》）の死去を伝える記事にある。そこには、「杞子《きし》」が死んだと書かれていた。「伯《はく》」という爵位（いわゆる伯爵）を持つ彼は、普通なら「杞伯《きはく》」と書かれるべきだが、あえて貶《おとし》めて「伯」と呼ばず「杞子（杞の貴人）」と呼んだ。その理由は、「杞が〝夷〟に成り下がったからだ〔書《しょ》して子《し》と曰《い》ふは、杞、夷となればなり〕」と、『左氏伝』は説明する【僖公二三年】。

では、「夷」になると何がまずいのか。答えは、杞の新たな君主の桓公《かんこう》が来朝した時の記事に明らかだ【僖公二七年】。この時、魯はまたしても「無礼」を責めて杞を攻撃した。先の「不敬」と同じことが、ここでは「無礼」と書かれていることが重要だ。「礼が無い」、つまり〈《礼》に反している〉ことが攻撃の理由だったのだ。ただそれだけの理由で他国を攻撃したあたりに、《礼》思想が原理主義化した時の恐ろしさが垣間見えるが、ここでは、ある集団が〝夷〟であることと「礼が無い」ことが、直結していることに注意したい。

もっとも、杞の側は、自分が「無礼」だとは考えていない。杞は自分なりに《礼》を果たした。しかし、用いた《礼》が問題だった。「無礼」とされた来朝の時、杞の桓公は「夷の礼を用いた〔夷の礼を用ふ〕」のである。〈多様な文化が並立し、相互に尊重し合う〉という文化は、古代中国にはない。古代中国では、中国（周）の習俗だけが唯一の《礼》なのであり、他の習俗は《礼》と認められなかった。

中国と夷の間で《礼》が異なるというのは、単に所作が異なるだけではない。習俗そのものが完全に異なった。かつて（紀元前七七〇年）、周の平王《へいおう》が都を鎬京《こうけい》から東の洛邑《らくゆう》（後の洛陽《らくよう》）に移した後、太史《たいし》（天文の記録官）の辛有《しんゆう》が伊川《いせん》という地域で、髪を振り乱して野外で祭る人々を見た。そこで辛有は「一〇〇年以内に伊川は戎の居住地に成り果てるだろう。もう《礼》が亡んでいるのだから〔百年に及ばずして此《こ》れ其《そ》れ戎《じゅう》たらんか。其《そ》の礼先《ま》づ亡《ほろ》ぶ〕」と予言した【僖公二二年】。

周の《礼》では、祭祀にはそれ相応の場所〔宗廟《そうびょう》や社《しゃ》、郊外の丘など〕があり、髪は絹で束ねて決して振り乱さない。そうした決まりごとに従えず、戎のように振る舞うことは、「《礼》が亡ぶ」ことにほかならなかった。そして彼の予言通り、その年の秋、秦と晋がその地に戎を移住させ、戎の居住地になってしまった。

このように、戎とは〝正しい《礼》を知らない人々〟であり、むしろそれこそが儒教における「戎」の定義だといってもよい。そして、前述の通り、《礼》の有無は、人と動物を峻別する重要な基準だった。すると、双方を合わせた論理的帰結として、「戎は動物と同じだ〔戎は禽獣なり〕」という結論が導かれる【襄公四年】。

秦を重刑主義の法治国家に造り替えた商鞅《しょうおう》〔後述〕は、自分の功績を「秦には従来、戎翟《じゅうてき》〔戎狄〕の風習があり、父子が同室して妻を共有したが、いま私はその風習を改めて男女の区別をつけ、また大いに楼門《ろうもん》を築いて造営を魯《ろ》や衛《えい》〔いずれも《礼》の実践に熱心な国〕のようにした」と述べている【『史記』商君列伝】。「父子で妻を共有する」とは、まさに前述の動物〔鹿〕の行為そのものであり、ここでも〈戎狄は動物に等しい〉という等式が確認できる。興味深いのは、商鞅が信じた法家思想が、儒家の《礼》思想と鋭く対立したにもかかわらず、両者ともに右の等式を共有したことである。〈《礼》を欠くこと＝戎狄＝動物〉という等式は、儒教にとどまらず思想の枠を超えた、古代中国の共通認識だったようだ。

《礼》は数の等差をつけて人の類別を明示する

《礼》という理念は、以上のような、人にあって動物にない〝理性に基づく行動〟によって実体化する〔目に見える形を持つ〕ことがわかった。特定の動きの有無によって《礼》の有無が決まるなら、それは

〝《礼》を動的に実体化させるメカニズム〟だといえるだろう。もっとも、それだけではない。《礼》思想には、〝《礼》を静的に実体化させるメカニズム〟もあった。動きではなく、モノの形や数などといった物理的な姿の違い自体が、《礼》を目に見える形に表現するのである。特に顕著なのは、数の違いで表現することだ。

[62] 礼に多《おお》きを以《もっ》て貴《たっと》しと為《な》す者《もの》有り。天子は七廟《しちびょう》、諸侯は五、大夫は三、士は一。天子の豆《とう》は二十有《ゆう》六、諸公は十有《ゆう》六、諸侯は十有《ゆう》二、上大夫《しょうたいふ》は八、下大夫《かたいふ》は六。諸侯は七介《かい》・七牢《ろう》、大夫は五介・五牢。天子の席は五重《ちょう》、諸侯の席は三重、大夫は再重《さいちょう》。天子崩《ほう》じて七月《しちげつ》にして葬り、五重・八翣《はちそう》あり。諸侯は五月にして葬り、三重・六翣あり。大夫は三月にして葬り、再重・四翣あり。此《こ》れ多きを以《もっ》て貴しと為《な》すなり。【礼器4】

▼《礼》では、数の多さによって、それを用いる人の身分の尊さを表現することがある。たとえば祖先祭祀のために設けるべき廟《びょう》の数は、天子（周王）は七、天子に仕える諸侯は五つ、諸侯に仕える大夫は三つ、大夫より位が低い士は一つである。また食膳で汁物を入れる「豆《とう》（円筒形の足がある背が高い食器。五〇頁の図2参照）」の数は、天子が二六、諸侯が一六、上大夫《しょうたいふ》（大夫の上層部）が八、下《か》大夫《たいふ》（大夫の下層部）が六である。天子に朝覲《ちょうきん》（参上・拝謁《はいえつ》）する時に連れて行く介添《かいぞ》えの数と天子から賜《たまわ》る大牢《もてなし》の数は、諸侯が七、大夫が五である。座席として重ねる敷物の数は、天子が五、諸侯が三、大夫が二である。亡くなった時、埋葬されるまでの期間は、天子が七ヶ月、諸侯が五ヶ月、大夫が三ヶ月で、棺《ひつぎ》を包んで保護するものは天子が五重、諸侯が三重、大夫が二重で、翣《そう》（棺の周囲に立てる把手《とって》つきの板）は天子が八、諸侯が六、大夫が四である。これらはすべて、数の多さで身分の尊さを表現しているのである。

右の一節の核心は、文末に集約されている。この〝身分に比例してモノの数を増やす〞手法が《礼》の常套《じょうとう》手段だが、逆の手法もあった。

[63]少《すく》なきを以《もっ》て貴《たっと》しと為《な》す者《もの》有り。天子は介無《かいな》し。天を祭るに特牲《とくせい》なり。……天子は一食《いっしょく》し、諸侯は再《ふた》びし、大夫《たいふ》・士《し》は三《み》たびし、力《ちから》に食《は》むものは数無《すうな》し。……鬼神《きしん》の祭は席を単《ひとえ》にす。諸侯朝《ちょう》を視《み》るとき、大夫には特《とく》にし、士には之《これ》を旅《りょ》にす。此《こ》れ少きを以て貴しと為《な》すなり。〈天子に介無《な》きは、客礼《きゃくれい》無《な》ければなり。……一食、再食、三食は、飽《あ》くを告ぐるを謂《い》ふなり。力に食むものは、工・商・農を謂ふなり。……大夫には特、士には之《これ》を旅にするとは、君之《これ》に揖《ゆう》するを謂ふ。【礼器5】

▼数の少なさによって身分の尊さを表現することもある。（諸侯は賓客になる時に介添えを引き連れるが、天子は賓客にならないので）天子に介添えは一人もいない。天を祀る時は、犠牲を一つ用いるだけである。天子は一食ごとに「もう十分だ」といい、勧めを待ってからまた食べるが、諸侯は二食ごとに、大夫・士は三食ごとにこれを行い、労働者階級（庶人）にはその制限はない。……鬼神を祭る時、設ける席は一つだけである。諸侯に臣下が参上拝謁する時、諸侯は、大夫に対しては一人ずつ会釈するが、士に対してはまとめて会釈する。

平等に慣れている現代日本人には理解し難いかもしれないが、身分・立場によって物ごとの数に差をつけることは、《礼》の重要な要素だった。《礼》は、人間が理性に基づいて行動していることを、類別することで可視的に表す外形である。逆に、目に見える形で人ごとに形・数の違いを設ければ、正しい類別（つまり《礼》の実践）がなされていることを明示でき、理性に基づいて行動する文明人であることを明示できる、ということだ。

古代日本の正史である六国史《りっこくし》には、しばしば、天皇が人々に褒賞を与える場面で、「差《しな》あり」と記されている。現代日本人は、差をつけては不公平だから、皆に等しく賞を与えればよいではないか、と考えてしまうが、《礼》の考え方は違う。賞を受ける者の身分に応じて、賞の質や量は異なるべきであり、そうせねば、身分秩序を乱してしまう。日本の歴史書が繰り返し「差あり」と誇らしく記すのは、それによって、「この国は身分秩序を常に重視している文明国だ」と主張したいからである。

冠礼（元服＝成人式）により「人と成り」《礼》の秩序に組み込まれる

以上のように、《礼》は、類別が正しく〝目に見える形〟で表現されていることを重視した。繰り返すが、《礼》の本質とは、目に見えない心情と理性に実体を与える〝外形〟だからである。そのため、その人自身の姿形が、大変重要だった。

図3　冠を着けた男性像（白玉人像。北京故宮博物院所蔵。黄能馥ほか2018：図3-39より）

人生において、人間の姿形が最も大きく変わるのは〝成人〟である。古代中国では（そして前近代日本でも）、男子が初めて冠を着用する「冠礼《かんれい》」（元服《げんぷく》）が、これにあたる。『礼記』は、この冠礼こそ人の《礼》の原点だとして、大いに重視した。

[64]礼義《れいぎ》の始めは、容体《ようたい》を正しくし、顔色《がんしょく》を斉《ととの》へ、辞令《じれい》を順《じゅん》にするに在《あ》り。〈人の礼を為《な》すには、此《こ》の三者を以《もっ》て始めと為《な》すを言ふ。〉容体正しく、顔色斉ひ、辞令順にして、而《しこ》うして后《のち》に礼義備《そな》はる。以《もっ》て君臣を正しくし、父子《ふし》を親しくし、長幼《ちょうよう》を和《やわ》らぐ。〈言ふこころは、三始《さんし》既に備はりて、乃《すなわ》ち求《もと》むるに三行《さんこう》を以てすべきなり。〉君臣正しく、父子

親しみ、長幼和らぎて、而《しこ》うして后《のち》に礼義立《た》つ。〈立は猶《な》ほ成のごときなり。〉故《ゆえ》に冠《かん》して后《のち》に服備《ふくそな》はる。服備はりて后《のち》に容体正しく、顔色斉ひ、辞令順なり。〈言ふこころは、服未だ備はらざる者は、未だ求むるに三始を以てすべからざるなり。童子《どうし》の服は、采衣《さいい》し紒《かみゆ》ふ。〉故に曰《いわ》く、冠するは礼の始めなりと。是《こ》の故《ゆえ》に古者《いにしえ》の聖王《せいおう》は冠することを重んず。【冠義1】

▼人が《礼》を実践するための根本的な必須要素は、正しい姿、正しい表情、正しい言葉遣《づか》いである。それらが備わって後に、初めて《礼》の実践が可能になり、それによって君と臣の正しい関係、親と子の親愛の関係、年長者と年少者の調和した関係が可能になる。それによって、《礼》が十分に機能する。ところで、正しい姿・表情・言葉遣いは、大前提として、正しい身の装い（服装や髪型）を必須とする。そして正しい身の装いは、（二〇歳で童子の身なりを改めて）元服し、冠を着用することで始まる。だから「元服は《礼》の始めである」といわれるのであり、だから昔の聖王は元服を重視したのである。

右の一節に、成人儀礼（元服＝冠礼）が重要視される原理が、説明し尽くされている。成人か否かを見分ける上での外見上の最大の違いは、頭に「冠」を装着するかどうかだった。ちなみに、成人して冠を着ける以前の者は「童子《どうし》」といわれ、次のような身なりをした。

[65]童子の節《せつ》たるや、緇布《しふ》の衣《い》に、錦の縁《えん》、錦の紳幷《しんならび》に紐《ちゅう》あり。錦もて髪を束《つか》ぬ。皆《み》な朱錦《しゅきん》なり。〈童子は未だ冠せざるの称なり。〉【玉藻29】

▼童子の正しい身なりは、朱《あか》い錦で縁取《ふちど》りされ、朱い錦の大帯と朱い錦の紐がつけられた黒い上衣を着て、朱い錦で頭髪を束ねる。〈童子とは、まだ冠を着ける段階にない者をいう。〉

冠礼によってこうした身なりを改め、頭に冠を着用し、また服装も成人に相応しいものに改めるのが、男性の成人である。

[66]男子、二十なれば冠《かん》して字《あざな》す。〈人と成る。其《そ》の名を敬《うやま》ふ。〉【曲礼上35】

▼男子は二〇歳で冠礼（元服）を遂げて字《あざな》を付ける。〈そうして初めて〝人に成った〟と認められ、他人が敬意を表して呼ぶための名として字を付けるのだ。〉

[67]（a）已《すで》に冠《かん》して之《これ》に字《あざな》す。成人の道なり。〈字《あざな》は相尊《あいとうと》ぶ所以《ゆえん》なり。〉（b）母に見《まみ》ゆるときは、母之《これ》を拝す。兄弟《けいてい》に見《まみ》ゆるときは、兄弟之《これ》を拝す。成人にして与《とも》に礼を為《な》すなり。【冠義1】

▼（a）冠を着てアザナを付けるのが成人の正しい道である。〈アザナを付けるのは互いに尊ぶためだ。〉（b）成人後は、母と対面すれば母は彼を拝し、兄弟と対面すれば兄弟も彼を拝する。いずれも、成人として相応の敬意を表され、皆が《礼》をもって接する対象に加わったということだ。

男性にとって、物理的な成人の証が冠の着用だとすれば、コミュニケーション上の証は字《アザナ》だった。アザナとは、右に見える通り、相互に敬意を払うために使う、本名とは別の通称である。たとえば、三国志で有名な諸葛亮孔明《しょかつりょうこうめい》という人は、諸葛が姓、亮が名（本名＝諱《イミナ》）、孔明がアザナである。通常、成人男子は本名を使わずアザナを名乗り、アザナで呼ばれる。それが敬意の表現になるのは、本名を、絶対的な上位者に対してしか使わないからだ。

[68]父の前には子、名《な》ひ、君の前には臣、名《な》ふ。〈至尊《しそん》に対しては、大小と無《な》く皆《み》な相名《あいな》ふ。〉【曲礼上35】

▼父の前では子は本名を用い、主君の前では臣下は本名を用いる。〈天に対しては、自分の身分にか

かわらず本名を用いる。〉

右に明らかな通り、絶対的な上位者とは、父・主君・天である。父や主君は、子や臣から本名を名乗られ（一人称として使われ）、彼らを本名で呼ぶことで、支配関係にあることを日常的に自覚し合うのである。なお、古代・中世日本では、ある人を主人として主従関係を結びたい者は、「名簿《みょうぶ》」というものを主人に提出した。名簿は文字通り本名（姓名）を書いた紙で、普通なら他人に知らせない本名を教えることにより、「相手を絶対的な支配者と見なす」という意思表示である。それは明らかに、右の《礼》の定めに由来している。

女性差別と子供差別――〈女性は婚約して人と成る〉〈子供は動物と同じ〉

なお、女性の成人については、次のように書かれている。

[69]女子、許嫁《きょか》すれば笄《けい》して字《あざな》す。〈許嫁を以《もっ》て成人と為《な》す。〉【曲礼上35】

[41]男は二十にして冠《かん》し、女は許嫁《きょか》して笄《けい》するは、成人の礼なり。

女性の場合、「許嫁《きょか》」、つまり婚約することをもって「成人」と見なされた。そうして成人した女性は髪型を変え、「笄《けい》（こうがい）」という髪飾りをつけた。それが、男性の冠に対応する、女性の物理的な成人の証だった。また、女性も成人するとアザナを用いた。

右のいくつかの記事からは、女性がいかに男性に従属的な立場を強いられたかが明らかだ。成人した息子に対して、母は拝するが、父は決して拝さない。父が絶対的な支配者であるのに対して、母がそう

図４　髪を結う笄
（玉製。黄能馥ほか
2018：図3-69より）

図５　笄で髪を結った様子
（高春明2001：図183より）

でないという、わかりやすい男尊女卑である。そして男尊女卑の最たるものは、女性が成人と見なされるための条件が「許嫁（婚約）」だったことだ。男性は〝二〇歳になること〟、つまり成人する条件が自分自身で完結しているのに対し、女性は〝結婚相手の男性が決まること〟という、完全に男性に依存した条件を強いられている。しかも、前述の通り、成人することは《礼》の体系に組み込まれることであり、なおかつ《礼》の体系に組み込まれていない者は動物と同じだった。つまり、女性は男性と婚約しない限り、人として扱われず動物同然の扱いから脱却できなかったのである。

話を戻せば、人は成人することで、《礼》をもって扱われる権利を得る。そして、権利には義務が伴う。成人した人は、自分も《礼》を実践する主体となる義務を負うのである。

[70]之《これ》を成人とするは、将《まさ》に成人の礼を責《せ》めんとすればなり。成人の礼を責《せ》むとは、将《まさ》に、人の子為《た》り、人の弟為《た》り、人の臣為《た》り、人の少《しょう》為《た》る者の礼の行《おこな》はれんことを責めんとするなり。【冠義1】

▼彼を成人として待遇するのは、彼に成人の《礼》を要求するためである。要求される成人の《礼》とは、人の子として、人の弟として、人の臣として、人の年少者として果たすべき、《礼》に則《のっと》った振る舞いである。

童子は成人すると《礼》の体系に組み込まれ、父子・兄弟・君臣・長幼の論理に従って振る舞うことを要求された。逆にいえば、成人するまでは《礼》をもって扱われないし、《礼》に沿った振る舞いを要求もされない。ここで、〈《礼》を知らない人は動物と同じ〉という前述の言説を思い出されたい。童子も《礼》を知らない。したがって、童子は人間扱いではなく、動物と同レベルの扱いになる。冠を着けて《礼》の主体・客体となることを「人と成る」というのは、まさにその話と直結するのであり、〈動物を卒業して人になる〉ということなのである。こうした考え方には一定の根拠もある。「子供は本能の赴くままに早く寝て遅く起き、食べたい時に食べる〔孺子《じゅし》は蚤《はや》く寝《い》ね晏《おそ》く起《お》く。唯欲《ただほっ》する所にままにして食《くら》ふに時無《ときな》し〕」【内則6】といわれたように、本能だけに忠実に生活する子供は、確かに動物に近いと見なせる余地がある。

ただ、〈成人する以前の子供は動物と同じで、人間と同列に見なさない〉という考え方は、子供にも大人と同等の人権を認める現代の価値観には、全く合わない。そうした考え方を前提とする「成人式」とか「成人」という言葉は、〈子供は動物だ〉という言明と等しく、現代の価値観に照らして著しく不適切であり、やめるべきだ。現代なら、「人に成った」ではなく「人として成熟した」というべきで、「成熟記念祭」とでも呼べばよい。そして、このように女性差別・児童差別を正当化する要素が含まれることから、現代日本社会に《礼》思想を強く復権させることに、私は少しも賛同できないのである。

第四章　社会の持続可能性《サステイナビリティ》を保証する冠昏喪祭

——先後絶対主義と根源至上主義

祭祀（吉礼）は「五礼」（吉礼・凶礼・軍礼・賓礼・嘉礼）の最重要事項

元服した人が《礼》の体系に組み込まれるとは、つまり〈既存の社会に新たに参加・参入する〉ということにほかならない。ところで、既存の社会とは、実は父・兄・君主・年長者などの、生きた人間だけではない。そのことも、冠礼に儀式の形として表現されていた。

[71]故《ゆえ》に曰《いわ》く、冠《かん》は礼の始《はじ》めなり。嘉事《かじ》の重《おも》き者《もの》なりと。是《こ》の故《ゆえ》に古者《いにしえ》は冠《かん》することを重《おも》んず。冠することを重んずるが故に之《これ》を廟《びょう》に行《おこな》ふ。之《これ》を廟に行《おこな》ふは、重事《じゅうじ》を尊ぶ所以《ゆえん》なり。重事を尊《とうと》びて敢《あえ》て重事を擅《ほしいまま》にせず。敢て重事を擅にせざるは、自ら卑《いや》しみて先祖を尊ぶ所以《ゆえん》なり。〈嘉事は嘉礼《かれい》なり。宗伯《そうはく》は五礼《ごれい》を掌る。吉礼《きちれい》有り。凶礼《きょうれい》有り。賓礼《ひんれい》有り。軍礼《ぐんれい》有り。嘉礼《かれい》有り。而《しこ》うして冠することは嘉礼に属《ぞく》す。〉【冠義1】

▼成人は《礼》の原点であり、「嘉事《かじ》」の中でも重大なものだ、といわれている。そのため、昔は冠礼《かんれい》を重視したのであり、だからこれを祖先を祭る廟《びょう》で行った。廟で行うのは、人間社会に参入する重大な儀式を重視し、自分だけで勝手に行わなかったからであり、それは自分を卑下し、先祖を尊重したからである。

元服は、生きた人間社会への参入儀式であるばかりではなく、既に死んでいる自分の先祖＝死者までもを視野に入れ、死者の霊をも構成要素とする世界全体への参入儀式なのだった。《礼》思想の捉える範囲は、人間を越えた世界全体に及んでいたのだ（[61]で、「《礼》が正常に機能することが、全てを安定させる」と断言している点からも、《礼》が単なる対人関係を超えて、この世界全体を視野に入れた規範であることが確認できる）。

よく知られているように、儒教には祖先祭祀という重要な要素がある。そして《礼》の思想では、実は生者に対する礼節よりも、死者に対する祭祀の方が重視されていた。

右の[71]冒頭部の「成人式（冠礼）は〝嘉事《かじ》〟の中でも重大なものである」という一節に、「嘉事」という言葉が現れる。この「嘉事」とは何かを、鄭注はこう説明する。「〝嘉事〟とは嘉礼《かれい》のことである。周では、宗伯《そうはく》という官職の者が、〝五礼《ごれい》（五つの礼）〟を統轄した。〝五礼〟とは、吉礼《きちれい》・凶礼《きょうれい》・賓礼《ひんれい》・軍《ぐん》礼《れい》・嘉礼であり、成人式の冠礼は嘉礼に属する」と。人間が実践すべき《礼》は、五種類に分類された。

では、五礼のそれぞれは、いかなる基準で分類されたのか。その答えは、唐の孔穎達《くようだつ》による『礼記正義《らいきせいぎ》』の冒頭に配置された説明が、最も要を得ている。それは孔穎達の意見ではなく、鄭玄が編集した目録を引用したもので、鄭注と同程度の信頼を置ける説である。

[72]鄭目録《ていもくろく》に云《い》ふ。……祭祀の説は吉礼なり。喪荒《そうこう》・去国《きょこく》の説は凶礼なり。致貢《ちこう》・朝会《ちょうかい》の説は賓礼なり。兵車《へいしゃ》・旌鴻《せいこう》の説は軍礼なり。事長《じちょう》・敬老・執贄《しっし》・納女《のうじょ》の説は嘉礼なり。【曲礼上】

▼鄭玄の目録にはこう書いてある。……「祭祀での振る舞い方は〝吉礼〟に属する。人の死や、食物の不作や、大夫・士が国を去る時などの振る舞い方は〝凶礼〟に属する。天子に謁見したり場所を定めて会合する時の振る舞い方は〝賓礼〟に属する。戦争時の振る舞い方は〝軍礼〟に属する。上位者に仕え、老人を敬い、捧《ささ》げ物を捧げ、娘を嫁がせる時の振る舞い方は〝嘉礼〟に属する」と。

どの礼的所作が五礼のどれに属するかは、実は時代によって変動があるが（たとえば狩猟に関する「田《でん》狩《しゅ》」の《礼》は、軍礼（戦争の礼）に属したり吉礼（祭祀の礼）に属したりする。田狩は田猟のこと。一八七頁参照）、個別の要素がどう変容・出入りしても、五礼は右の通りの名前と順番で、後々まで継承された。

重要なのは、その筆頭に必ず吉礼が挙がること、そして吉礼とは〝祭祀の礼節〟だったことである。筆頭に書かれるということは、最も重要だということだ（後述のように、先後関係を極めて重視する儒教ではなおさらである）。あらゆる礼節の中でも、祭祀こそが最重要とされていた。このことを、『礼記』は次のように簡潔に述べている。

[73]凡《およ》そ人を治《おさ》むるの道は、礼より急《きゅう》なるは莫《な》し。礼に五経《ごけい》有り、祭より重《おも》きは莫し。〈（a）礼に五経有りとは、吉礼《きちれい》・凶礼《きょうれい》・賓礼《ひんれい》・軍礼《ぐんれい》・嘉礼《かれい》を謂《い》ふなり。祭より重きは莫しとは、吉礼を以《もっ》て首《しゅ》と為《な》すを謂ふなり。（b）大宗伯《たいそうはく》の職《しょく》に曰《いわ》く、「吉礼を以《もっ》て邦国《ほうこく》の鬼《き》・神《しん》・祇《ぎ》に事《つか》ふ」と。〉【祭統1】

▼一般に、人の規範として《礼》より重要なものはない。そして、《礼》には五つの〝経《けい》（最重要の基本線）〟があるが、祭より重要なものはない。

つまり儒教では、人間の行いで最も重要なのが祭祀だった。右に見える「経《けい》」とは「たていと」を意味し、織物を織る時に常に張られている、織物の形を決める基本線である。これに譬《たと》えて、〈最も重要な、絶対に動かない基本的な事項〉を「経」という。数学でいう〝公理〟と同じである（たとえば、ユークリッド幾何学でいえば、「二本の平行線は決して交わらない」にあたる、絶対に動かない大前提）。儒教ばかりでなく仏教などでも、最も重要で根本的な教えが書かれた書物を「経《きょう》」というのは、このためだ。

鄭注によれば、《礼》の五つの「経（基本線）」とは、先に挙げた「五礼」である。鄭注の（a）は右の一節に注して、「これは、吉礼・凶礼・賓礼・軍礼・嘉礼のうち、祭祀を行う吉例が最も重要だという意味である」と説明している。

祭祀とは〈鬼神（主に昔の聖人・賢人の霊）に奉仕すること〉

では、儒教において、祭祀とは何か。右の鄭注の（b）は、『周礼《しゅらい》』（春官宗伯）の「大宗伯《たいそうはく》」という官職を解説した一節を引いて、こう答える。「吉礼をもって、国土の鬼《き》・神《しん》・祇《ぎ》に仕えるのである」と。鬼・神・祇はいずれも霊的な存在であり、つまり、祭祀とは霊的存在に奉仕することである。

とはいえ、それは現代の私たちの知識・慣習をもってしてもあまりに自明であり、これでは説明したことになるまい。特に重要なのは〝霊的存在〟の内実である。中でも、鬼・神は、しばしば《鬼神》という熟語となって、祭祀の対象として『礼記』に頻出する。

では、鬼・神とは何か。日本では、《鬼》はオニと訓《よ》まれ、人間に危害を加え悪事を働く、一種の悪魔・妖怪のような、並外れた能力を持つ霊的な生き物を指すことが多い。特に現代日本人は、子供の頃に『桃太郎』に代表される鬼退治の話を聞かされて育つので、そのイメージが強固である。

しかし、古代中国の《鬼》は、そのような悪の妖怪ではない。『礼記』は、《鬼》の最もシンプルな定義を、次のように述べる。

[74] 衆生《しゅうせい》は必ず死す。死すれば必ず土に帰《かえ》る。此《これ》を之《こ》れ鬼《き》と謂《い》ふ。【祭義22】
➤人間は必ず死ぬ。そして埋葬された肉体は、必ず最終的に土になる。それを《鬼《き》》という。

つまり、古代中国（特に儒教的世界観）では、《鬼》とは〝人間が死んで肉体が土に返ること〟である。別の一節では、次のようにもいう。

[75]大凡《おおよそ》、天地の間に生《うま》るる者《もの》は皆《み》な命《めい》と曰《い》ふ。其《そ》の万物《ばんぶつ》の死するを皆な折《せつ》と曰《い》ひ、人の死するを鬼《き》と曰《い》ふ。【祭法4】

▼天地の間に生まれる万物を「命《めい》」と呼ぶ。また万物が死ぬことを「折《せつ》」と呼ぶが、特に人が死ぬことを「鬼《き》」と呼ぶ。

様々な物ごとの死を、死ぬ主体ごとに呼び分け、別のものとして扱おうとするあたりは、《礼》が得意とする類別機能の発揮である。そして、万物の死のうち、人間の死だけを《鬼》と呼ぶのだから、古代中国の《鬼》は、極めて密接に人間と結びついていることになる。

鄭注は『礼記』のある一節で、古の聖人が「鬼神に列《れっ》し」た、という文章【礼運4】に、「精魂が最終的に《鬼》となる。《神》は物を引き出す〔鬼は精魂の帰《き》する所《ところ》なり。神は物を引きて出《いだ》す〕」と注を付けている。《神》に関する後半部分は難解だが、《鬼》が、死んだ人間の精魂に由来する霊的存在であることは明瞭だ。

《鬼》が人間に由来することは、祭祀の犠牲に関する一節にも端的に述べられている。儒教の祭祀では、天の《帝《てい》（上帝《じょうてい》）》を祭る祭礼に供える牛と、その他の祭礼に供える牛では、扱いが違う。その理由について、その一節は次のように述べる。

[76]帝牛《ていぎゅう》不吉《ふきつ》なれば、以《もっ》て稷牛《しょくぎゅう》を為《もち》ふ。帝牛は必ず滌《でき》に在《あ》ること三月《さんげつ》、稷牛は唯具《ただそなは》るのみ。天神《てんしん》に事《つか》ふると人鬼《じんき》とを別《わか》つ所以《ゆえん》なり。【郊特牲32】

▼帝牛《ていぎゅう》（天の上帝に捧げる犠牲の牛）に不吉のことがあれば、稷牛《しょくぎゅう》（周の祖先神に捧げる犠牲の牛）で代用する。帝牛は必ず牛舎の清潔な場所で三ヶ月間養われるが、代用の稷牛は常備しておくだけで特別に扱わない。犠牲を捧げて奉仕する相手が《天神》か《人鬼》かを、分けてはっきりさせるため

である。

《礼》の類別機能はここでも発揮され、《天神》と《人鬼》を別ものとして扱う所作を要求している。ここでいう《天神》とは、日本で聞き慣れた《天神》(菅原道真の怨霊に由来する雷神)とは違い、「天に帰属する(天から生じる)神」であり、それと対比される《人鬼》は「人に帰属する(人から生じる)鬼」と解釈するのが穏当だ。やはり、《鬼》と《人》の密接で排他的な関係が明らかである。そして、それらがそのような関係にあるのは、そもそも人間を構成する要素に《鬼神》が含まれているからだと、『礼記』はいう。

[77] 故《ゆえ》に人は、其《そ》れ天地の徳、陰陽《いんよう》の交《こう》、鬼神《きしん》の会《かい》、五行《ごぎょう》の秀気《しゅうき》なり。〈人は此《こ》の気性の純《じゅん》を兼《か》ぬるを言ふなり。〉【礼運23】

▼人間は、天と地から徳を受けることと、陰と陽が一定のバランスで交わることと、鬼と神が集まることと、そして五行(仁・義・礼・智・信)の優れた気によって生成されたものである。

人間の体には、鬼・神が流れ込んでいるのであり、したがって人間が死ぬと、体内にあって人間を構成していた鬼・神もまた、世界へと帰ってゆく、ということなのだろう。もっとも、すべての人間の死後に、その精魂が祭祀の対象となる《鬼》となって世界に残るわけではなかったようだ。

[78] (a) 明《めい》には則《すなわ》ち礼楽《れいがく》有り。〈人に教《おし》ふる者なり。〉幽《ゆう》には則ち鬼神《きしん》有り。〈天地を助けて物を成す者なり。……(b) 然《しか》れば則ち聖人《せいじん》の精気《せいき》は之《これ》を神《しん》と謂《い》ひ、賢知《けんち》の精気は之《これ》を鬼《き》と謂ふ。〉【楽記11】

▼（a）人間が知覚可能な世界には《礼》と《楽》があり、知覚不可能な世界には《鬼》と《神》がある。〈《礼》と《楽》は人に正しい道を教えるものであり、《鬼》と《神》は天地を助けて事物を形成させるものである。〉

右の一節に続けて、鄭注は経典を引用し、理解を補おうとする。「こうして鬼神の有様《ありさま》を知る。それは天地と似ている〔是《こ》の故《ゆえ》に鬼神の情状を知る。天地と相似たり〕」【『易』繫辞伝上】という句や、「彼の死後、民はその《神》を一〇〇年間も畏《おそ》れた〔死して、民、其《そ》の神を畏ること百年〕」【『大戴礼記』五帝徳篇】という句で、《鬼神》と《天地》の類似を示唆したり、偉人の死後の霊が《神》と呼ばれた実例を提示する。それらを総合して、鄭注は（b）で結論する。「（死んだ）聖人の精気を《神》と呼び、（死んだ）知性が高い賢人の精気を《鬼》と呼ぶ」と。これに従えば、死してなお精魂（精気）が《鬼》という形になって世界に影響を与え続けるのは、特別に優れた賢者だけだ。そして《神》となるのは、人徳が圧倒的に優れ、人間社会の正しい姿を定める聖人の精魂だけだった。

▼[79]楽《がく》は和《わ》を敦《あつ》くし、神《しん》に率《したが》ひて天に従《したが》ふ、礼は宜《ぎ》を別《べつ》にし、鬼《き》に居《い》て地に従ふ。【楽記16】
《楽（音楽）》は物ごとの融和を促進し、《神》に属して天に従う。これに対して、《礼》は物ごとの分別を促進し、《鬼》に属して地に従う。

右の一節に対しても、やはり鄭注は「鬼神とは、昔の聖人・賢人（の精魂）のこと〔鬼神は先聖《せんせい》・先賢《せんけん》を謂《い》ふなり〕」と解説している。《楽》と天、そして《礼》と地の対応関係は、『礼記』では次のようにも説明されている。

[80]故《ゆえ》に聖人《せいじん》楽《がく》を作《つく》りて、以《もっ》て天に応じ、礼を制して、以て地に配《はい》す。礼楽明らかに備《そな》はりて、天地官《かん》す。〈官は猶《な》ほ事のごときなり。各其《そ》の事を得るなり。〉【楽記16】

▼そこで聖人は《楽》を作って天に対応させ、《礼》を制定して地に対応させた。だから《礼》と《楽》がきちんと備わってこそ、天地ともに物ごとがあるべき場所に収まるのだ。

聖人の精魂が特別に《神》となるのは、聖人こそ天地の物ごとを正しいあり方へ導く《楽》と《礼》を作った、いわば天地世界の維持管理の根幹に関与した特別な人（周公旦《しゅうこうたん》）だからだ（次章で後述）。

祭祀の意義――天や鬼神が正しく扱われ人間社会が福（理想的あり方）を得る

以上により、〈祭祀とは、主に昔の聖人・賢人の精魂である鬼神と、亡き祖先に奉仕する行為である〉ということが、了解されただろう。

では、なぜその鬼神に奉仕せねばならないのか。次の一節は、そうした観点から、祭祀の存在意義を簡約に説明している。

[81]（a）賢者《けんしゃ》の祭るや、必ず其《そ》の福《ふく》を受《う》く。世《よ》の所謂福《いわゆるふく》に非《あら》ざるなり。（b）福とは備《び》なり。備《び》とは百《ひゃく》順《じゅん》の名《な》なり。順《したが》はざる所《ところ》無《な》き者之《ものこれ》を備《び》と謂《い》ふ。内、己《おの》を尽《つ》くして、外、道に順《したが》ふを言ふなり。忠臣《ちゅうしん》は以《もっ》て其《そ》の君に事《つか》へ、孝子《こうし》は以て其の親に事《つか》ふ。其の本《もと》は一つなり。〈世の所謂《いわゆる》福とは、鬼神の祐助《ゆうじょ》を受《う》くるを謂《い》ふなり。賢者の所謂《いわゆる》福とは、大順《たいじゅん》の顕名《けんめい》を受くるを謂《い》ふなり。其の本は一つとは、忠孝は倶《とも》に順《じゅん》由《よ》り出《い》づるを言ふなり。〉【祭統2】

右の一節の（a）は、「賢者が祭祀を行えば、必ず《福》を得られる。ただし、それは世間一般でいう、卑俗な意味での《福》ではない」という。卑俗な意味での《福》とは、鄭注によれば、「願い事を成就するために鬼神の助けを得ること」である。そうした〝現世利益〟的な祀り方は、信仰心が薄いのに安易に神頼みに走りやすい現代日本人には、容易に理解・共感できる。

しかし、この祭り方では、自分の利益のために鬼神を動かすことになり、要するに個々人のエゴイズムにすぎない。それを『礼記』が非難し、鄭玄がわざわざ注で再度非難せねばならなかったということは、実際には周の時代にも後漢の時代にも、そのようなエゴイスティックな祭祀の方が広く一般的に行われていたことを示している。儒教や《礼》の堅苦しい世界とは全く別個に動いていた、実際の社会相が垣間見えて興味深い。私たちがそのような社会の方に親近感を抱いてしまうなら、私たちは、《礼》思想における祭祀の重要な意義を、体得できていないことになる。

《礼》思想では、祭祀の存在意義は、右の（b）で説かれる次のようなものだ。

➤賢者が祭祀で得る《福》とは、利己的な神頼みで得られる目先の利益ではなく、〝備わること〟である。〝備わる〟とは、あらゆる事物が、あるべき場所で、上位の原理に従って正常に機能することである。人が自分のすべき責務を尽くして、世の中のあるべき形に合致することである。たとえば、臣下が《忠》を大事にして君主に仕え、子が《孝》を大事にして親に仕えることと、正しい祭祀が目標とする《福》は、本源的に同じものだ。

つまり、《礼》における祭祀は、個々人の利益ではなく、世界全体を視野に入れているのであり、世界のあらゆる構成要素が正しい場所で、正しい機能を果たすように願うのである（それが結局、全員の幸福を最大化するからだ）。そして後述のように、この世界とは「天」を始原とするものであり、また前述のように、祭祀は《礼》の最重要事である。そのため、次のような考え方が表明される。

［82］礼を以《もっ》て天の休《さいわい》を承《う》けしめん。【『左氏伝』襄公二八年】

▼礼を実践することで、（あなたがた小国が）天の福を受けられるようにしよう。その結果、人が福を得られる〉という構図である。

〈《礼》を実践すれば適切な祭祀が行われる。その結果、天を満足させる。その結果、人が福を得られる〉という構図である。

この構図に明らかなように、祭祀には、働きかけるべき具体的な対象が必ず存在した。祭祀が天地や鬼神に対する働きかけである以上、そこにはメッセージがこめられている。しかしそのメッセージは、現代日本人が神社で神頼みをする時のやり方とは違う。

コミュニケーションとしての祭祀と日本人にありがちな誤解

しばしば現代日本人は、神社にお参りする時、「こうなりますように」と祈る。しかし、いくつかの神社の案内板が警告しているように、その祈り方は間違っている。そのような祈りは、つきつめれば、「こうなったらいいな」という独り言にすぎない。神の前で独り言を呟《つぶや》くのは自由だが、神はいちいち人間の独り言の相手はしない。「自分に語りかけられている」と神に自覚させるため、神に祈る時は、神に語りかけなければならない。神官が神前で読み上げる祝詞《のりと》は、正にその語りかける言葉である。祝詞を読んでもらうと安くない対価が要求されるから、誰もが祝詞を読んでもらうわけにはいかないが、賽銭箱の前で祈るだけであっても、〈神に語りかける〉という主体性が必要である。

しかも、それは「神様の力で、こうして下さい」では駄目だ。自助努力が何もない願いを、日本の神は聞かない。「自分は今から、こういう目的でこういうことに全力で取り組むから、それを妨げるものを神の力で取りのけ、追い払って下さい」というのが、正しい祈り方である。

しかも、神はお人好しではない。つまり、ただ働きはしない。日本の神は人間性が豊かで、利己的な欲求があり、感情がある。したがって、人にものを頼むのと同じように、対価を提示せねばならない。だから願い事には賽銭が必要なのである。

ただし、これもまた人間同士の関係と同じなのだが、神がお人好しでないように、人もまたお人好しである必要はない。中世（恐らく前近代一般）の祭祀では、神に対して報賽《ほうさい》をする。報賽とは、「力を貸してくれてありがとう」という意味の、感謝をこめた対価である。

しかし、報賽という言葉から明らかなように、これはいわば、神に対する報酬であり、成功報酬である。だから中世までは、最初に報賽をしない。「もし力を貸してくれて、願いが実現したら、力を貸してくれた事実が明らかだから、報賽をしましょう」といって、社殿の修理・新築や神馬・社領の寄進、芸能（娯楽）の奉納などを約束する。あくまでも「ことが成就したらお礼を絶対に欠かしません」という祈り方なのであって、報賽は成功報酬の後払いであり、先払いはしない。力を貸してくれるかどうかわからないうちから、安くない対価を先払いするお人好しは、中世までの日本には、ほぼいないのだ（怒り荒ぶる神に、「お詫びの徴《しるし》を捧げるから今すぐ乱暴をやめて下さい」と願う時は別）。

だから、神社には悪いが、神に願いごとがある時には、賽銭を先払いする必要はない。右のように願いごとをして、自助努力し、結果が出るのを待てばよい。そして、そもそも、小銭程度のはした金で、実現してもらえることなど限られている。そこで、願いごとをする時には、小銭のようなけちな報賽ではなく、まとまった金額の報賽を約束すればよい。まとまった金額があれば、それで神社はその神への祭祀を充実させることができ、神を喜ばせることができる。そして願いが叶わなければ、神の助力が足りなかったか、そもそも神が願いを聞き届けなかったということだから、報酬を払う必要はない。そして、神が願いを聞き届けなかったのは、恐らく、提示した成功報酬が乏しく、気が乗らないからである。

慈しむ奉仕——祭祀は鬼神や先祖を、射・郷飲酒は仲間を、饗応は賓客を

このように、神と人は、それぞれ相手に人格があるという前提で、人と人が対話するように、メッセージを投げかけ合って対話する（神からのメッセージは、日本ではしばしば神異《しんい》、つまり神が引き起こす超常現象となる。それにはメッセージがこめられている。たとえば、敵の方角に鏑矢《かぶらや》が飛ぶ、神の化身が敵陣の方へ飛び去る、などの神異を示し、敵への攻撃に加勢する意思を示す、といった具合である）。それは古代中国でも変わらず、人が〝正しい世界〟を願うだけでは駄目で、メッセージを語りかけねばならない。そのメッセージは時と場合によるが、根幹にあるのは何か。その答えが次の一節にある。

[83] 子曰《しいわ》く、郊社《こうしゃ》の義《ぎ》は、鬼神を仁《いつくし》む所以《ゆえん》なり。嘗禘《しょうてい》の礼は、昭穆《しょうぼく》を仁む所以なり。饋奠《きてん》の礼は、死喪《しそう》を仁む所以なり。射郷《しゃきょう》の礼は、郷党《きょうとう》を仁む所以なり。食饗《しきょう》の礼は、賓客《ひんかく》を仁む所以なり。〈仁は猶《な》ほ存ふのごときなり。凡《およ》そ此《これ》を存《おも》ふは、善を全《まった》くする所以の道なり。郊社・嘗禘・饋奠は、死を存ふの善なる者なり。射郷・食饗は、生を存ふの善なる者なり。〉【仲尼燕居4】

▽孔子はいう。「都の郊外や地方の社で祭るのは鬼神を仁《いつくし》むため。（天子が）季節や天を祭るのは祖先を仁むため（天子は天から生まれるから）。喪礼は故人を仁むため。射郷《しゃきょう》（射礼《しゃれい》と郷飲酒礼《きょういんしゅれい》）は同じ共同体の仲間を仁むため。招待し飲食でもてなす礼は賓客を仁むためのものである」と。

鬼神・祖先・故人・仲間・賓客のすべてに対して行うべき〝仁《いつくし》む〟という行為を、鄭注は「「存《おも》う」という意味だ」と解説する。総合するに、〝仁む〟とは〝敬愛し大切にする〟ことと理解してよかろう。それを踏まえると、右の鄭注の意味は次の通りになる。

▽それらを敬愛し大切にするのは、善を全《まっと》うするための道である。鬼神・祖先の祭祀や喪礼は死んだ

ある。
者を、また射郷《しゃきょう》やもてなしの礼は生きている者を、それぞれ敬愛し大切にするための最良の手段で

祭祀も《礼》も、ともに根底には敬愛があり、両者の差は、対象が生きた人間か霊魂かの差にすぎない、ということになる。

世界を成り立たせる存在（天地・鬼神）を祭って蜜月関係を保つ

ただし、儒教の祭祀は、右に見たような人間（だったもの）に対する祭祀だけでない。そもそも人間でない、天や地に対する祭祀もある。それらの目的は、敬愛とはやや違う。

[84]大礼《たいれい》は天地と節《せつ》を同じくす。……節するが故に天を祀《まつ》り地を祭る。〈物を成して功《こう》有り、焉《これ》に報ゆ。〉【楽記11】

▼大いなる《礼》は、天地と同じように万物に節度を与える。……節度があるから《礼》では天を祭り地を祭る。

右の本文だけでは意味がわかりにくいが、言葉を補って鄭注を読むと、次のようなことだ。

▼人も動植物も、人が生きる環境の全ての事物は、天地（やそれに従う鬼神）が形成してくれたものだ。その意味で、人が生きられるのは、天地（や鬼神）のお陰だ。だから、それに〝報いる〟のだ。

右に明らかだろう。儒教における祭祀の根本は、〈人が生きる世界・環境を与え続けてくれている天

地・鬼神に感謝する〉というメッセージである。それを定期的に欠かしてはならないのは、感謝の意を欠かせば、天地や鬼神が怒り、人が生きやすい環境を提供することをやめてしまう懼《おそ》れがあるからだ。天地は人間（だったもの）ではなく、特に祖先・家族ではないから〝愛する〟対象ではないが、鬼神・祖先の祭祀やほかの《礼》と同じく、〈敬って大切にする〉対象には違いない。これが儒教的祭祀の核心である。

　とはいえ、闇雲に祭ってはいけない。祭祀は、様々な事情によって興隆されたり廃れてしまうことがあるが、それを改善しようと後から無闇に手を加えることは非難された。

[85]凡《およ》そ祭は其《そ》の之《これ》を廃《はい》すること有れば、敢《あえ》て挙《あ》ぐること莫《な》きなり。其《そ》の之《これ》を挙ぐること有れば、敢て廃すること莫きなり。〈其の神《しん》を瀆《けが》すが為《ため》なり。廃挙《はいきょ》は、殷《いん》、農《のう》を廃して棄《き》を祀れば、後復《のちま》た棄を廃して農を祀るべからざるが若《ごと》きを謂《い》ふなり。後に徳《とく》有る者之《これ》を継《つ》ぐも、嫌《けん》せざるなり。〉【曲礼下50】

　右によれば、「一度廃絶した祭は、あえて再興しなくてよい」。廃絶には、世界の仕組みに沿った相応の理由（祖先祭祀なら子孫の断絶など）があり、その理由を踏まえずに無闇に再興することは控えるべきだからである。また「今行われている祭祀を、あえてやめてはいけない」。それは鄭注がいうように、「その神を冒瀆《ぼうとく》することになるからである。かつて殷《いん》王朝が〝農《のう》〟という神の祭祀をやめて〝棄《き》〟という神の祭りを始めた。後に徳のある祭祀の継承者が現れて、殷の改変を不適切に思い、殷がすでに亡んでいて殷のやり方を維持する必要性がないと思っても、あえて元に戻してはいけない」。今の基準からは必ずしも適切でない祭祀でも、すでに祭られている神があり、その祭祀をやめることは、その神を冒瀆し、怒らせることになる。それは結局、神が災厄をもたらす可能性を生み、社会生活に悪影響があるから、手をつけないのが最良なのである。

祖先祭祀が子孫の仕事であるように、儒教の祭祀は、〈誰が、何を、どのように祀るか〉を、すべて具体的に定めている。天地でも鬼神でも、祭る相手が異なれば、祭る方法（相手の喜ばせ方）が異なるからであり、したがって祭るべき適任者も異なるからである。

[86]故《ゆえ》に帝《てい》を郊《こう》に祭るは、天位《てんい》を定《さだ》むる所以《ゆえん》なり。社《しゃ》を国に祀《まつ》るは、地利《ちり》を列《れつ》する所以なり。祖廟《そびょう》は仁《じん》に本《もと》づく所以なり。山川《さんせん》は鬼神《きしん》を儐《ひん》する所以なり。五祀《ごし》は事《こと》に本づく所以なり。【礼運30】

▼帝《てい》（天の支配者というべき最高位の存在＝上帝）を都の南の郊外で祭るのは、天がこの世の最上位に位置すると定めるため。社《しゃ》を国土の方々で祭るのは、地（国土）から産出されるものを並べ数えるため。宗廟《そうびょう》を祭るのは、先祖の仁（恩）に報いるため。山川を祭るのは、鬼神を尊敬するため。五祀《ごし》（後述）を祭るのは、制度の制定に報いるためである。

古代中国人は、実に様々なものを祭った。彼らは天を祭り、地を祭り、先祖を祭り、山川を祭り、「五《ご》祀《し》」を祭った。「五祀」とは何か。唐代に成立した『毛詩《もうし》（詩経）』の公定注釈書『毛詩正義《もうしせいぎ》』に、次のようにある。

[87]鄭《じょう》云《い》はく、「教令、五祀《ごし》に由《よ》りて下る」と謂《い》ふは、五祀に中霤《ちゅうりゅう》・門《もん》・戸《こ》・竈《そう》・行《こう》の神《しん》有り。中霤は室《しつ》を謂ふなり。室及び門・戸・竈・行は、人の動作して由《よ》る所《ところ》、皆《み》な制度有らんと為《す》るなり。是《こ》れ五祀に制度有りて、以《もっ》て人君《じんくん》に降り、人君民に下す所以《ゆえん》なり。之《これ》を制度と為《な》すなり。

▼鄭玄はいう。「君主が民に教令（行いを定める命令）を下すことは「五祀」に基づいて行われる、という時の「五祀」とは、中霤《ちゅうりゅう》・門《もん》・戸《こ》・竈《そう》・行《こう》（道路）の神のことである。中霤とは室（部屋）のことである。部屋と門・扉・竈・道路は、人間が主に活動する場の中で、制度（入り方、出方、進み

方、退き方など、様々な振る舞い方の定め）がある場所である。それらの神が振る舞い方の制度を定め、それが人間の君主に下り、君主がそれを民に下して、人間社会の振る舞い方を導くのである」と。

世界には、人が暮らす五種類の生活空間での振る舞い方（制度）を定める神が、その空間・場ごとにいた。そこで、「その定めを尊重します」という意思表示として、それらの神を祭り、それを「五祀」と呼んだのである（五祀の内訳は、後述の[241]にも見える）。

それらの日常的な生活空間よりもスケールの大きい生活空間として、古代中国人は大地全体を意識し、特に山と川を祭った。同じ『毛詩』の直前部分の疏《そ》に、次のようにある。

[88]正義曰《いわ》く、鄭《じょう》云《い》はく、教令山川由《さんせんよ》り下ると謂《い》ふは、山川に草木禽獣《そうもくきんじゅう》有りて、器物を作り国に供《そな》へるべき事なり。言ふこころは、山川に材《ざい》有り、用ひて以《もっ》て器物を作るを興すべきなり。此《こ》の法《ほう》有りて以《もっ》て人君に降り、人君效《なら》ひて降して之《これ》を作るを興し民に教令する所《ところ》なり。

▼鄭玄はいう。「「山川から教令が下る」というのは、山川には草木や動物があって、それらを用いて器物が作られ、国のために提供されるのであり、それらの材料をもって人間が器物を作るよう山川が定めるのであり、その定めが人間の君主に下り、それにならって君主は器物を盛んに作るよう民を導くのである」と。

人間の生活で用いる道具はすべて山川（つまり大地）の動植物を材料とするのであり、それらを材料として道具を作ることは山川の意志であり、それを尊重する意思表示として、人は山と川を祭らねばならないのである。そして、以上を踏まえて[86]に戻ると、「山川を祭るのは、鬼神を尊敬するため」とある。つまり、山川の動植物を素材として人間に提供して道具を作らせる意志とは、鬼神の意志なのだった。

ということは、鬼神を祭ることは、人間生活に不可欠の道具の供給源を敬うために必要なことだった、ということである。

《礼》思想の先後絶対主義と根源至上主義

このように、儒教の祭祀とは、現在の人間社会を成り立たせている要素の供給源を尊重する、いい換えれば〈人間社会の根源を尊重する〉という性質を根底に持っている。そして前述のように、祭祀こそが《礼》の最も重要な実践であるということは、つまり《礼》という思想が、〈物ごとの根源を尊重する〉という発想を最重要視したことを意味する。

そのことは、『礼記』の「大学」という篇目に、簡潔明瞭に次のように記されている（「大学」は後に、朱子学によって『礼記』の中から独立させられて「四書」の一つとなる）。

[89] 物《もの》に本末《ほんまつ》有り、事《こと》に終始《しゅうし》有り。先後《せんご》する所《ところ》を知《し》らば、則《すなわ》ち道に近し。【大学1】

▼すべての物ごとには本と末があり、終わりと始まりがある。万物の先後関係を知れば、世界全体を律する法則に近づける。

人の子が親から生まれ、樹木が根から生長して枝葉を茂らせ、川が源流から湧《わ》き出て支流を生み大河となるように、すべての物ごとには、その始まりとなる「本」、つまり起点・原点があり、他のすべてはその「本」から派生した結果である。

[90]（a）先王《せんおう》の礼を立《た》つるや、本《もと》有り、文《ぶん》有り。忠信《ちゅうしん》は礼の本《もと》なり、義理は礼の文《ぶん》なり。（b）本無《な》ければ立たず、文無《な》ければ行《おこな》はれず。〈必ず外内《そとうち》の具《そなわ》るを言ふ。〉【礼器2】

右の一節の前半（a）は、「古の王が定めた《礼》には「本」と「文」がある。「忠信」が《礼》の「本」であり、「義理」が《礼》の「文」である」という。「本」とは〈根源となる心情〉であり、「文」とは〈それを目に見える形にする飾りつけ〉である。「忠」とは〈心を尽くすこと〉、「信」とは〈偽らないこと〉、「義理」とは〈物ごとの筋目、論理的な仕組み〉である。つまり「心を尽くして偽らない心情が《礼》の根本であり、物ごとの仕組みを筋道通して論理的に思考し行動することが《礼》の外形である」といっているのだ。

なぜそうなるかは、後半部（b）が説明している。「「本（根源的な心情）」がなければ《礼》はそもそも成立しようがないし、「文（理性的な思考・行動）」がなければ、せっかく成立した《礼》も実践されようがない」からである、と。

右では、「本（根源）」と「文（外形）」の両方がともに備わらなければ《礼》は成立しないといっている。その意味では両方が不可欠だが、両方が対等なのではない。（b）の「本無《な》ければ立たず（根源がなければそもそも成立しようがない）」こそ、《礼》の根本原理を一言で表したキーフレーズであり、より重要なのは「本（根源）」である。そもそも、親がなければ子が生まれる可能性はなく、樹木に根がなければ枝葉が生じる可能性はなく、川に源流がなければ支流も下流の大河も存在し得ない。それらと同じように、「本」があってこそ「末」があるのであり、決してその逆はない。

《礼》思想は、この〈AがBを派生させたが、その逆ではない〉という因果関係を、物ごとの価値の重さと結びつけ、〈だからBは自分の根源であるAに対して一方的で絶対的な従属関係にあり、AがBより必ず大切だ〉という価値観を導き、それを万物に適用した。この価値観は、〝根源至上主義〟と呼べるだろう。

ただし、『礼記』が[89]で「先後」関係と表現したことから明らかなように、《礼》思想が重視したのは、〈親が子を生む〉ような純粋な因果関係にとどまらない。その証拠に、《礼》思想は「長幼の序」を重視する。兄が弟を生むわけではないが、〈兄が守り導くからこそ弟がここにこうしてあり得る〉という形で、兄の存在は弟の存在の前提になっている。それも含めて〈先後関係を忘れるな〉といっているのである。根源至上主義をも包括したこの考え方は、〝先後絶対主義〟と呼べるだろう。そして、根源と派生物（親と子など）の関係は、先後関係の部分集合であり、なおかつ先後関係よりも格段に絶対性が強くて何より重要な至高の関係性という意味で、私は〝根源至上主義〟と呼びたいのである。

優先順位としての「順逆」は先後絶対主義で決まる

こうした先後絶対主義と根源至上主義は、《礼》思想に一貫する世界観である。

魯《ろ》の文公は、前年に没した父の僖公《きこう》を大廟《たいびょう》で祭る時、祖父の閔公《びんこう》より上位に扱って先に祭った。その理由を、魯の宗伯《そうはく》（祭祀を司る官）は次のように説明した。

[91]（a）吾《われ》、新鬼《しんき》の大《だい》にして故鬼《こき》の小《しょう》なるを見る。大を先にして小を後にするは順《じゅん》なり。聖賢《せいけん》を躋《のぼ》すは明《めい》なり。明にして順なるは礼なり。【『左氏伝』文公二年八月】

▼私には、新しい鬼《き》（最近亡くなった僖公の霊）が大きく見え、古い鬼（昔亡くなった閔公の霊）が小さい様子が見えた。物ごとでは、大を先にして小を後にするのが「順（正しい順序）」であり、聖賢《せいけん》（極めて尊く賢い君主＝僖公）を上位に位置づけるのが「明（徳の明示）」だ。そして「明」と「順」を正しく示すのが《礼》である。

この意見は一見もっともだが、実は「順」の理解が間違っていたことが発覚する。

[91]（b）君子、以《もっ》て礼を失ふと為《な》す。礼は順ならざること無《な》し。祀《まつり》は国の大事なり。而《しか》るを之《これ》を逆に

す。礼と謂《い》ふべけんや。子は斉聖《せいせい》なりと雖《いえど》も、父に先《さきだ》ちて食《し》せざること久し。故に禹《う》も鯀《こん》に先たず。湯《とう》も契《せつ》に先たず。文武も不窋《ふちゅう》に先たず。宋は帝乙《ていいつ》を祖とし、鄭は厲王《れいおう》を祖とす。猶《な》ほ祖を上《たっと》ぶなり。

▼君子はこれを、礼の失墜だと非難した。確かに礼は全て「順（正しい配置）」に則《のっと》らねばならない。しかし、祖先祭祀は国の最重要事だというのに、（祖父を下位に、父を上位に置いて親子関係を）逆転させているのを、「礼に適《かな》う」といえるはずがない。どれだけ子が優れていても、父より先に祭祀の供え物を受けることは昔からあり得ない。だからどれほどずば抜けた聖人であっても、祭られる順番では、夏王朝の始祖の禹《う》は父の鯀《こん》より後、殷王朝の始祖の湯《とう》も祖先の契《せつ》より後、周王朝の始祖の文王・武王も祖先の不窋《ふちゅう》より後である。宋の国でも（聖賢と名高い始祖の微子《びし》ではなくその父の）帝《てい》乙《いつ》を祖として祭り、鄭《てい》の国でも（始祖の桓公《かんこう》ではなくその父の）厲王《れいおう》を祖として祭る。すべて、子孫ではなく先祖を重視するからである。

「順」は、大小によってではなく、文字通り先か後かの順番で決まる。先に親があり、後に親が子を生むのだから、親が尊重されて先に祭られるべきに決まっている。その順番を無視して子孫を先に祭った文公を、『左氏伝』は「逆祀《ぎゃくし》なり（順序が逆の祭祀だ）」という表現で非難した。

「順」が守られず「逆」であることを、《礼》思想は繰り返し強く否定する。魯《ろ》で、成公《せいこう》の母の穆姜《ぼくきょう》が亡くなり、その後に成公の婦人の斉姜《せいきょう》が亡くなった時、穆姜が自分のために生前に用意していた立派な棺と副葬品を、穆姜を怨んでいた季文子《きぶんし》が取り上げて斉姜の葬儀に用いた。『左氏伝』はこれを非難して、次のようにいう。

[92]君子曰《いわ》く、「礼に非《あら》ざるなり。礼は逆《ぎゃく》する所《ところ》無《な》し。婦《ふ》は姑《こ》を養《やしな》ふ者《もの》なり。姑を虧《か》きて以《もっ》て婦を成す。逆《ぎゃく》、焉《これ》よりも大《だい》なるは莫《な》し」。【襄公二年】

▼君子は非難した。「これは礼に反する。礼には「逆」があってはならない。（姑《しゅうとめ》が生んだ成公に妻が嫁いだのだから、順番としては姑が先、妻が後であり）妻が姑のためのものを調達して捧げるのが正しいのに、季文子は姑のものを削って妻のために用いた。これ以上の「逆」はない」と。

先後関係を尊重して「逆」を排除することは、祭祀や喪礼に限られず、人間社会の全般に及ぶ。

[93]君子・小人《しょうじん》、物に服章《ふくしょう》有り、貴《き》に常尊《じょうそん》有り、賤《せん》に等威《とうい》有るは、礼、逆《さか》らはざればなり。【『左氏伝』宣公一二年夏六月】

▼尊い君子と卑しい小人《しょうじん》には、物理的に身分の違いを明らかにするため異なった服装があり、相互に地位を犯さない。それは、《礼》が絶対に序列の逆転を認めないからである。

ほとんどの現代日本人にとって、服装は個人的嗜好《しこう》か、あるいはフォーマルか否かという場面の問題にすぎない。しかし、服装とは本来、身分上下の差を最も可視的に示すための制度だった。《礼》思想の、〈あらゆる物ごとの順序・先後を重視し「逆」を認めない〉原則は、人間社会全体を、日常レベルで律していたのである。

後発のものに理不尽な犠牲を強いる先後絶対主義

もっとも、〈先発するものが後発のものより必ず尊くて優先されるべき〉という《礼》思想の先後絶対主義は、極端化すると、後発の者に甚だしい犠牲を強いた。『左氏伝』に次のような話がある。

鄭《てい》の子南《しなん》という人が、美人と評判の女性に結婚を申し込んだ時、年上の従兄弟の子晳《しせき》が横槍を入れて、強引に結納を贈り、わが妻にしようとした。そこで女性の兄は宰相の子産《しさん》の助言に従い、彼女自身に選ばせた。子晳がきらびやかに美々しく着飾って彼女にアピールし、子南が雄々しく軍服を着て矢を放って彼女にアピールすると、彼女は「子南の方が夫《おとこ》らしい」と認め、子南に嫁いだ。それは、単に雄々しさに惚れたということではない。彼女は「夫《おとこ》は夫らしく、婦《おんな》は婦らしくするのが「順」というものですから（夫は夫たり婦は婦たるは、所謂《いわゆる》順なり）」と理由を説明した。

《礼》思想では、「順」とは、先後絶対主義（順序の重視）であると同時に、先発の者も後発の者も、それぞれ天から与えられた立場に順《したが》って役割を過不足なく果たさねばならないという、職分忠実主義（後述、第九章）を含んでいた。子南は軍人として君主の役に立つという、男性固有の役割を職分忠実主義に沿って守る人物、つまり《礼》の実践者であるとアピールすることに成功し、同じく《礼》の実践者であろうとする彼女に認められて彼女を手に入れたのである。

ところが、この結果に怒った子晳が子南を殺して彼女を奪おうと企て、武装して子南を訪ねると、子南は察知して逆に子晳を追い回し、子晳を戈《ほこ》で負傷させた。子晳はこれを「友好的に話そうと訪ねたのに、相手の陰謀で負傷した」と国に訴え、いずれに罪があるかを、鄭の大夫（中級官僚）らが協議した。子晳は他人の婚姻に横槍を入れ、失敗すると暴力に訴えて相手の殺害と略奪を企て、それも失敗すると嘘をついて相手の謀略で負傷したと国に訴えた。私たち現代日本人から見れば、そんな子晳の方がどう見ても悪い。しかし驚くべきことに、宰相の子産は、子南の方に罪ありとした。

[94] 直鈞《ちょくひと》しければ幼賤《ようせん》に罪《つみ》有り。罪は楚《そ》に在《あ》り。【昭公元年】

➤双方に均《ひと》しくそれなりの言い分がある時には、幼い方・身分の低い方に罪ありと決めるものだ。したがって罪は楚《そ》（子南のこと）にある。

これが判決理由だった。しかも子産は、子南の罪を五つも数え上げて、次のようにいう。

[95]今《いま》、君、国に在すに、女《なんじ》、兵を用《もち》ゐたるは、威《い》を畏《おそ》れざるなり。国の紀《のり》を奸《おか》すは、政《まつりごと》を聴《き》かざるなり。子晳《しせき》は上大夫《しょうたいふ》、女《なんじ》は嬖大夫《へいたいふ》にして之《これ》に下らざるは、貴《き》を尊《とうと》ばざるなり。幼《よう》にして忌《うやま》はざるは、長《ちょう》に事《つか》へざるなり。其《そ》の従兄《じゅうけい》を兵《へい》するは、親《しん》を養《やしな》はざるなり。【昭公元年】

▼今、鄭の国君が都にいらっしゃるのにお前がみだりに武器を用いたのは、君主の威厳を畏《おそ》れない罪である。（人を殺傷することを禁じた）国の法を犯したのは、政令に背く罪である。上大夫《しょうたいふ》である子晳に対し、身分の低い嬖大夫《へいたいふ》であるお前が従わないのは、貴人を尊ばない罪である。年少のお前が年長の子晳を敬わないのは、年長者への従順さを欠く罪である。従兄を武器で負傷させるのは、親族を大切にしない罪である。

子南は気の毒というほかない（都で武器を用いてはいけないなら、子晳が武装して子南の家に押しかけた件は、なぜ罪に問われないのだろう）。しかし、《礼》思想の「順」の原則は、〈高位の者や年長者が、下位の者や年少者より絶対的に正しい〉という社会規範を形成し、上位者や年長者の意向に逆らったというだけで罪としてしまうのだった。

今でも一部の体育会系の部活で生きている、〈先輩は後輩に何をしてもよい〉という理不尽な慣習の源流が、ここにある。私たちはこれを理不尽と感じ、私には蛮行としか思えないが、実は《礼》思想では理不尽でも蛮行でもないどころか、《礼》そのものだった。それはむしろ、〈万物の原理である「順」に忠実であれ〉という理性的な考え方なのである。「功績はすべて主君のものとし、過ちはすべて自分のものとせよ」という、これも理不尽に見える孔子の教え［19］も、全く同じ発想の上にある。《礼》思想は、原理主義化した場合、上位者の下位者に対する徹底的な搾取《さくしゅ》となってしまう恐ろしさを孕《はら》んでいた。

「孝（親孝行）」は至高の徳目——功績は親のもの、過ちは子のもの

この種の搾取は、親と子の間においても、というより親と子の間でこそ、最も先鋭的に実践されるべきとされた。前掲[19]の続きには、次のようにある。

[96]子云《しい》はく、善は則《すなわ》ち親を称《しょう》し、過《あやま》ちは則ち己《おのれ》を称するときは、則ち民、孝を作《おこ》す。【坊記8】

▼孔子はいう。「よいことは「親の功績です」といい、間違ったことは「自分の過ちです」というならば、民は親に孝を尽くすようになる」と。

これは右の、臣に対する君主の搾取的な関係を親子関係に適用したもので、孔子は子に対して、親に対する徹底的な自己犠牲を説くのである。

[97]子云《しい》はく、君子は其《そ》の親の過《あやま》ちを弛《す》てて、其の美《び》を敬《けい》す。【坊記9】

▼孔子はいう。「君子は親の過ちを忘れ、親の美点を敬わねばならない」と。

[98]子云《しい》はく、命に従ひて忿《いか》らず、微諫《びかん》にして倦《う》まず、労《ろう》して怨《うら》まざるときは、孝と謂《い》ふべし。【同】

▼孔子はいう。「子は親の命令に従って、（意に沿わない命令でも）怒りを表してはならず、（親が間違っていても）柔らかく諫《いさ》め、聞き入れられなくても諦めず、そのために苦労しても怨んではならない。それを「孝」という」と。

[99]子云《しい》はく、父母在《いま》すときは老《ろう》を称《しょう》せず。孝《こう》を言《い》ひて慈《じ》を言はず。【同】

▼孔子はいう。「子は健在の父母を「老人」扱いしない。子は父母に孝に基づいて言葉をかけるが、父

母は子に慈しみの言葉をかけない」と。

親と子の意見が違う時、どちらが正しいかは、《礼》思想では全く問題にならない。親がどれだけ社会的に間違った行いをしても、子にとっては「親であるがゆえに、親は常に正しく、親と意見が違う自分が常に間違っている」と信じて仕えなければならない。親子関係では、子はほかのあらゆる価値判断をかなぐり捨てて、親だけを絶対善として尊重し従わねばならないのである。

しかも、親の振る舞いが《礼》に背いて誤っていたら、子は親を諫めなければならない。親を絶対善として尊重しつつ、「実は社会的には悪なのです」と指摘して改めるよう請わねばならない、というジレンマに陥ることを、《礼》は子に強制した。

その困難な責務を果たすために、親の機嫌を損ねないよう言葉を選んで諫めねばならず、聞き入れられなくても投げ出してはならず、そのためにいかなる苦労も引き受けるべきだと、果てしない負担を《礼》は要求する。それらの負担を果たさなければ、きちんと親を諫めなかったということで、親の過ちが子の罪になる。

《礼》は「往来を尚《とうと》ぶ」といわれ[21]、「父は慈しみをもって子に教え、子は親愛の情に基づいて必要に応じて親を諫める」などといって（後掲の[235]）、親子の双務《そうむ》的な関係を掲げる。しかし、それらが全くの建前にすぎず、実態として上位者（親など）が下位者（子など）に対して搾取することをいとも簡単に正当化する《礼》思想の恐ろしさは、注意されてよい。それは、《礼》思想がどう考えても、上位者が下位者を絶対服従させるために考え出した理論武装としか考えられないという、現実問題としての《礼》の成立事情からして、避けられない本質なのだった。

「父は子の天である」――絶対的な親愛と崇敬の対象

人間の素朴な生活感覚から見る時、先後関係や根源の尊重という発想が生まれる最大の契機は、人間の親子関係だろう。〈人間が存在するのは、何を措《お》いてもまず親が産んでくれたから〉という絶対不変の原理から、《礼》思想は、〈人が最大の感謝を示すべき対象は親なので、親への感謝は最大の親愛となって表現されるのが当然〉という結論を導いた。

『左氏伝』に「孝は礼の始《はじ》めなり」【文公二年】と記されたように、親孝行は《礼》を実践する上での基礎であり、原点だった。人がいかに親を尊重せねばならないか、という話は『礼記』の中で無数に言及されるが、ここでは典型的な言説だけを示そう。

[100] 父母疾《やまい》有れば、冠者《かんしゃ》櫛《くしけず》らず。行《ゆ》くに翔《しょう》せず。〈憂《うれ》ひて容《よう》を為《な》さざるなり。〉言《ことば》惰《おこた》らず。〈憂ひて私《し》好《こう》に在《あ》らず。惰は不正の言《いい》。〉琴瑟《きんしつ》御《ぎょ》せず。〈憂ひて楽しみに在らず。〉肉を食《くら》ふも味わひを変ずるに至らず。酒を飲むも貌《かたち》を変ずるに至らず。〈憂ひて味わひに在らず。〉笑ふも矧《しん》に至らず。怒るも詈《ののし》るに至らず。〈憂ひ心に在り、変じ難きなり。〉歯の本を矧と曰《い》ふ。大いに笑へば則《すなわ》ち見《あらわ》る。〉疾止《や》めば故《もと》に復る。〈自《おのづか》ら常の若《ごと》きなり。〉【曲礼上51】

▼父母が病気になったら、子は髪を櫛《くし》で整えず、歩く時も肘《ひじ》を張った堂々とした姿勢で歩かない〈親を心配するあまり、自分の身だしなみや外見に、気を配る余裕がないから〉。話す時にも、冗談をいったり言葉を飾ったりしない〈心配のあまり、好きに振る舞う余裕がないから〉。楽器も演奏しない〈心配のあまり、楽しむ心の余裕がないから〉。肉を満足するまで食べることもないし、酔いが回るまで酒を飲むこともない〈心配のあまり、味わう余裕がないから〉。笑う時も歯を見せるほど大きく笑わず、怒る時も人を罵るほど怒らない〈心配のあまり、自分の感情さえ希薄になるから〉。父母の病気が治癒すれば、ようやく普段通りに振る舞うように戻る。

要するに、父母の生命が危険にさらされたら、子は茫然自失《ぼうぜんじしつ》し、ひたすら親の快復を願う以外の、すべてがどうでもよくなる、ということである（もっとも、正確にいえば「そうであるべきだ」という教えであり、わざわざそのような教えが書かれたのは、実際にはそう振る舞わない子が多かったからに違いない）。それほど親を大事に思うのは、前述の通り、親が、自分をこの世に存在させてくれた唯一無二の存在だからだ。そのため、親が殺されでもすれば、子はすべてを失ったのと同じであり、残りの人生を仇討《あだう》ちに費やさねばならない。

［101］父の讐《あだ》は、与《とも》に共に天を戴《いただ》かず。〈父は子の天なり。己《おのれ》の天を殺すものと、与に共に天を戴くは、孝子に非《あら》ざるなり。行き求めて之《これ》を殺して、乃《すなわ》ち止《や》む。〉【曲礼上64】

「不倶戴天《ふぐたいてん》」の語源となった右の一節で、「父を殺した仇とはともに生きていかない」というのは、そこまでの重さを持つことだった。鄭注にある通り、「父は子の天であり、自分の天を殺す者とともに生きるのは孝子とはいえず、見つけ出して殺すまで犯人を追わねばならない」のである。前述の、子の親に対する絶対的服従は、この〈父は子の天である〉という考え方の具体的な表れだった。

根源至上主義としての「孝」を拡張した祖先祭祀

この絶対的な関係は、〈根源があってこそ事物がある〉という普遍的な絶対的原理へと敷衍《ふえん》・拡張され、一般化されて、《礼》思想の全体を支配した。子にとってそれほど親が大事なら、その親を生んだ祖父母は、より大事な存在である。そしてその祖父母の親はさらに大事であり、つきつめると、世代を遡《さかのぼ》れば遡るほど、祖先は大切な存在だということになる。だから祖先を尊重する祭祀は、決して欠かしてはならない。今、自分が存在するのは、数え切れない親子関係の連鎖の結果なのであり、先祖が代々、親子関係を再生産してくれたお陰であり、つまり先祖とは自分という存在の根源である。だから、その自分の存在の根源を尊重するため、祖先を祭るのである。そしてその尊重は、いかなる心情に基づくかといえば、祖先と子孫の関係のベースが親子関係の連鎖であることからしても、親子の親愛に類するものである。

[102]大公《たいこう》、営丘《えいきゅう》に封《ほう》ぜらる。五世に及ぶ比《ころ》まで、皆《み》な反《かえ》りて周に葬る。〈斉《せい》の大公は封を受け、留《とど》まりて大師《たいし》と為り、死して周に葬る。子孫生《う》まる。離《はな》るるに忍びざるなり。五世の後、乃《すなわ》ち斉に葬る。斉を営丘と曰《い》ふ。〉【檀弓上27】

▶太公望《たいこうぼう》（呂尚《りょしょう》）は、（営丘《えいきゅう》という地を中心とする）斉《せい》の国を与えられたが、（周王朝の〝大師《たいし》〟という枢要の地位にあったため周の朝廷にとどまり）周で死去し、周で葬られた。その子孫は斉で続いたが、五世代に及ぶ頃までは、死ぬと棺を周まで運んで周に葬った。〈呂尚の子・孫・曽孫・玄孫たちにとって、父・祖父・曽祖父・高祖父である呂尚の遺骸から遠く離れた斉の土地に自分の遺骸が葬られることが、心情的に受け入れ難かったからである。〉

父に対する親愛の心情は、五世代ほどの近い先祖までは遡《さかのぼ》って注がれたが、それ以上世代を遡るとさすがに希薄化した。面識がなく、人柄もほとんど伝え聞かず、親愛の情を抱く機会がないからだろう。では、世代が経過して親愛の情を持てないほど古くなった世代に対して、祭祀が不要になるかというと、そうではない。

[103]夫《そ》れ祭は物の外自《よ》り至《いた》る者《もの》に非《あら》ざるなり。中自《うちよ》り出《い》でて、心に生ずるなり。心怵《おそ》れて之《これ》を奉《ほう》ずるに礼を以《もっ》てす。是《こ》の故《ゆえ》に唯賢者《ただけんしゃ》能く祭の義《ぎ》を尽《つく》す。【祭統1】

▼祭祀とは、人間に外から求められるものではなく、人間の中から、つまり心情から生じるものである。人間は（世界を構成する高次元の存在を）畏《おそ》れるので、それらに奉仕するために《礼》を実践するのである。だから賢い者ほど祭祀を懸命に行うのである。

親愛の情を抱くか否かと関わらず、自分の祖先は「畏《おそ》れる」という心情の対象であり、だから祭らねばならなかった。その「畏れ」とは、自分を存在させてくれているもの、つまり自分を生み出し、自分を生かしてくれる存在の持つ大きさ、いい換えれば、自分に対して絶対的な生殺与奪の権を持っていたことの偉大さに対する畏れである。前述の太公望呂尚に対する祭祀の話についての一節は、前掲の[102]に続けて、次の譬《たと》え話を持ち出す。

[104]古《いにしえ》の人言《い》へる有り。曰《いわ》く、狐は死するときに正しく丘に首《しゅ》するは、仁《じん》なりと。〈……仁は恩なり。〉

▼昔の人はこう言い習わした。「狐は死ぬ時に、住んでいた巣穴に首を正しく向けて息を引き取る。仁（恩）を感じるからである」と。

巣穴が狐の生涯に不可欠であったのと同様に、祖先も人が人として存在するために不可欠なのであり、その不可欠な存在に対して「恩」を感じる。だから、その恩に報いるために、尊重する意思を表示せねばならない。そしてその尊重する心情は、それ自体では形（実体）を持たないから、これに実体を与え、尊重する対象が知覚できる形にするために《礼》が必要であり、その中でも祖先に対する特有の形式こそ、祭祀なのだった。

昏礼（婚礼）の目的——宗廟に奉仕し祖先祭祀を絶やさぬこと

このような祖先重視のあり方、特に〈祖先あっての自分であって、決してその逆はない〉という絶対的な先後関係（因果関係）は、《礼》が実体化する様々な場面に影響を与えた。

前述のように、《礼》思想は、際限ない男女関係を極めて危険視したが、夫婦関係だけは極めて重視し、奨励した。

[105] 夫《そ》れ昏礼《こんれい》は万世《ばんせ》の始めなり。【郊特牲41】
➤昏礼（婚礼）は世界・社会が永続するための原点である。

現代の私たちは「婚礼」という言葉を使うが、古代中国では「昏礼《こんれい》」と書いた。現代人にとっての「婚礼」は〈結婚を完遂するための手続き・儀式〉にすぎず、極論すれば「婚礼」を行っても行わなくとも（行政上）結婚は成立する。しかし、古代中国の「昏礼」はそのような生やさしいものではない。「昏礼」とは〈《礼》の実践としての結婚という手続き〉を意味し、〈結婚すること自体が《礼》の実践である〉という発想の上にある。つまり、《礼》思想においては、結婚してもしなくともよい、という自由は存在しない。成人男女は、結婚せねばならない。それは、「世界・社会が永続するための原点」として、世界・社会に必要とされるからだ。

結婚が世界・社会の永続性の原点となるのは、〈子を産む〉という作業を可能にするからである。婚外の出産は、前述の通り、動物と同レベルで社会を乱す悪事とされ、理想的な社会では存在しないことになっている。そして、夫婦関係を重視するとは、子を産むことが重視されたということである。厳密な夫婦関係（奔放でない男女関係）だけを重視するとは、誰の子かわからない子が生まれたり、雑多な血筋の子が入り交じることを回避したいということである。

では、子孫を作る婚姻は、なぜ重要なのか。実は、それもまた祖先のためだった。

[106]昏礼《こんれい》は、将《まさ》に二姓《にせい》の好《よしみ》を合はせて、上《かみ》は以《もっ》て宗廟《そうびょう》に事《つか》へ、下《しも》は以て後世に継《つ》がんとするなり。故《ゆえ》に君子之《これ》を重《おも》んず。【昏義1】

▼婚礼は、二つの姓（家）の友好関係を築き、それによって宗廟に奉仕し、その関係を後世に残してゆくためである。だから君子は婚礼を重んじる。

結婚の最大の目的は、実は宗廟への奉仕、つまり祖先祭祀の励行のためだった。なぜ、結婚が祖先祭祀の励行につながるか。それは、その祖先の血を引く子孫を、自分たちが婚姻によって残すことにより、祖先祭祀を行う子孫を確保できるからだ。《礼》思想では、子孫はとにかく祖先のためにある。そのことは、次の一節にも明らかだ。

[107]凡《およ》そ家の造るものは、祭器《さいき》を先と為し、犠賦《ぎふ》を次と為《な》し、養器《ようき》を後《のち》と為《な》す。【曲礼下16】

▼一般に、大夫（中級官僚）が家を新築する時は、何より最初に祭祀の道具を新造し、次に祭祀に供える犠牲の動物を自分の采地《さいち》（領地）から調達し、最後に自分の生活用品を新造する。

[108]君子将《まさ》に宮室《きゅうしつ》を営《いとな》まんとすれば、宗廟《そうびょう》を先と為《な》し、廏《きゅう》・庫《こ》を次と為《な》し、居室を後《のち》と為《な》す。〈先祖及び国の用を重んず。〉【曲礼下15】

▼君子が宮殿を新築する時は、何より最初に宗廟を造り、次に厩《うまや》・倉庫を造り、最後に自分の居室を造る。

[107]は〈祭祀は自分の生活よりも絶対的に優先される〉という大原則を説き、そして[108]は〈祖先祭祀は

自分の生活よりも絶対的に優先される〉という大原則を説いている。[108]の鄭注が端的に述べているように、君子（ここでは統治者階級）にとって、最も大切なのは祖先、次に大切なのが国（祭祀と国政に用いる馬や財産の保管場所）で、自分の都合は後回しだった。「国よりも大切だ」と断言する点に、《礼》思想がいかに祖先を重視したかがわかる。国の統治に携わる者にとって、自分の存在の根源は統治者階級であることよりも、まずは人間であることであり、したがって人間としての自分の存在の根源である祖先が最優先なのだった。

同姓不婚――「男女の別」の徹底

ところで、中国や韓国には同姓不婚《どうせいふこん》（同じ姓の男女同士は結婚しない）という原則がある。日本にはないので、なぜそのような原則が必要なのか、現代日本人には理解しにくい。しかし、同姓不婚の原則は、実は『礼記』に見える儒教的な《礼》思想の一部である。

[109]子云《しい》はく、妻《めと》を取るに同姓を取らざるは、以《もっ》て別《べつ》を厚くするなり。〈厚は猶《な》ほ遠のごときなり。〉故《ゆえ》に妾《しょう》を買《か》ふに、其《そ》の姓を知らざるときは、則《すなわ》ち之《これ》を卜《うらな》ふ。〈妾に買ふと言ふは、其の賤《いや》しきを以《もっ》て、之《これ》を衆物《しゅうぶつ》に同じくすればなり。士庶《ししょ》の妾は、恒《つね》に多くは凡庸《ぼんよう》にして、其の姓を知らざる者有り。〉

【坊記18】

▽孔子はいう。「同姓の女性を妻に娶らないのは、「別」を徹底するためだ。だから妾《しょう》（後述）を手に入れる時、彼女の姓が不明ならば吉凶を占う」と。

「妾《しょう》」については、説明が必要だろう。日本語の妾《めかけ》とは違い、側室に近いが、問題は婚姻手続きの違いにある。『礼記』では、「妻」と「妾」の違いは次のように定義される。「聘《へい》せらるるときは則《すなわ》ち妻《つま》と為《な》り、奔《はし》るときは則ち妾《しょう》と為《な》る」と【内則44】。「正規の婚姻の礼をもって結婚を申し込まれた場合は「妻」となり、その手続きを省いた（成り行き任せで配偶関係になった）場合は「妾」となる」という意味だ。それを踏まえて右を解釈すると、鄭注にある通り、「妾を「買う」というのは、身分が低いので諸々の物品と同じと見なすからである。「士」（下級官僚）や民の妾は、身分が低いため姓が不明の場合があった」。すると、実は男性と同姓であるおそれがある。そこで占いを行い、「同姓ではない」という結果が出て初めて、安心して妾を手に入れるのである。ただ、右の一節には、同姓不婚がまずい理由は説明されていない。その理由を、[105]の続きは次のように述べる。

[110]夫《そ》れ昏礼《こんれい》は万世《ばんせ》の始《はじ》めなり。異姓《いせい》に取《めと》るは、遠《とお》きに附《ふ》し別《べつ》を厚くする所以《ゆえん》なり。〈同姓或《ある》ひは則《すなわ》ち相褻《あいな》るること多し。〉幣《へい》は必ず誠《まこと》に、辞《じ》は腆《あつ》からざる無《な》し。〈誠は信なり。腆は猶《な》ほ善のごときなり。〉【郊特牲41】

本文は[109]と同じ内容だが、鄭注に「同姓（同じ一族）同士で結婚すると、馴れ合いになることが多い。夫婦それぞれの家同士、婚姻で持参する財物の用意は誠意をもって行い、発言も丁重であるべきだ」とある。ここでは、同姓不婚の問題は、社会的なコミュニケーションの問題として語られている。しかし、同族の間で親しく馴れ合うのは当然であって、（現代の私たちの感覚でも、古代中国の感覚でも）それ自体が社会を乱す害悪になるとは思えず、それを敵視する右の説明は説得力に乏しい。

孔子は同姓不婚の目的を、「別」の徹底だと述べた（[109]）。ことが男女関係の問題である以上、この「別」は「男女の別」と考えるほかない。しかし、前述のように、「男女の別」の主眼は「夫以外の男性に軽率に接近しない」ことにあった。ならば、結婚して夫婦になる男女の間にはもはや不要であるはずの「男女の別」が、なぜ強調されるのか。

[111]妻《めと》を取るに、同姓を取らず。故に妾《しょう》を買ふに其《そ》の姓を知らざれば、則《すなわ》ち之《これ》を卜《ぼく》す。〈其の禽獣《きんじゅう》に近きが為《た》めなり。〉【曲礼上31】

これも本文は[109]と同じだが、鄭注に「禽獣（動物）と同レベルに成り下がらないためだ」という重要な情報がある。「別」と「禽獣」というキーワードが結びつくなら、これは「父子でメスを共有する鹿」[58]のような、家族内の姦通《かんつう》の問題だったということだ。前述のように、『礼記』が「男女を遠く分け隔てよ」と定めるのは、兄弟姉妹・家族・親族間の淫乱が、社会の秩序・平穏を乱すことを憂慮していたからである。

同姓婚は子孫が栄えず祭祀が絶えるので祖先が呪う

ところで、これだけの材料では、同姓不婚は倫理観と社会秩序の問題にとどまる。しかし、現代の私たちは、近親婚で生まれた子が、しばしば生存に不利な遺伝的形質（先天的な病気・障碍《しょうがい》）を持ち、子孫の維持・繁栄を困難にすることを知っている。実は、古代中国人もそのことを経験則的に知っていた。『左氏伝』に次の記事がある。

[112]男女同姓なれば、其《そ》の生《せい》、蕃《しげ》からず。【僖公二三年】

▼同姓の女性と結婚すると子孫が繁殖しない。

ここに、〈同姓不婚には、子孫の繁殖を確実にするという実際的メリットがある〉という認識が明らかだ。右の一節は端的に結論だけ述べているが、もう少し詳しい説明もある。

[113]之《これ》を聞く、「内官《ないかん》は同姓に及ばず。其《そ》の生《せい》、殖《しょく》せず。美《び》、先《ま》づ尽《つ》き、則《すなわ》ち疾《やまい》を相生《あいしょう》ず。君子是《ここ》を以《もっ》て之《これ》を悪《にく》む」と。故《ゆえ》に志《し》に曰《いわ》く、「妾を買ふに其《そ》の姓を知らざれば、則ち之《これ》を卜《ぼく》す」と。此《こ》の二者《にしゃ》に違《たが》ふは、古《いにしえ》より慎《つつし》む所《ところ》なり。男女、姓を弁《わか》つは、礼の大司《だいし》なり。今、君の内《うち》、実《じつ》に四姫《しき》有り。其《そ》れ乃《すなわ》ち是《これ》なる無《な》からんや。若《も》し是《こ》の二者に由《よ》らば、為《おさ》むべからざらんのみ。四姫を省《はぶ》くこと有らば猶《な》ほ可《か》なり。無《な》くんば則《すなわ》ち必ず疾《やまい》を生《しょう》ぜん。【昭公元年】

▼私はこう聞きます。「身の回りの世話をする女官は（手が付いて子を産んだ場合に備えて）同姓の者を使わない。さもなくば主人の容貌が劣化し、病気になる。だから君子はそれを悪《にく》む」と。だから古い記録に「妾を買う時に姓が不明なら卜《うらな》う」ともあります。それらに背くことは、昔から慎むべきとされてきました。（a）同姓で夫婦にならないのは《礼》の重要な節度ですが、今、君（晋《しん》の平《へい》公《こう》）の宮中には（平公と同じ）「姫《き》」という姓の妻妾《さいしょう》が四人もいますので、病気はそのせいではないでしょうか。もしそうなら（医療や祈禱による）治癒は不可能で、四人に暇《いとま》を出せば大丈夫ですが、さもなくば治らないでしょう。

右の一節は、晋《しん》の平公《へいこう》が病気に倒れた時、原因を探す議論で出された意見である。意見を述べた者は、『礼記』の[109]と[111]をそのまま引用しながら、〈同姓結婚をしている平公は、今後子孫が繁茂しないし、今現在も病気になる〉という二つの問題を指摘した。このうち、〈近親婚が子孫繁栄を妨げる〉という考え方は、現代の私たちにも容易に理解できる。それは純粋に、遺伝的な問題であり、科学的な事実だからだ。

しかし、〈結婚相手が同姓だと自分が病気になる〉という考え方は、現代の私たちには理解し難い。遺伝的リスクの話でないなら、極論すれば、〈宗教の教義が／社会が禁じているから〉という理由を除くと、近親婚を忌避する理由が私たちには見あたらない。

では、なぜ男性は、同姓の女性と結婚しただけで病気になるのか。ヒントは、[113]の（a）に「同姓不婚は《礼》の重要な節度だ」という言説にある。平公の病気は、《礼》の逸脱から生じた問題だったのだ。では、彼の病気はどのようなメカニズムで生じたのか。

その病気が物理的な理由で生じたはずがないから、原因は宗教的な理由、つまり霊的存在を怒らせた罰として病気になった、と考えるべきだろう。すると、メカニズムは容易に推察できる。祭祀の問題である。これに関して最も重要なのは、『左氏伝』に見える次の原則である。

[114]臣之《しんこれ》を聞く、「神は非類《ひるい》に歆《う》けず、民は非族《ひぞく》を祀《まつ》らず」と【僖公一〇年】

➤私は、「神は同族以外による祭祀を受け入れず、民は同族以外の霊を祭らない」と聞いています。

[115]鬼神《きしん》は其《そ》の族類《ぞくるい》に非《あら》ざれば其の祀《まつり》を歆《う》けず。【僖公三一年】

➤鬼神はその同族以外の祭祀を受け入れない。

右の原則があるため、子孫が絶えると宗廟の祭祀は自動的に消滅してしまう。つまり、同姓結婚は「子孫断絶をも辞さない」という選択を意味し、「結果的に宗廟祭祀を断絶させても構わない」という意思表示に等しいのである。とすれば、そのような意思表示をした平公は、「自分への祭祀を捨てる」と宣言されたに等しい宗廟（祖先の鬼神）が怒った結果、懲《こ》らしめるために病気にされた、という筋書きが最もありそうだ。

冠礼はなぜ人間の《礼》の原点か——祭祀に必要な子孫繁栄の原点

婚姻と祖先祭祀に問題は、〈先祖・親があってこそ子孫・子は生まれる〉という、人間にとって最も身近で、明瞭で、疑問の余地がない重要な真理と直結している。その真理を恐らく立脚点として、《礼》

の思想は〈根源こそ重要だ〉という考え方を中核に据えて、世界のあらゆる仕組みに対してその発想を適用した。

前掲[21]には、「《礼》は相手からの働きかけに対して反応を返すこと〈礼なる者は報ゆるなり〉」「《礼》は物ごとの始原に遡《さかのぼ》って行動を決める〈礼は其《そ》の自《よ》りて始まる所《ところ》に反《かえ》る〉」とある。根源を至高のものとする根源至上主義は、《礼》の全体を貫く、一般化された価値観なのだった。『礼記』が定める諸々の礼的所作もまた、この原理に沿って、「始まりの礼節から、他の礼節が派生する」という形で序列化された。

[116]夫《そ》れ礼は冠《かん》に始まり、昏《こん》に本《もと》づき、喪祭《そうさい》に重《おも》くし、朝聘《ちょうへい》に尊《とうと》くし、射郷《しゃきょう》に和《やわ》らぐ。此《こ》れ礼の大体《だいたい》なり。〈始は猶《な》ほ根のごときなり。本は猶《な》ほ幹のごときなり。郷は郷飲酒《きょういんしゅ》なり。〉【昏義4】

➤人の行う儀礼は冠礼（元服）に始まり、婚礼を主軸とし、喪礼・祭礼を重大なこととし、朝聘《ちょうへい》（君主への拝謁と諸侯・同輩同士の賓礼）で尊敬を尽くし、射《しゃ》と郷飲酒《きょういんしゅ》で調和する。これが《礼》の大枠である。

右の一節について鄭注は、「冠礼は樹木の根、婚礼は幹のようなものだ」と譬《たと》えて、〈《礼》に立脚した人生では冠礼という根がまず生え、そこから幹が育ち、枝葉が分かれてゆく〉というイメージを提供している。

では、なぜ冠礼が《礼》の根幹なのか。その答えは『左氏伝』にある【襄公九年】。

晋の悼公《とうこう》が諸侯を召集して鄭《てい》を討ち、帰国した。その帰国の際、悼公は魯《ろ》の襄公《じょうこう》の年齢を問い、一二歳と知ると、「国の君主は一五歳で子を儲けるものだ。そして冠礼を遂げて子を儲けるのが礼である。だから襄公はもう冠礼を遂げるがよかろう〈国君《こくくん》は十五にして子を生む。冠《かん》して子を生むは礼なり。君、以《もっ》て冠すべし〉」と勧めた。

冠礼を遂げて初めて（成人して結婚する資格を得るので）子を儲けることができ、子を儲けてこそ初めて子孫が続き、子孫が続いてこそ初めて祖先祭祀が維持され、そして祭祀こそ《礼》の最重要事にほかならない。つまり、《礼》の最重要事である祭祀は、冠礼なくして決して持続しない。だから冠礼は《礼》の根幹で、《礼》に沿ったあらゆる行動はそこから派生する、と考えられたのだろう。

ここに、「冠礼を遂げて子を儲けるのが礼である」という考え方が見えることに注意されたい。現代日本のように、冠礼（成人式）は、政治家の退屈な話を聞き流してヤンキーが羽目を外すのを見物する、行っても行かなくともよい地元の冴《さ》えないお祭り騒ぎではないし、結婚そのものも昏礼（結婚式）も、やりたい人やできる人だけすればよいものではない。冠礼や昏礼は、成人や結婚の儀式を指すのでもない。成人することや結婚すること自体が《礼》なのであり、つまり社会的生活を営む人間の義務なのだった。

〈成人・結婚・出産は祖先祭祀のためにこそある〉という論理は、逆転させると、〈祖先祭祀が適切に行われないなら、子孫の繁栄はほとんど重要な意味を持たない〉という結論を生む。楚《そ》の越椒《えつしょう》が魯に来た時、祭祀で幣《へい》（捧げ物）の扱い方に傲慢さが目立ったので、魯の叔仲恵伯《しゅくちゅうけいはく》は「越椒は必ず彼の本家の若敖氏《じゃくごうし》を滅ぼすだろう。主君の祖先の祭祀で傲慢に振る舞う者を、神は加護すまい〔是《こ》れ必ず若敖氏の宗《そう》を滅ぼさん。其《そ》の先君《せんくん》に傲《おご》る。神、福《さいわい》せざらん〕」と予言した【『左氏伝』文公九年】。祭祀を疎かにする子孫は、祖先の霊（鬼神）にとって存在価値がないので、庇護を与えられず、その結果、滅んでしまうのである。

第五章　世界の原点・万物の始原としての「天」

――《礼》の絶対性を保証するもの

《礼》と歴史学は『左氏伝』を介して一つの営みに

前章で確認してきた考え方は、〈儒教的な価値観では、なぜ昔を尊ぶのか〉という普遍的な問題に、一つの明確な答えを出している。そのことを示す一節を、重要なので再度掲げよう。

[60]雷同《らいどう》すること毋《なか》れ。必ず古昔《こせき》に則《のっと》り、先王《せんおう》を称《しょう》す。〈言《げん》、必ず依拠《いきょ》有り。〉【曲礼上28】

前述の通り、冒頭の「雷同してはいけない」は、〈思考停止して他人の考えに押し流された意見を表明するな〉という意味である。裏返せば〈自分の頭で善悪是非を考えよ〉という意味だ。これを現代日本人なら、〈完全に自分の価値観と知識・判断力だけで判断すべき〉という意味に捉えたくなるが、それは全くの誤りである。《礼》思想において、〈自分の頭で考える〉とは、〈必ず古い昔のあり方を参照してその意義に従い、昔の王が定めたことを尊重すること〉ができているかを、自分の頭（知識や判断力）で確認する、ということなのだ。重要なのは自分の判断力自体ではなく、昔の王が定めた昔のあり方なのだった。このことを鄭注は、「人の言行には、必ず依拠すべき説がある」とまとめている。

この考え方は、現代日本人には受け入れ難いだろう。〈今の他人に流されるな〉といいながら〈昔の他人に従え〉というのは矛盾ではないか。そして、〈〝自分らしさ〟こそ至高の価値だ〉という言説が流行する現代日本の人は、今であれ昔であれ、他人の言行・考えに基づいて行動するなど、受け入れ難い〝主体性〟の喪失だと、考えるだろう。

しかし、右の『礼記』の言説は、《礼》の原理を参照すれば、決して矛盾ではない。今の人と昔の人では、価値が違う。なぜなら、先後関係を重視する原理に照らせば、昔（の人・あり方）の方が先であるから必ず重要であり、価値が高い。それだけでなく、根源至上主義に照らしても、《礼》が古いあり方を尊ぶのは当然だった。

[117]礼は、本《もと》に反《かえ》り古《いにしえ》を脩《おさ》む。其《そ》の初めを忘れざるなり。……是《こ》の故《ゆえ》に先王《せんおう》の礼を制《せい》するや、必ず主《しゅ》有り。〈主は本と古とを謂《い》ふなり。〉故に述べて多く学ぶべし。〈本と古とを以《もっ》て之《これ》を求むるのみ。〉【礼器18】

▼《礼》とは、根源まで戻って是非を考え、古いあり方を身につけるものだ。何ごとも始原・起点が大事であることを忘れないのである。……だから古《いにしえ》の王が《礼》を定めた時には、必ず本源・古態《こたい》を踏まえた。したがって《礼》を学ぶことは、本源と古態を学んで追究することに尽きる。

今、眼前にある物ごとの本源を知るためには、過去の歴史を遡《さかのぼ》って繙《ひもと》くしかない。だから本源が大切ならば、過去（古）が大事なのである。

この考え方は、実は現代歴史学の最も重要な存在意義の一つでもある。歴史学は、単なる過去の事実の羅列ではない。今、目の前に課題があり、どう振る舞うべきかを決定するためには、今、自分が置かれている状況を正しく把握せねばならない。自分を取り巻く環境はどのようであり、その中で自分は何ものとして、いかなる性質を備えて存在し、何を期待されて存在し、どう振る舞うことが必然なのか。

そうした現在の状況は必ず過去の結果なのだから、過去に何があったかを正しく知らねば、今の課題を解決できない。そしてその過去は、そのまた過去の結果であり、以下延々と続く。そして結局、今の課題を解決するためには、今の自分が置かれている状況の本源まで、遡らねばならないのである。

こうした考え方こそ、本書で、日本中世史家が古代中国の思想を追究する理由にほかならない。現代日本人が、《礼》を理解し、礼的所作についていかなる立場を表明するか（どう振る舞うか）は、〈現代日本人にとって《礼》とは何か〉を知ることから始めなければならず、それは遡ると、結局、日本に移入された中国の《礼》思想を知る必要があり、そのためには《礼》の遍歴をたどらねばならず、それを突きつめると、まずは《礼》が生まれた段階での姿を探究するのが先決、ということだ。

こう考えると、歴史学とは、儒教的な《礼》に極めて適《かな》った思考様式・行動様式であると、結論できることになる。というより、実はそもそも、古《いにしえ》に帰って歴史に物ごとの本源や善悪是非の判断の根拠を探すことこそ、古代中国における歴史学の発達の根本的な動機だった。春秋時代の魯《ろ》国の歴史書『春秋』が編纂《へんさん》され、それについて様々に歴史上の出来事の善悪是非の判断を注解した「伝《でん》」が作られたのは（『左氏伝』もその一つ）、まさに歴史に物ごとの本源を探り、善悪是非の判断の根拠を探る、初期の儒教の《礼》の実践に他ならない（後でその実践の一端に触れ、さらに《礼》とは何かを追究することにしよう）。

《礼》の最重要の営み――天子が天を祭る

では、すべてを源流の方向へと遡った時、すべての原点にある根源とは、一体何であるのか。その答えもまた、祭祀の中にある。古代中国では、物ごとの根源として祭祀すべき対象は、祖先だけではない。《礼》と祭祀と根源至上主義の関係は、次の通りだった。

[118]（a）天下の礼は、始めに反《かえ》るに致《いた》るなり。鬼神《きしん》に致るなり。和用《わよう》に致るなり。義《ぎ》に致るなり。譲《じょう》

に致るなり。（b）〈祭の義《ぎ》に因《よ》りて、汎《あまね》く礼を説《と》くなり。致の言《げん》は至なり。人をして勤め行《おこな》ひて此《これ》に至らしむるなり。始めに反《かえ》るに至〔致〕るとは、天に報《むく》ゆるの属《たぐい》を謂《い》ふなり。鬼神に至るとは、宗廟《そうびょう》を祭るの属《たぐい》を謂《い》ふなり。和用に至るとは、民の事を治《おさ》めて、以《もっ》て用を足すを謂《い》ふなり。〉（c）始めに反《かえ》るに致《いた》るは、以て其《そ》の本《もと》を厚《あつ》くするなり。鬼神に致るは、以て上《かみ》を尊《とうと》ぶなり。物用《ぶつよう》に致るは、以て民紀《みんき》を立《た》つるなり。義に致るは、則《すなわ》ち上下《しょうか》悖逆《はいぎゃく》せず。譲に致るは、以て争《あらそ》ひを去《さ》るなり。此《こ》の五者《ごしゃ》を合《あ》はせて、以て天下の礼を治《おさ》むるや、奇邪《きじゃ》にして治まらざる者《もの》有りと雖《いえど》も、則《すなわ》ち微《すくな》し。〈物は猶《な》ほ事のごときなり。和を変《か》へて物《もの》を言《い》ふとは、之《これ》を互《たがい》にするなり。微は猶《な》ほ少のごときなり。〉【祭義20】

長いので少しずつ解釈しよう。まず冒頭部（a）は、「天下の《礼》の目標は、物ごとの始原に遡り、鬼神を尊び、社会生活がうまく回り、君臣関係が乱れず、謙譲すること」であるという。鄭注（b）はそれを、こう解説する。「祭を実践させ、祭で明示される「義（物ごとの筋道）」を理解させることで、広く《礼》の意義を民に説くのである。始原に遡るとは、天に報いる祭礼の類をいう。鬼神を尊ぶとは、宗廟の祭礼の類をいう。社会が回るとは、民がよく治まって国家がよく機能することをいう」と。

続いて本文（c）は、右の諸々の目標が立てられた理由を、こう説明する。「始原に遡るのは、物ごとの本源を重視するため。鬼神を尊ぶのは、上位の存在を尊ぶことを重視するため。社会をよく回すのは、民がそれぞれ満足に役割を果たせるようにするため。君臣関係を乱さないのは、物ごとに本来備わった上下関係を乱さないため。謙譲するのは、争いを起こさないためである。これら五つを合わせて天下の《礼》を治めれば、たとえ万全に世が治まらなくとも、間違いは少ないはずだ」と。

ここで、祖先祭祀として《鬼神》が言及されているとともに、それよりも何よりも重要な要素として、「物ごとの始原に遡る」ことが、「天に報いる祭礼」という形を取るとされていることに、注意したい。

《礼》の根源至上主義は、「天」という思想と直結していた。

祭祀で祭る対象は様々にあるが、前掲[86]では、その筆頭として「天」が挙がっている。筆頭なら最重要であるから、祭祀で最も重要なのは天の祭祀である。そして、祭祀自体が《礼》で最も重要なのだから、《礼》において最重要である人の営みは、天の祭祀だということになる。それは、《礼》思想の根源至上主義の、論理的帰結だった。

一口に祭祀といっても、誰もが同じものを祭るわけではない。ここに、《礼》思想の大前提となる身分思想・類別機能が関わる。諸侯《しょこう》に国を与えて彼らを君主に任命する、主従関係の根源的存在というべき天子《てんし》（周の王）は、祭るべき対象が諸侯とは異なった。

[119]天子は天地を祭り、諸侯は社稷《しゃしょく》を祭り、大夫は五祀を祭る。【王制30】

天子・諸侯・大夫など、人は身分・立場が異なれば、祭るべき対象が違った。そして天の祭祀は、天子の責務だった。それは、前述の根源至上主義と、「天子」という言葉の意味を考えれば、明らかだろう。周王、つまり「天子」は「天の子」である。天子＝周王にとって、天は自分の親であり、根源であるからこそ、天を祭らねばならないのだ。そして、天を親とするのは天子だけ、つまり天から直接生まれてきた人は天子だけなので、天子以外は天を祭らないのである。このことを、明記している一節がある。

[120]（a）礼に王《おう》たらざれば禘《てい》せず。王者は其《そ》の祖《そ》の自《よ》りて出《い》づる所《ところ》を禘《てい》し、其の祖を以《もっ》て之《これ》に配《はい》す。（b）〈凡《およ》そ大祭を禘と曰《い》ふ。自は由なり。大いに其の先祖の由《よ》りて生《うま》る所《ところ》を祭る。天を郊祀《こうし》するを謂《い》ふなり。（c）王者の先祖は、皆《み》な大微五帝《だいびごてい》の精《せい》に感じて以《もっ》て生《うま》る。蒼《あお》は則《すなわ》ち霊威仰《れいいぎょう》、赤は則ち赤熛怒《せきひょうど》、黄は則ち含枢紐《がんすうちゅう》、白は則ち白招拒《はくしょうきょ》、黒は則ち汁光紀《じゅうこうき》、皆《み》な正歳《しょうさい》の正月を用ひ、之《これ》を

郊祭《こうさい》す。蓋《けだ》し特に尊ぶなり。『孝経《こうきょう》』に曰《いわ》く、「后稷《こうしょく》を郊祀《こうし》して以《もっ》て天に配すと。霊威仰に配するなり。文王《ぶんおう》を明堂《めいどう》に宗祀《そうし》し、以て上帝《じょうてい》に配すと。汎《あまね》く五帝に配するなり。」〉【大伝1】

これも長いので、少しずつ解釈しよう。まず冒頭（a）に、「《礼》思想に基づくと、「禘《てい》」という、天を祭る祭祀は王でなければ行わない。王者は自分の祖先を生んだ最も根源的な始原である天を祭るために禘の祭祀を行い、自分の祖先（である人間）を天に合わせて祭る」という。

その解説を、鄭注は長々と語る。まず（b）に、「禘《てい》」の説明がある。「禘とは、王の宮殿の南の郊外で天を祭る「郊祀《こうし》」である」と。そして、王がその祭祀を行う理由を説明する（c）が続く。それによると、王（天子）は、物理的には人間から生まれた人間だが、生まれ方が違う。もとをたどれば、王（天子）の祖先は、「大微五帝《たいびごてい》の精」の作用を受けて生まれたものだ。「大微」は天空の中の「五帝」がいる場所で、「五帝」とは、蒼《あお》・赤・黄・白・黒の五色に対応づけられた、至高の支配者である神＝《帝《てい》》である。つまり天子は、人間の腹を借りて、人間の形で生まれつつも、本質的には天から生まれてきたのだ、と鄭注は主張する。[86]にあるように、天子が郊祀で《帝》を祭るのは、この〈天（の帝）から天子が生まれた〉という先後・因果関係を尊重する意思表示なのである。

万物の始原としての「天」が、君主の臣に対する優越を正当化

この天と天子（王）の関係は、秦《しん》の始皇帝《しこうてい》の時に「王」という肩書きが「皇帝」と名を変えて以後も、中国の君主と天の関係の大原則であり続けた。漢の高祖《こうそ》（初代皇帝）劉邦《りゅうほう》に仕えた陸賈《りくか》という儒学者は、『新語《しんご》』という著作の中で、そのことを簡潔明瞭に次のように述べている。

[121]後聖《こうせい》乃《すなわ》ち五経を定め、六芸《りくげい》を明らかにし、天を承《う》け地を統《す》ぶ。【道基】

▽周王朝を確立させた周公旦《しゅうこうたん》は、五経を定め、六芸《りくげい》（礼・楽《がく》・射《しゃ》〔弓術〕・馭《ぎょ》〔馬術〕・書《しょ》・数《すう》〔計数〕）の実践法や到達目標を明確にし、天を受け継ぐ形で地上を統治した。

儒学は、こうして王を天の代理人のように見なすことで、王の君臨を正当化した。そして、その正当化が絶対に覆《くつがえ》されないためには、天が至高の絶対的存在である必要があった。それを、先後絶対主義に基づいて表現すると、次のようになる。

[122]天は万物の祖なり。【『春秋繁露』順命】

▽天は万物の始原である。

右は漢の武帝《ぶてい》（七代皇帝）に仕えた儒学者・董仲舒《とうちゅうじょ》が著した『春秋繁露《しゅんじゅうはんろ》』の言葉で、『礼記』の言葉ではないが、儒学における天の位置づけをこれより端的に語ったものはない。董仲舒も、後にまた触れる陸賈も[124]、口を揃えて〈天はあらゆる事物を生み出した始原だ〉という。それは、〈天を何より尊ばねばならない〉という〈だから誰より尊い天子が祭らねばならない〉という『礼記』の主張と対応している。

〈天は万物の始原〉という言説は《礼》思想の公理（不動の大原則）となり、ここから演繹《えんえき》されて、《礼》のあらゆる言説が、〈天を始原として万物がどう派生していったか、という流れを的確に理解する〉という世界観を根

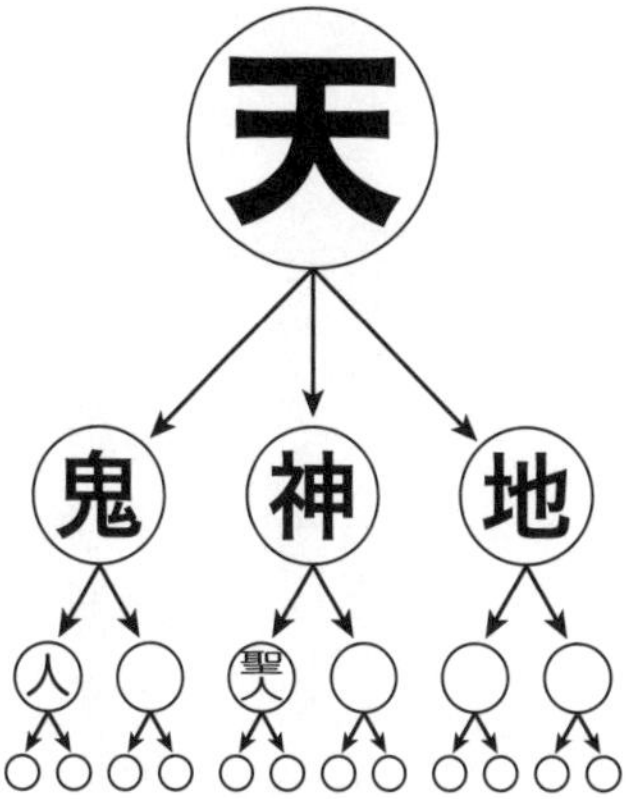

図6　《礼》思想の模式図。特に天と森羅万象・人間の関係。

底に持つことになった。そして、その結果、《礼》というものを、次のように総括できるようになった。〈天を始原とする万物の派生の流れ（自然の流れ）に最も正しく沿うように物ごとが配置され、物ごとが振る舞うことが、《礼》である〉と。『礼記』の次の一節は、はっきりそう語っている。

［123］夫《そ》れ礼は必ず天に本《もと》づき、〈大一《たいいち》と天との義《ぎ》に本づくなり。〉動きて地に之《ゆ》く。〈後に地に法《のっと》るなり。〉【礼運33】

▼《礼》は必ず天のあり方から発生し、それから地へ移って地のあり方とも対応し、地上に生きる人間の規範となる。

右に、〈天から地へ〉という流れが明記されていることに注意したい。その流れが、どのようにして人間社会に到達し、これを律するのかは、次の陸賈の表現がわかりやすい。

［124］伝曰《でんいわ》く、「天、万物を生み、以《もっ》て地、之《これ》を養《やしな》ひ、聖人、之を成《な》す」と。功徳参合《こうとくさんごう》して道術《どうじゅつ》生《う》まる。【『新語』道基】

▼こう伝え聞く。「天が万物を生み、それを地が受け止めて維持・増大させ、それを聖人（周公旦や孔子）が受け止めて人間界に確立させた」と。それら天・地・聖人の素晴らしい働きが三つとも揃って初めて、物ごとのあるべき道が決まったのだ。

ここに、《礼》を決める機能が〈天→地→聖人〉という順で転移してゆく流れが明らかだ。そして、《礼》思想はこの流れを、君臣関係に適用した。

▼[125]天は地に先《さきだ》ち、君は臣に先つ。【郊特牲41】
▼天は地よりも先に存在した。同様に、君主は臣より先に存在する。

[126]天は尊く地は卑しくして、君臣定まる。【楽記17】
▼天は尊く、地は卑しい。だから君主も尊く、臣も卑しい、と定まっている。

こうした論理が成立するためには、〈君主と天は重なる〉という言説を媒介せねばならない。それがつまり、前述の〈君主＝天子は天から生まれた〉なのだろう。そして、これを媒介して右の二つの言説[125][126]が成り立つとすると、〈凡人（普通の人）は天からではなく地から生まれた〉と考えられたことになる。いい換えれば、天子は天の派生物だが、凡人は天の派生物（地）の派生物だ。[125]の〈君主は臣より先に存在する〉とは、そういう意味なのだろう。そして《礼》思想の先後絶対主義では、〈二次的に派生したもの〉より〈一次的に派生したもの〉の方が尊い。よって〈君主は尊く、臣は卑しい〉、という論法になるのだろう。〈天と直結する天子と、天と間接的にしか結びつかない臣（凡人）〉という差が、天子の君臨の絶対性を正当化したのである。そして、一度この論理が成立してしまえば、それは君臣関係万般に敷衍《ふえん》され、一般則として、あらゆる主従関係に強制されることになる。

話を《礼》の仕組みに戻そう。《《礼》は世界全体の摂理だ》と説く次の一節は、〈根源である天から万物が派生した〉という流れを念頭に置いて、初めて理解できるものである。

[127]礼なる者《もの》は、天の時に合《かな》ひ、地の財《ざい》を設《もう》け、鬼神《きしん》に順《したが》ひ、人の心に合ひて、万物を理《おさ》むる者なり。〈鬼神を祀《まつ》る所《ところ》、有徳《ゆうとく》に事《つか》ふるなり。〉【礼器2】
▼《礼》を正しく理解・実践する者は、天の時（いつ何が起こるべきか、誰が何をすべきか、という天の

意志）に適《かな》い、天から派生した地から産出される富を獲得・活用し、地の運行に影響を与える鬼神に逆らわず、大地に生きる（そして鬼神を内部に宿す）人間の心と衝突することなく、万物を（なるべきように、望ましいように）整え永続的に安定させる者となる。

この天地と《礼》の関係は、〈《礼》は天を原点として展開するゆえに、地にある人を統御する〃理想的態様の規範〃となる〉という構図に縮約できる。それを含めて、《礼》の大枠は次のように語られる。

[128]（a）凡《およ》そ礼の大体は、天地に体《かたど》り、四時《しいじ》に法《のっと》り、陰陽《いんよう》に則《のっと》り、人情に順《したが》ふ。故《ゆえ》に之《これ》を礼と謂《い》ふ。（b）之《これ》を訾《そし》る者《もの》は、是《こ》れ礼の由《よ》りて生《しょう》ずる所《ところ》を知らざるなり。〈礼の言《げん》は体なり。故に之《これ》を礼と謂ふ。本《もと》、法則有りて生ずるを言ふなり。口もて毀《そし》るを訾と曰《い》ふ。〉【喪服四制1】

前半部の（a）は、次のようにいう。「一般に、《礼》の根底にある大枠は、天地やその間にある万物のありようを人間が実践できる動作・形に写し取ったものであり、春夏秋冬という周期的な時の運行（変化）に立脚して関連づけられ、万物に性質としていずれか必ず備わる陰・陽の気に立脚して関連づけられ、人間の心情に沿う（過度に発露せぬよう抑制するが、発露すること自体やその方向性には逆らわない）。《礼》を《礼》というのは、その根源において、天地を「体《かたど》」っているからである」と。

末尾の件《くだ》りは、「礼」と「体」の正字体（「禮」と「體」）を知らないと、意味が通らない。字形の類似から説明しようとするのは、〈《礼》とは外形である〉という性質とよく照応するが、こうした説明はさすがに牽強付会じみている。そもそも、殷代かそれ以前に遡る漢字の形成において、「礼」という字がそのような意味から成立していないことを踏まえても、牽強付会だろう。

ただ、後段（b）は重要で、「《礼》を謗《そし》る者は、《礼》が何を根源として生まれてきたかを知らないから誇るのである〈《礼》が天地を根源として生まれてきたと知れば、《礼》を誇ってよい理由などないことに気づくはず〉」という。これは、〈なぜ人は《礼》を守らねばならないのか、その絶対的な規範性・拘束力は、いかなる理由や何ものに基づいているのか〉という、《礼》の重要問題の答えと直結している。

《礼》の絶対性を保証する先王「周公旦」の周王朝創業史

〈なぜ《礼》を絶対的に守らねばならないのか〉という問題は、次のように換言できる。ある規範が拘束力を持つためには、いつ、誰が、どう決めたかが重要である。〈いつ〉という問題は、具体的な時が問題というより、〈そもそも、そのような規範が本当に過去に定められた事実があるのか〉という問題に属する。いつ決まったかが明示できないなら、そもそも過去にそれが決まったという事実自体が疑わしくなるのであり、実は規範として決まっていなかった（かもしれない）ならば、従う必然性が消滅する。

また、〈誰が決めたか〉も重要だ。従うべき人が決めた規範なら従うべきだが、そうでない人が決めたなら従う必要はないのだから（たとえば、独裁国家なら独裁君主が、民主主義国家なら国民が決めたルールでなければ、従う必然性がない）。そして、〈どう決めたか〉も重要だろう。しかるべき手続き（独裁国家なら独裁君主の独断で、民主主義国家なら国民の選挙で）を経ていなければ、従う必然性がない。

では、《礼》を絶対的に守るべき理由は、《礼》をいつ、誰が、どう決めたからなのか。〈いつ〉〈誰が〉の二点については、『礼記』に何度も言及がある。最も簡潔明瞭な一節を示せば、次の通りである。

［129］子路《しろ》、姉の喪《も》有り。以《もっ》て之《これ》を除《のぞ》くべくして、而《しか》も除かざるなり。孔子曰《いわ》く、何ぞ除かざるやと。子路曰《いわ》く、吾兄弟《われけいてい》寡《すくな》くして忍《しの》びざればなりと。孔子曰《いわ》く、先王《せんおう》礼を制《せい》す。道《みち》を行《おこな》ふの人は、皆《み》な忍びざるなりと。〈道を行《おこな》ふとは、猶《な》ほ仁義を行《おこな》ふがごとし。〉子路之《これ》を聞きて、遂に之《これ》を除く。【檀弓上28】

▽孔子の弟子の子路《しろ》は、姉が亡くなった時、《礼》が定める服喪期間を終えても、服喪をやめなかった。そこで孔子が「なぜ服喪を終えないのか」と問うと、子路は「私には兄弟姉妹が少ないので、一人亡くなっただけでも哀しみが大きく、耐え難いのです」と答えた。これに対し、孔子はこう諭した。「誰だって（兄弟姉妹を喪《うしな》えば）哀しいのだ。しかし、先王《せんおう》（昔の王）が《礼》を定めたことを軽視すべきでない（それでも、哀しみに耐えて服喪をやめるのだ）」と。子路は直ちに非を悟り、服喪をやめた。

素直な心情に逆らっても《礼》に従うべき理由は、「昔の王がそう定めたから」だと孔子はいう。では、〈昔の王〉とは誰か。そして、なぜ「彼が定めたから」というだけで、《礼》を守らねばならない理由として十分なのか。それらの疑問に対する答えを、『礼記』は周王朝の成立の歴史として語る。

[130]昔、殷紂《いんちゅう》天下を乱《みだ》り、鬼侯《きこう》を脯《ほ》にして、以《もっ》て諸侯を饗《きょう》す。〈人肉を以て薦羞《せんしゅう》と為《な》す。悪の甚《はなは》しきなり。〉是《ここ》を以て周公《しゅうこう》、武王《ぶおう》を相《たす》けて、以て紂を伐《う》つ。武王崩《ほう》じて、成王幼弱《せいおうようじゃく》なり。周公、天子の位を践《ふ》みて、以て天下を治《おさ》む。六年に諸侯を明堂《めいどう》に朝《ちょう》せしめ、礼を制し楽《がく》を作り、度量《どりょう》を頒《わか》ちて、天下大いに服《ふく》せり。〈践は猶《な》ほ履のごときなり。頒は読みて班と為《な》す。度は丈尺《じょうしゃく》・高卑《こうひ》・広狭《こうさ》を謂《い》ふなり。量は豆区斗斛《とうくとこく》、筐筥《きょうきょ》の容受《ようじゅ》する所《ところ》を謂《い》ふ。〉七年に政《まつりごと》を成王に致《いた》す。成王、周公を以て天下に勳労《くんろう》有りと為《な》す。〈政を致すは、王事《おうじ》を以て之《これ》に帰《かえ》し授《さず》くるなり。王《おう》の功《こう》を勳《くん》と曰《い》ひ、事《つか》ふる功を労《ろう》と曰《い》ふ。〉【明堂位3】

▽昔、殷《いん》王朝の紂王《ちゅうおう》は天下を乱した。彼の悪行の酷《ひど》さは、人の肉を食膳として諸侯の饗応に用いたほどだった。そこで周公旦《しゅうこうたん》という人物が周の武王《ぶおう》を補助しながら、二人で軍を率いて紂を討ち、殷を滅ぼして周王朝を建てた。その後、周の初代の王となった武王が亡くなった時、武王の子の成王《せいおう》は

まだ幼少で、王位を継承するには幼すぎた。そこで周公旦が天子（王）の位を引き継いで即位し、天下を治めた。その彼の治世の六年目に、諸侯（周王朝から地方に土地を与えられて国の治めることを認められた君主たち）を都の「明堂《めいどう》」という建物に参上させて天子に謁見させ、《礼》を制定し、《楽》を作り、長さや体積の単位を決めて諸国・諸地方に広く普及させた。天下は皆、これらの施策によって大いに周王朝に従い、安定した。その翌年、周公旦は天子の位を武王の子の成王に返上し、成王はその日までの周公旦の絶大な功績を認めた。

要するに、《礼》とは、武王とともに殷を滅ぼし周王朝を建てた周公旦が、武王の死後、王の地位にあった時に制定したものだ、と『礼記』はいう（先の[121]は、これを簡約に述べたものである）。これらがすべて史実かどうかは疑わしいが、それはさしあたり問題ではない。『礼記』がそう主張し、その前提で《礼》について説き、読者（古代中国人や古代中世日本人）が信じたことが、重要である。

なお、「周公旦」の周は領地の名、公は爵位であり（つまり「周公」が肩書き）、旦が名である。

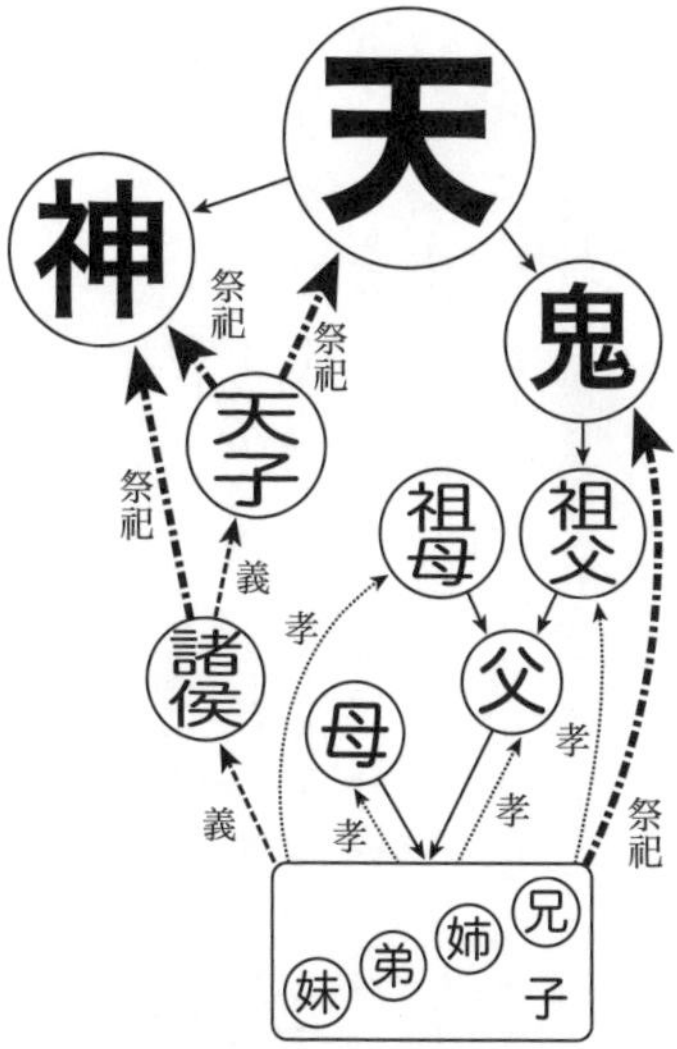

図７　《礼》思想における人間関係と祭祀の模式図。実線の矢印は派生関係。

《礼》は絶対——天に由来し天地の摂理を模し天の絶対性を継承するから

では、周王朝の創立に貢献し、初期の周王朝を王としても支えた周公旦が定めた、という史実が、なぜ《礼》の絶対的な規範性を生むのか。

[131] 古《いにしえ》の礼を制《せい》するや、之《これ》を経《けい》するに天地を以《もっ》てし、之《これ》を紀《き》するに日月《じつげつ》を以てし、之《これ》を参《さん》するに三光《さんこう》を以てす。政教《せいきょう》の本《もと》なり。〈日は東に出づ。僎《じゅん》の在《あ》る所《ところ》なり。月は西に生《しょう》ず。介《かい》の在る所《ところ》なり。三光は三大辰《さんたいしん》なり。天の政教は、大辰《たいしん》に出《い》づ。〉【郷飲酒義13】

▼古《いにしえ》に（周公旦が）《礼》を定めた時には、天・地を経《けい》（最も重要な、絶対動かせない基準線〔一〇五頁〕）として採用し、日（太陽）・月の運行のあり方を紀《き》（糸の束から一本を選《よ》り分けて取り出すように、混《こん》淆《こう》・混合した状態や物ごとを適切な状態に整理すること）として採用し、三光《さんこう》（房《ぼう》・心《しん》・屋《おく》という重要な三つの星）の働きをそれらの補助として採用した。

右で重要なのは、《礼》の根幹が天地のあり方、つまり〈天を絶対の主・始原・原点とし、万物がそこから従として派生してゆく先後関係にある〉という基本則に則《のっと》っていることだ。古に周公旦が制定した《礼》は、万物の絶対的根源（天）に由来する万物の絶対的法則に由来しているゆえに、絶対的な規範性を持つのである。

『左氏伝』によれば、魯《ろ》の孟僖子《もうきし》（魯の支配的地位を世襲する公族・孟孫《もうそん》氏の一人）は、楚《そ》に赴いた主君に随行した時、主君が《礼》を十分に実践できるよう補佐できなかったことを悔やみ、帰国後に《礼》の勉強会を開き、《礼》をよく実践する者がいれば身分が低くてもそれに従った。そして亡くなる間際に子らを呼び、《礼》の絶対的な規範性をこう強調した。「礼は人の根幹であり、礼がなければ人は世に立つことができない〔礼は人の幹《かん》なり。礼無《な》ければ以《もっ》て立つこと無《な》し〕」と。そして、「近いうちに孔子という《礼》の達者が魯で頭角を現すから、孔子に師事せよ」と子らに遺言した【昭公七年】。

その孔子もまた、《礼》の絶対性を次のように強調する。

[132] 言偃《げんえん》復《ま》た問《と》うて曰《いわ》く、「此《か》の如《ごと》きか、礼の急《きゅう》なるや」と。孔子曰《いわ》く、「夫《そ》れ礼は先王以《せんおうもっ》て天の道を承《う》け、以《もっ》て人の情《じょう》を治《おさ》む。故《ゆえ》に之《これ》を失《うしな》ふ者は死し、之《これ》を得る者は生《い》く。『詩』に曰《いわ》く、「鼠《ねずみ》を相《み》るに体《たい》有るは、人にして礼無《な》きなり。人にして礼無《な》くんば、胡《なん》ぞ遄《すみや》かに死せざる」と」。【礼運4】

▼言偃《げんえん》（孔子の弟子の子游《しゆう》。言偃は字《あざな》）が、「《礼》はどれほど大切なのでしょうか」と問うと、孔子はこう答えた。「《礼》は、先王《せんおう》（周公旦）が、天のあり方を継承することによって、人間の心情を適切な状態に制御するものとして定めた。したがって、《礼》を失う者は死に、《礼》を体得した者は生きる。『詩経《しきょう》』にもいうではないか、「鼠には体がある（が、《礼》はない）。人間がもし鼠のような動物同様に振る舞うなら、そこには《礼》がない。人として生まれながら《礼》によって振る舞わないなら、どうして早く死んでしまわないのか（生きるのをやめた方がましだ）」と」。

〈《礼》とともにあらねば、人間は生きること自体が不可能である〉と孔子は極言する。そして『詩経』の一節を援用して、〈《礼》のない人間は死んだ方がまし〉とまで激しく非難する。

『左氏伝』に次のような話がある。「ある兄弟が恩人を殺そうとしている」と中傷する風評が立った。すると兄弟は「（そんなことで有名になった）私たちは《礼》からほど遠く、死ぬのが最善だ（礼に遠《とお》からずや。礼に遠きは死するに如《し》かず）」といって、ともに戦場で死に急いだ【文公一五年】。《礼》の実践者であるか否かは社会的な評価に直結したが、そこから〈《礼》を実践できないなら人として尊厳が足りず、したがって人として生きる価値がない〉という、苛酷な極論が導かれたことには注意する必要がある。

こうした極論が出るのは、《礼》が天に由来するからだろう。鄭《てい》の伯石《はくせき》は強欲な人物だったが、鄭の簡《かん》公《こう》が晋《しん》に赴いた時、伯石はよく補佐し、簡公の振る舞いが敬意と謙虚さに満ちて全く《礼》に外れなかったので、晋の平公《へいこう》は伯石を褒めて田地を与えた。『左氏伝』はこのことに対して、右と同じ『詩経』の一節を引いた君子の評言を載せている。

[133]礼は其《そ》れ人の急《きゅう》なるか。伯石《はくせき》の汰《おご》るも、一たび礼を晋に為《な》すや、猶《な》ほ其《そ》の禄《ろく》を荷《にな》ふ。況《いわん》や礼を以《もっ》て終始《しゅうし》するをや。『詩』に曰《いわ》く、「人にして礼無《な》くんば、胡《なん》ぞ遄《すみや》かに死せざる」とは、其《そ》れ是《これ》を之《これ》謂《い》ふか。【昭公三年夏四月】

▼礼は人に不可欠のようだ。伯石は強欲だが、たった一度、晋に礼を果たしただけで褒美を得た。まして常に礼を実践する者には、どれだけの福があろうか。『詩経』に「《礼》のない人間は死んだ方がまし」とあるのは、このことをいうのだろう。

天は、《礼》の実践者に見返りとして福を与える。「礼とは、自分の身を覆って庇護するものだ（礼、以《もっ》て身を庇《おほ》ふ）」といわれるのは【『左氏伝』成公一五年】、《礼》を実践すれば、天によってこのように守られるからだ。それは同時に、万物の根源として万物の生殺与奪の権を握っている天から罰せられないので生き延びられる、という意味でもある。

斉《せい》の懿公《いこう》は弱小の魯を欲しがり、魯に対する諸侯の救援は間に合わないと確信すると、魯を侵略した。また、曹《そう》の国が魯に朝見《ちょうけん》（朝廷に参上して挨拶）したことを咎《とが》めて、曹を侵略した。『左氏伝』には、そのような斉の懿公を非難した、魯の季孫行父《きそんこうほ》の発言が次のようにある。

[134]礼は以《もっ》て天に順《したが》ふ、天の道なり。己《おのれ》は則《すなわ》ち天に反《かえ》して、又《ま》た以て人を討《とう》ず。以て免《まぬか》れ難し。……君子の幼賤《ようせん》を虐《しいた》げざるは、天を畏《おそ》れてなり。……天を畏れずんば、将何《はたなん》ぞ能《よ》く保《たも》たん。乱を以て国を取らば、礼を奉《ほう》じて以て守るも、猶《な》ほ終《お》わらざらんことを懼《おそ》る。多く無礼を行《おこな》はば、在《あ》ること能《あた》はざらん。【文公一五年】

▼《礼》とは天に順《したが》うためのもの、いわば天が定めた、人の歩むべき道である。（正当な理由なく魯に侵略して）天の意思に逆らっておきながら、（朝見という《礼》を実践した）他人を攻撃した懿公は、

無事に済まぬ。……君子が幼い者や身分が低い者のような弱者を虐《しいた》げないのは、（天の意思に沿わない者を罰する）天を畏《おそ》れるからだ。……天を畏れなければ、国でも何でも保てるはずがない。暴力に任せて他国を取れば、その後に《礼》を尊重して国を保守したとて、無事には済むまいと危惧するものだ。まして斉のように《礼》の軽視を重ねれば、とても無事に存続できまい。

《礼》を尊重することは、天を畏《おそ》れることと同じだった。天が定めた世界の摂理に従って個人・社会・国・天下を守る唯一の術が《礼》だからであり、逆に《礼》に背けば世界の摂理を敵に回し、それを定めた天を敵に回し、強大な天に罰せられて滅びるからである。

《礼》は絶対――「天子」周公旦が「天」の意思を人語に表現したから

以上から、《礼》の絶対的な規範性が、天の絶対的な規範性に由来することは明らかだろう。したがって、もし《礼》を定めたのが天であるなら、それに人間が絶対的に従うのは当然だ。しかし、《礼》は古の先王、つまり天ではなく、所詮は人間が定めたものである。それなのに、なぜ天が定めたのと同様の絶対的な規範性を持てるのか。この疑問は、次のようにいい換えられる。そのような絶対的な規範を、なぜ人の身である古の先王（周公旦）だけが制定でき、人に守らせることができるのか、と。

ヒントは、[132]に「先王（周公旦）は天のあり方を継承した」とあることだ。周公旦だけが、天のあり方を継承した。では、それはなぜ可能であり、どう実現したのか。

[135]天子に非《あら》ざれば礼を議《ぎ》せず、度《ど》を制《せい》せず、文《ぶん》を考《かんが》へず。〈此《こ》れ天下の共《とも》に行《おこな》ふ所《ところ》、天子乃《すなわ》ち能《よ》く之《これ》を一《いつ》にす。礼は人の服行《ふくこう》する所《ところ》を謂《い》ふなり。度は国家・宮室及び車輿《しゃよ》なり。文は書名なり。〉……其《そ》の位《くらい》有りと雖《いえど》も、苟《いやしく》も其の徳無《な》ければ、敢《あえ》て礼楽《れいがく》を作らず。其《そ》の徳有りと雖《いえど》も、苟《いやしく》も其の位無《な》ければ、

亦《ま》た敢《あえ》て礼楽を作らず。〈言ふこころは、礼楽を作る者は、必ず聖人にして天子の位に在《あ》るなり。〉【中庸30】

▼天子だけが、《礼》のあり方を検討し定められる。天子だけが、（度量衡などの）物ごとの単位・規格を定め統一できる。天子だけが、文字や物ごとの名前を制定できる。天子の地位にあっても相応の徳がなかったり、徳があっても相応の天子の地位がなければ、《礼》と《楽》を作らない。〈つまり、《礼》と《楽》を作る者は、必ず徳の優れた聖人であり、かつ天子の地位にあるということだ。〉

《礼》も、物ごとの規格も、文字や言葉もすべて、万人が依拠する大切な基準的存在である。それを定めるのは、天子だけだった。天子は人間でありながら、天の支配的な神々である「五帝」の精を受け継いで誕生した、天の子である［120］（c））。その天子が定めたなら、それは天が間接的に定めたのと同じであり、つまり天の意志（天命）である。だから、天子が定めた規範は絶対性を持つ。そしてそれは、天を中心・原点とする万物の基本法則そのままであるから、最も適切であるに決まっており、それに逆らうと何ごとも乱れ、ろくなことがない。その意味でも、天子の定めた規範は絶対性を持つのである。

天を根源とする万物の基本法則を、天から直接伝えられ、理解し、体得できるのは、天子だけだ。その基本法則をその他の凡人が知るには、天子が体得した基本法則を、万人が知覚できる（目で見て、声で聞ける）《礼》の規範という形にまとめて、広く公布するしかない。それが天子の責務であり、天子だけに可能な作業なのだった。それと同様に、度量衡の単位や器物の規格、文字や言葉などについて、乱立している様々なバージョンの中から一つだけ適切・正しいものを判定できるのも、天の意思を直接体現する天子だけなのである。

天の絶対性が上位者の絶対性を保証

右に見てきた二つの原理、〈天が万物の始原である〉ことと〈《礼》が根源を重視する〉ことで、ほとんどの人間関係が説明可能になる。『礼記』が主に重視する人間関係は、君臣・男女・父子・長幼である。そして父子、つまり親子関係が根源至上主義・先後絶対主義に最も適合的であること、というよりも、親子関係からそれらの主義・原理が敷衍《ふえん》して導かれただろうことは、先述の通りである。そして、男女や長幼は、生まれた時から備え持った性質であって、後から変更することができない。このような生まれ持った性質を、私たちは〝先天的〟な性質と呼ぶ。そして前近代の儒教的世界や日本では、これを天が振り分けた性質《パラメータ》＝「天分《てんぶん》」と呼んだ。

ここに、男女・長幼という性質が天と直結していることが、直ちに了解されるだろう。それらは、天が司る世界の運行の発露にほかならず、天がそれなりの意味を持って割り振った性質の違いなので、それが混濁しないよう、つまり世界の正しい運行を妨げないよう、尊重されねばならず、したがって男と女、年長者と年少者の間には、越えてはならない線が引かれるのである。特に、長幼の序列を乱さないことは、先後絶対主義によっても、補強されることになる。

繰り返し述べたように、《礼》は類別を主な機能とし、事物を〈AがBであるか、Bでないか〉と、二項対立的に分類する。そして天と地という二項対立的かつ根源的な存在が、〈天が先、地が後〉という先後関係にあったことが敷衍されて、《礼》が類別する二項対立的な事物同士の関係は、しばしば先後関係として語られる。中でも、《礼》思想の利用者にとって最も重要だったのは、君主の絶対的な優越だろう。

[125]の後段に、「君主というものが、臣よりも先に存在する」とある。「君主があってこそ臣がある」といいたいのだろう。〈君臣の主従関係は、なぜ重視されねばならないのか〉という、主従関係一般につきまとう根源的な疑問は、この論法によれば、〈世界に登場した順位として、君主が先、臣が後、という先

後関係があるからだ〉と回答されることになる（ただし、論理的に考えると、君主なくして臣が存在し得ないのと同様に、臣なくして君主は存在し得ない。君主と臣は同時に生まれるはずなので、右の説明は詭弁《きべん》だ）。〈天を始原として、万物が天から派生して生まれた〉という公理を一度中核に据えてしまえば、あとはそこから演繹《えんえき》して、あらゆる人間関係は、〈後から生じた者は、先にあった者に従属するのが理の当然であり、したがって敬わねばならない〉という主従関係として把握される。その結果、臣下は君主に、女は男に、子は父に、年少者は年長者に、それぞれ従属し、その従属的立場を明確にする外形を明示するために、敬わねばならない、ということになった。その原理を、それぞれの当事者が自覚できるよう、目に見える形にするのが、立場ごとに定められた動きと姿として実体化される《礼》の外形であり、その根底にある《礼》の類別機能、線引きをする機能なのである。

第六章　戦争で敵を討つ《礼》
――軍礼と時機最適主義

時機最適主義――時と場合と立場で最適な振る舞いは変わる

もっとも、先行する根源的存在が、後から追従する派生的存在を従えているからといって、派生的存在に対して好き勝手に振る舞ってよいわけではない。前述のように、《礼》思想は「往来」、つまり相互作用を重視するからである。ほとんどの人間関係において、〈拝礼を受けたら答拝を返すのが基本である[20]〉とされたように、従属者が上位者に対する適切な形（行動・姿）を要求される一方、上位者もまた従属者に対して適切な形を要求された。

この〈身分の高下にかかわらず、立場に応じて適切な形（行動・姿）がある〉という原理は、後述のように、《礼》の実践においては最も重要な、人の行動の善悪を判断する基準だった。このことを、前述のような、《《礼》とは心情（欲求）を適切なレベルに抑制し、適切な形で発露させるものである〉という機能と総合すると、《礼》の根底には、〈適切さの追求と実践〉という目標があった、という結論に至る。

そのことと関連するのが、前掲の[13]の、「礼では、猥《みだ》りに人を喜ばせてはいけない。〈ともすれば媚びることに近くなるからである〉」という定めである。「猥りに」とは、〈無闇に／軽率に／節度を考えずに〉という意味だ。相手を喜ばせるという、重要な敬譲の機能さえも濫用《らんよう》してはならないということは、次のように換言できる。〈適切な時に、適切な相手に、適切な所作で、適切な分量だけ、相手を喜ばせるべきだ〉と。

それは、〈礼的所作を行うにあたっては、それを行うのに適切な時・相手・所作・量とそうでない時・相手・所作・量がある〉ということを前提としている。そしてここでも、《礼》の類別機能が働く。それらの〈適切なものと不適切なもの〉の間に線を引き、類別し、「その線を越えてはならぬ」と教え、定めるのが、《礼》なのである。

適切な相手に、適切な所作で振る舞うことの重要性は、ここまで縷々《るる》述べ来たった様々な事例から明らかだろう。また〝適切な分量〟という考え方も、天子から諸侯・大夫・士に至るまで、地位によって、行為の頻度や品物の数で等差が付けられた事実[62]から、直ちに了解されよう。では、〈適切な時〉と〈適切でない時〉は、どう弁別されるのか。

これに関して、『礼記』は、たとえば人の死に直面した場合に即して、次のように述べる。

[136]喪《も》に居《い》て未だ葬らざれば喪礼《そうれい》を読み、既に葬れば祭礼《さいれい》を読み、喪《も》、常《つね》に復《かえ》れば楽章《がくしょう》を読む。〈礼を為《な》すこと、各《おのおの》其《そ》の時に於《お》てす。〉【曲礼下12】

▼親が亡くなると、（三年の）喪に服する。その間、亡くなった直後の、埋葬する前の期間には喪礼《そうれい》を読む。その後、埋葬した後は、祭礼を読む（喪礼や祭礼について記した書物を学んで、適切に《礼》を遂行できるように備える）。そして服喪期間を終えたら、音楽の書物を読む。

右の通り、死者の扱いは、埋葬する前と後では違うのであり、埋葬前は喪礼の対象、埋葬後は祭祀の対象となる。〈人は死んで土に帰ると《鬼》という霊的存在になる〉というルール[74]により、死者は土中に埋葬されて初めて《鬼》となるのであり、そこで初めて《鬼神》を対象とする《礼》、つまり祭祀の対象となるのである。

そして、前述のように、子は親が病気になっただけでも茫然自失し、憂い（心配）以外の感情がなくなって、何も楽しめなくなる［100］。まして、親が亡くなった時は、あらゆるポジティブな感情が消し飛び、泣き叫んでいつまでも親の遺骸に寄り添ったまま、やせ細り衰弱して、そのまま生きる意欲を失う（はず）。しかし、《礼》によってその感情が節制されるので、哀しみの心情の最たる表現である「哭《こく》」（声をあげて泣くこと）を行うことで、辛うじて我慢し、己れを保ち、三年で服喪をやめて、日常生活に戻る［39］。そして服喪期間中には、親を喪った哀しみのあまり読む気になれなかった音楽の書物を読み、娯楽にも目を向ける、というのが、右の一節の趣旨である。

注意すべきは、この〈死亡直後・埋葬後・服喪終了後という三段階において、取るべき《礼》が異なる〉ということを、鄭注が「個別の《礼》は、それぞれに対応する、適切な時機《タイミング》に行うものだ」と総括していることだ。この考え方は、〝時機《じき》最適主義〟と呼べるだろう。

各種の〈《礼》を行うのに適切な時機〉がいつであるのか、という問題は、裏返せば、〈今、いかなる《礼》を行うのが適切か〉という問題だ。では、それは何によって決まるのか。それは、前述のように、その人の生まれ持っての性質＝「天分」（身分・年齢・性別）によって、大筋においては決まる。しかし、それだけですべてが決まるわけではない。同じ天分でも、その人がその時々に置かれた環境によって、実践すべき《礼》は異なってくる。

戦時の軍は敬譲精神より威厳が優先

何が適切な《礼》かを変えるほどの大きな環境要因としては、たとえば〈戦争中か否か〉を挙げることができる。

［137］大夫・士は公門《こうもん》に下《くだ》り、路馬《ろば》に式《しょく》す。【曲礼上71】

▼大夫・士が自分の仕える君主の邸宅の門前を通過する時には、車（馬車）から降りて歩いて進む。また乗馬して移動する君主と出会ったら、車上で〝式《しょく》〟の礼を行う。

これは、大夫（中級官僚）・士（下級官僚）が路上で取るべき礼的所作の定めであり、後には日本でも移入され、「路頭礼《ろとうれい》」と呼ばれて長く実践された礼節の原形である。「式《しょく》」は「軾《しょく》」とも書き、〝車の前方の手すり〟を指す。「式（軾）」の礼を行うとは、別の個所で鄭注が「小《すこ》しく俛《ふ》して之《これ》に礼す」と説明するように【曾子問32】、その軾（手すり）に手を載せて寄りかかり、身を伏せて（上体を倒して頭を下げて）敬礼することである。右の一節の直前に「式すれば馬の尾を視《み》る〈小しく俛《ふ》す〉」という一節がある。「式の礼を行う時は、相手（馬上の君主）の乗馬の尾を見る〈その程度に小さく体を伏せ、大仰《おおぎょう》に伏せない〉」という意味で、それが式（軾）の礼の作法だった。ところが、『礼記』の別の個所には、次のような一節がある。

［138］（a）武車《ぶしゃ》には式《しょく》せず。（b）介者《かいしゃ》は拝《はい》せず。（c）〈兵車《へいしゃ》は容礼《ようれい》を以《もっ》て人に下らざるなり。（d）軍中の拝は粛拝《しゅくはい》す。〉【少儀24】

▼戦車に乗っている時には、（君主の前を通り過ぎる時も）式（軾）の礼をしない。また甲冑《かっちゅう》を着ている者は、拝礼しない。

日本と違い、中国は馬車を用いる文化で、戦争でも戦車（疾走する馬上から敵を射る馬車。兵車《へいしゃ》ともいう）が用いられた。そして本文（a）によれば、君主の前で《礼》を行うか否かは、自分の乗る車が通常の車か戦車かによって異なり、戦車なら行わないという。

鄭注（c）はその理由を、「戦車に乗る時は、礼的所作を行って他人に下る（遜《へりくだ》る）ことをしないものだ」と説明する。しかし、なぜ戦車の乗車中には謙遜しないのか。

この問題は、続く本文（b）の「甲冑《かっちゅう》（鎧兜《よろいかぶと》）の着用中は拝をしない」という定めと関わる。鄭注（d）によれば、これは「軍中にある時は、（通常の拝礼ではなく）粛拝《しゅくはい》しか行わない」という意味である。「粛拝」の意味は、右に続く別の一節の鄭注に書かれている。「粛拝は拝して頭を低《た》るるなり。手拝《しゅはい》は、手、地に至るなり」とあり、手を地面につけて頭を乗せる「手拝《しゅはい》」に対して、「粛拝」とは、頭を下げるだけの、簡易な（したがって敬意が手拝より薄い）拝礼の方式だった。では、なぜ甲冑の着用中は、そのような軽い拝礼しか行わなくてよいのか。それは別の一節で、次のように説明される。

[139]介《かい》する者は拝せず。其《そ》の拝せんとすれば拝を蓌《さ》するが為《た》めなり。〈蓌すれば則《すなわ》ち容節《ようせつ》を失す。蓌は猶《な》ほ詐のごときなり。〉【曲礼上71】

➤甲冑を着ている者は（通常の手拝のような）拝をしない。甲冑の着用中に拝しようとすれば、それが偽りのように見え、かえって形が見苦しくなり、節度ある振る舞いから外れて見えるからである。

右によれば、武装している最中に行う拝は、偽りのように見えるという。なぜか。それは前述の、「戦車の乗車中には謙遜しない」ことと密接に関わる。

[140]兵車《へいしゃ》には式《しょく》せず。〈威武《いぶ》を尚《とうと》び、敬《けい》を崇《とうと》ばず。〉【曲礼上62】

右の一節は、「戦車の乗車中には「式（軾）」の礼を行わない」という[138]と同内容を定めているが、その理由を説明する鄭注が具体的で、「戦車に乗っている時は、武人としての威厳を重視し、敬意を重視しない」という。要するに、戦争に臨む時、将兵にとって何より重要なのは敵を威圧する威厳を最大化することであって、他人に謙遜する拝礼は有害だ、と判断されたのである。「武装した者が拝礼すると偽りのように見える」という[139]も、武人としての威厳と、拝礼が意味する謙譲が矛盾し、一貫性がないから、と説明できよう。

貧者は財力の範囲内、老人は体力の範囲内で《礼》を実践する

このように、人間の生活万般を律する礼的所作も、〈戦争という場面では必ずしも墨守するな〉という例外が存在した。そうした例外は、より日常的な生活に即しても存在した。

[141]其《そ》の之《これ》を行《おこな》ふには、貨《か》・力《りょく》・辞《じ》譲《じょう》・飲食《いんし》、冠昏喪祭《かんこんそうさい》、射御《しゃぎょ》、朝聘《ちょうへい》を以《もっ》てす。〈貨は摯幣《しへい》、庭実《ていじつ》なり。力は筋骸《きんがい》の強き者なり。不《しから》ざれば則《すなわ》ち偃罷《えんび》す。〉【礼運33】

▼《礼》の実践に必要なものは、財力と体力、辞譲の精神と飲食物であり、必要な形式は冠昏喪祭《かんこんそうさい》（成人・結婚・葬儀・祭祀）と射《しゃ》（弓術）・御《ぎょ》（馬術）・朝《ちょう》・聘《へい》（朝・聘はいずれも天子・諸侯の謁見儀礼）である。

右に見える「冠昏喪祭《かんこんそうさい》」は、いわゆる「冠婚葬祭」の語源である。それらを含め、《礼》の正しい遂行には、儀式に用いる様々な器物や供え物・贈答品としての飲食物が必要、つまりそれらを入手・維持する財力が必要であり、また長時間の儀式に耐える体力（筋力）が必須だった（一つの儀式がどれほどの長時間を要するかは、射礼や郷飲酒礼の記事〔第七章で後述〕に明らか）。相手を敬って譲る精神は考え方次第で身につくが、財力は持たない者が多く、体力は年齢とともに衰える。では、貧しい者や老人は《礼》の実践者として失格かというと、そうではない。

[142]貧者《ひんしゃ》は貨財《かざい》を以《もっ》て礼と為《な》さず。老者《ろうしゃ》は筋力を以て礼と為《な》さず。〈（a）礼は倹《けん》を許す。（b）無《な》きを非《そし》らざるなり。〉【曲礼上33】

▼貧しい者は、財力を必要とする《礼》を、必ずしも行わなくてよい。老人は、筋力を必要とする《礼》を、必ずしも行わなくてよい。

この本文に対して、鄭注（a）は「《礼》は質素であることを許容するものだ」という原理を見出した。そうである理由は、続けて鄭注（b）が結論した通り、「《礼》を実践するのに必要な力を持たないことを、非難しても仕方ないからである」。ここに、《礼》があくまでも、現実の生活を成り立たせることに立脚し、無闇に空疎な綺麗事を強要することを無意味と見なす思想だった（はずである）ことが明らかだろう。

ところが、前述の通り、孔子は「《礼》が備わってこそ人間というべきで、《礼》が備わらないなら人として生きていない方がましだ」と断言していた[132]。では、《礼》を実践する財力を持たない貧者は、（人間以下の）動物と同等（でも仕方ない）と考えられたのかといえば、そうではない。

[143]子路《しろ》曰《いわ》く、「傷《いた》ましいかな貧《まず》しきことや。生けるときは以《もっ》て養《やしな》ひを為《な》す無《な》く、死するときは以て礼を為《な》す無《な》し」と。孔子曰《いわ》く、「菽《まめ》を啜《すす》らせ水を飲ませ、其《そ》の歓《かん》を尽《つ》くさしむ。斯《これ》を之《これ》孝《こう》と謂《い》ふ。首《しゅ》足《そく》の形を斂《おさ》め、還《と》く葬《ほうむ》りて椁《かく》無《な》く、其の財《ざい》に称《かな》ふ、斯《これ》を之《これ》礼と謂ふ」と。〈還《せん》は猶《な》ほ疾のごときなり。其の日月に及ばざるを謂ふ。〉【檀弓下49】

▼孔子の弟子の子路《しろ》が、「貧しいということは、本当に痛ましいことだ。親が生きているうちはこれを養うこともできず、親が死んでも《礼》をもって弔い葬ることができないのだから」といった。すると孔子は、こう反論した。「それは誤解だ。粗末な豆とただの水であっても、調達できる限りの

ものでで親を養い充足させることは、「孝」と呼ぶに値する。最低限遺骸の手足が隠れる程度の衣しか着せられず、葬るまでの時間が短く、棺を納める枠を墓の中に作れなくても、財力に見合った奉仕を親の遺骸に対してすることは、《礼》と呼ぶに値する」と。

右の一節、特に傍線部に、〈できる範囲で責務を果たすことが《礼》である〉という現実主義が、《礼》に内在していたことが明らかである。そこから逆に、孔子にとって、《礼》に背くとは、実践可能な範囲の責務なのに怠って行わないことを指したことがわかる。

では、なぜ《礼》には、〈無理なものは無理なのだ、できることをするしかないのだ〉ということを許容する現実主義が備わっているのか。

右の二つの事例で、例外が許されている理由は、〈戦争の勝敗や生活の持続に直結するから〉だった。戦争と生活は、ともに生命に関わる営みである。戦争では、敵を威圧する威厳を最大化しなければ、敵に負ける可能性が高くなり、命を失う可能性が高くなる。また貧者が親に対して、財力に余るよい食べ物を食べさせ、よい喪礼を行うには、無理をせねばならない。その無理は、最も直接的な形としては、自分の食事をなくして親の食費に回す、という形になるだろう。そして自分の食事をなくせば生命を失う可能性がある。

このように、戦争も貧困も、《礼》にこだわって無理をすると、当人の生命を縮める可能性がある、という点で共通している。一方、《礼》は、人が人として生きるために、生活万般において不可欠の指針だ。正にこの、〈人が生きるためにある〉という《礼》の性質そのものに、右の例外が許容されねばならない必然性があろう。生きる指針のために命を縮めるのは、本末転倒なのである。

また、《礼》の教え自体に即しても、生命を危険にさらして《礼》を実践することは望ましくない、という結論が導かれる。親の食費を捻出するための無理は、自分の食事をなくしたり、生活必需品（たとえば家）を売る、といった形になる。しかし、「親が亡くなっても、死にそうになるほど痩せ細ったり、家を売ってまで喪礼を行ってはいけない」という前述の教え〔35〕が、ここに関わってくる。そのような無理が望ましくないのは、子が死ねば親を祭る子孫がなくなり、家を失えば親や祖先を祭る宗廟がなくなるからである。つまり、祭祀を人間の最大の責務と考える《礼》思想では、命を縮めることは、親や祖先の祭祀を絶えさせてしまう不孝であり、非礼なのである。「貧者は財力相応に振る舞えば十分」という時、孔子の念頭にあったのはこの構造の方だろう。儒教の《礼》思想では、命は、親や祖先の祭祀のためにこそ、大切にされねばならないのだった。

殉死は《礼》に反する

このような考え方は、中国と日本の《礼》の違いを示す、最大のポイントの一つである。

日本における礼的所作では、命を縮める無理を行うことが珍しくない。たとえば、主に江戸時代の武士の間で流行した殉死《じゅんし》（主君が死ぬと、冥土で仕えるために自殺すること）は、その最たるものである。また鎌倉幕府の御家人《ごけにん》（武士）は、財力に余裕がないにもかかわらず、ほかの御家人を招いて饗応するパーティー（当時の言葉で「旅籠振舞《はたごふるまい》」といった）を頻繁に催し、真夏に富士山の雪を取り寄せて客に涼んでもらうような、珍奇さを競う極端な浪費を繰り返し、家を傾けた。これはいわば、賓礼のために家計の崩壊を顧みない無理である。

江戸時代の武士が、《礼》の一つである「君臣の義」のために命を捨てる無理を平然と行ったのは、自分が死んでも、祖先祭祀に差し支えがなかったからに違いない。中国式の祖先祭祀をほぼ全く受け入れず、早い段階で仏教に傾倒して、祖先祭祀をほぼすべて仏教、つまり僧侶が行う法会に丸投げできる宗教に委ねてしまった日本だからこそ、そのような芸当が可能なのだった。また、中国式の祖先祭祀を受け入れなかった日本では、家に祖先祭祀を行う宗廟がない。だから鎌倉時代の武士にとって、財産を浪費し尽くして家を失うことが、亡き親や祖先に対する直接的な不孝にはならないのである（寺には、祖先供養のための財源となる領地を寄附してある）。

なお『礼記』では、〈殉死は《礼》に背く悪習だ〉と、はっきりと断定されている。

[144] 陳乾昔《ちんかんせき》、疾《やまい》に寝《ふ》す。其《そ》の兄弟《けいてい》に属《しょく》し、而《しこ》うして其の子尊己《こそんき》に命じて曰《いわ》く、「如《も》し我《われ》死せば、則《すなわ》ち必ず大いに我《わ》が棺《かん》を為《つく》り、吾《わ》が二婢子《ひし》をして我を夾《はさ》ましめよ」と。〈婢子は妾《しょう》なり。〉陳乾昔死す。其の子曰《いわ》く、「殉《じゅん》を以《もっ》て葬るは礼に非《あら》ざるなり。況《いわん》や又《ま》た棺を同じくするをや」と。殺すを果たさず。〈尊己の父を不義に陥《おとしい》れざるを善《よ》みす。〉【檀弓下52】

▼昔、陳乾昔《ちんかんせき》という人は病床に伏し、兄弟に後事を託してから、子の尊巳《そんき》に命じた。「自分が死んだら、必ず大きな棺を作り、二人の妾《しょう》を（殉死させて遺体を）私の左右に挟むように納めよ」と。しかし尊巳は「人を殉死させて葬るのは、《礼》に反する。まして、同じ棺に入れるなどもってのほかである」と言って、妾を殺さなかった。〈父に不義を犯させなかった彼は、高く評価された。〉

『礼記』はこの逸話を提示することで、〈《礼》思想は殉死を認めず、嫌悪している〉という立場を表明しているのだ。したがって、《礼》思想に基づく限り、近世日本の武士の殉死は完全な逸脱であり、嫌悪すべき対象である。しかし、それを近世日本の武士は主君に対する責務として行ったのであり、それは主従関係の極端な発露であり、主従関係は《礼》思想の最も重視するところの一つであるから、殉死は《礼》として行われたのである。この一点をもってしても、日本の《礼》思想の移入がどれほど純粋さを損ない、《礼》思想から逸脱していたか、察するにあまりある。それは、日本人が《礼》思想を理解できないからではなく、受け入れなかったのであり、純粋な《礼》思想より優先すべき倫理があると、信じられたからだ。そこにこそ、日本文化の一つの核があったといえるだろう。

日本に根づかず理解できない軍礼

前述のように、戦争は、平常時の礼的所作を省略する理由になった。しかし、だからといって、戦争という理由がつけば人が完全に《礼》から解放されるわけではない。むしろ《礼》思想は、〈戦争自体を《礼》に沿って行うべき〉と定めている。戦争の仕方を律する《礼》は、後に「五礼」として類型化されたうちの「軍礼」というカテゴリーにあたる。

戦争をするために《礼》が必要だ、ということは、現代の私たちにも想像できなくはない。私たちは《礼》を短絡的に〈対人関係〉だと考えるので、「軍礼」は戦争時の対人関係なのだろうと想像する。戦争における対人関係の主な相手は、敵と、上官・部下だ。そして私たちは、〈軍隊とは、上官の命令が絶対である組織だ〉というイメージを持っているので、「軍礼」とは、部下が上官に対して敬意を払う義務を果たすために定められた、上官に対する礼節だと想像したくなる。また、私たちは〈源平合戦では敵に対して名乗りを上げてから正々堂々と戦った〉とか〈上杉謙信が仇敵の武田信玄に塩を送った〉といった類の美談を聞かされているし、あるいは、近現代の戦争では〈捕虜を虐待してはいけない〉という国際ルールがあることを知っている。そのため、敵に対しても、闇雲に憎んで攻撃したり責め苛《さいな》むのではなく、一定の礼節を尽くし、敬意を払う必要がある、ということを定めたのが「軍礼」なのだろうと想像する。

しかし、戦争とは、本質的には憎しみ合いであり、殺し合いであり、相手の命や財産や名誉を奪うことだ。そこに礼節や敬意が必要というのは、詭弁《きべん》めいていて違和感がある。前述の通り、《礼》の実践で最も重要なことの一つは敬譲だ。しかし、戦場で敵に譲っていたら、戦争に負け、命や財産や名誉を失ってしまう。戦争と敬譲は矛盾するではないか。

そのような疑問を感じるのは、私たちが《礼》の存在意義を〈対人関係の敬譲〉だとしか思っていないから、つまり、天地世界の摂理として《礼》を考えないからである。その、〈対人関係の敬譲〉では解けない《礼》の代表格が「軍礼」であり、また後に述べる「田猟《でんりょう》」であり、「射礼《しゃれい》」であり、《楽》との関係である。

軍礼・田猟は全く日本に根づかず、そもそも「田猟」という言葉自体が根づかなかったので、（古代中国の礼制に関心を払う一部の古代史家を除けば）日本史家のほぼ誰にも、「田猟」という言葉の意味がわからない。田は農業を行う場なのに、そこで猟を行うとはどういうことか、なぜそれが王者の重要な《礼》の実践なのか、皆目見当もつかないのである。

また、日本では専業の職業軍人というべき武士が七〇〇年以上も政治の実権を握り、最も強力な支配階級であり続けたにもかかわらず、「軍礼」という言葉や概念が移入されたり、広く実践された形跡が皆無だ。しかも、彼ら武士は弓馬術（騎射術）を（理念上の）理想的な戦闘方法と考えていたにもかかわらず（だから槍と鉄砲が武器の主流になってかなり経った江戸時代後期にも、一時廃れていた流鏑馬《やぶさめ》が将軍徳川吉宗によって再興されようとしたのである）、弓を射ることに関わる《礼》である射礼を導入したり、重視した形跡が全くない。「射礼」は古代の朝廷に導入されて「射礼《じゃらい》」と呼ばれたが、平安時代以降、形骸化した年中行事儀礼となり、南北朝時代（一四世紀後半）頃には完全に廃れてしまっている。

また《楽》も、公家や朝廷・一部神社に属する専門職の楽人《がくにん》だけが行う儀礼的な形骸と化してしまって、日本の長い歴史を通じて、また様々な階層・階級を通じて、その重要性が認識・共有・実践されることがなかった。

こうした理由から、私たち現代日本人には、軍礼・田猟・射礼・楽などが、君主の当然の倫理と見なされた理由が想像できない。本書の目的の一つは、その克服である。本書で長々と、対人関係の敬譲以外の《礼》の機能や、対人関係を越えた《礼》の捉える視野・範疇《はんちゅう》・目標・根本的思想・統一的原理を確かめてきたのは、まさに、対人関係の敬譲では解けない、これらの《礼》を理解したいからである。

対人関係の敬譲とは、《礼》の統一的原理が、たまたま対人関係という場面で形をなして現れたものにすぎず、《礼》という体系の一つの分枝にすぎない。本書をここまで書き進めてきた今、私たちは、《礼》には〈万物をカテゴライズし区分する〉類別機能があり、〈類別された物ごと同士の間にはすべて先後関係・因果関係・主従関係がある〉という論理構成があり、それに基づく根源至上主義・先後絶対主義があることを、知っている。そして、それらの論理的帰結として、万物の始原・根本である「天」が最重要視され、人間生活を成り立たせている根源たる天や《鬼神》（祖先の霊や、大地の恵みに関わる霊的存在）に対する祭祀を、最も重要な人間の責務とする思想が《礼》にあることを、知っている。

戦争では君主のために敵を殺すことが《礼》

では、それらの《礼》の体系全体から見た時、戦争に伴う《礼》＝軍礼とは何であり、なぜ必要で、なぜ重要であったのか。

それを探るヒントが『左氏伝』にある。衛《えい》の献公《けんこう》とその師傅《しふ》（師範役・守《も》り役）の孫文子《そんぶんし》が争った時、孫文子の軍に庾公差《ゆこうさ》という者があった。庾公差が献公を追撃して追いついた時、献公の兵車の御者は公《こう》孫丁《そんてい》という者だった。実はこの二人は弓術の師弟関係にあり、庾公差が公孫丁の弟子であったため、庾公差は進退谷《きわ》まって悩んだが、結局次のように宣言して矢を放った。

➤[145] 射《い》ば師《し》に背《そむ》くと為《な》し、射《い》ずんば戮為《りくせ》らる。射《い》て礼を為《な》さんか。【襄公一四年】

（献公の兵車を射るべきだが）射れば自分の師に背くことになるし、射なければ殺されてしまう。ここは射て礼を実践しておこうか。

そういって庾公差は献公の車の軛《くびき》（牽引する馬を車につなげて固定する棒）に狙いを定めて矢を放ち、退却した。《礼》は先後関係と上下関係を重視するので、師弟関係では師匠が絶対で、弟子は決して逆らってはならない。その意味で、庾公差は師匠が御者を務める献公の車を射るべきでない。しかし、だからといって、ただ師匠が操縦する車を見逃す、ということにはならない点が、《礼》の特質である。最終的に庾公差は、追撃をやめて退却した。ならば結果は同じなのだから、矢を射ずに退却すればよいのに、彼は射てから退却した。それが〈《礼》の実践だ〉というからには、彼には師を射る義務があり、かつ師に矢を当てない義務があったことになる。師といえども敵であるなら、それを射るのは〈君主の命令に従う〉という《礼》の実践であり、師を殺さないのは〈上位者を尊ぶ〉という《礼》の実践であり、その折衷が、師の操縦する兵車の轅を射ることだったのだ。

ここで重要なのは、〈戦争になったら、臣は君主のために敵を攻撃する（殺す）ことが《礼》の重要な実践だ〉という考え方である。《礼》は、闇雲に他人の命を尊重する振る舞いをよしとしない。そのような振る舞いを、『左氏伝』は非難する。鄭《てい》が宋に侵攻した時、宋の大夫の狂狡《きょうこう》という人が、戦いの最中に井戸に落ちた鄭の兵士を助けたら、逆にその兵士に捕らえられてしまった。そのことを『左氏伝』は次のように批判した。

[146] 君子曰《いわ》く、「礼を失《うしな》ひ命《めい》に違《たが》ふ。宜《むべ》なり其《そ》の禽《とりこ》と為《な》るや。戎《じゅう》は果毅《かき》を昭《あきら》かにして以《もっ》て之《これ》を聴《き》く、之《これ》を礼と謂《い》ふ。敵を殺すを果と為《な》し、果を致すを毅《き》と為《な》す。之《これ》を易《か》ふるは戮《りく》なり」と。【宣公二年春】

▼君子は評した。「狂狡は礼を失って（敵を殺せという）君主の命令に背いたのだから、捕虜になったことは当然の報いだ。軍事では、果断・剛毅の精神を表明して君主の命令を聞くことを《礼》という。敵を殺すことを果断といい、果断な振る舞いをやり遂げることを剛毅という。その精神から外れれば殺されるのである」と。

この事例からも、やはり〈殺すべき時に、殺すべき相手を殺すのが《礼》だ〉とされたことがわかる。

それは結局、〈君主の命令は絶対〉という先後絶対主義に基づくのであり、また、〈すべき時に、すべき人が、すべきことをする〉という時機最適主義・職分忠実主義（後述）に基づく結論だった。

《礼》には身分に応じて殺すべき敵の数がある

戦争と《礼》の関係を考える時、この結論をより具体的に示す『礼記』の逸話がある。長いので原文は省略し、粗筋だけ示そう【檀弓下57】。

▼楚《そ》が呉《ご》に侵略された時、楚は呉を撃退し、追撃した。その時、射人《しゃじん》（弓隊の兵員）の商陽《しょうよう》という人が、敵を射ることを躊躇した。そこで楚の公子《こうし》の陳棄疾《ちんきしつ》は「王の命令なので、弓を手に執《と》れ」と命じた。商陽が弓を手に執ると、陳棄疾は「敵を射よ」と命じたので、商陽は敵一人を射て倒し、弓を袋にしまい込んでしまった。別の敵に追いつくと、陳棄疾はまた射撃を命じ、商陽は二人まで射倒したが、一人を倒すたびに、目を閉じて敵が倒れる様子を見なかった。そして三人倒した時、商陽は御者に命じて戦車を止め、こういった。「私は楚の朝廷では、（堂の上に座席がある大夫より身分が低いので）堂の下に立ち、王が催す朝廷の宴会に参加を許されることもない、士の身分である。だから三人も敵を倒せば、私の身分なら王に報告できるほど、十分に責務を果たしたことになる〔朝《ちょう》には坐《ざ》せず、燕《えん》には与《あずか》らず。三人を殺す。亦《ま》た以《もっ》て反命《はんめい》するに足らん〕」と。孔子はこれを聞いて、「人を殺すことにも《礼》があるということを、よく実践している〔人を殺すの中《うち》に、又《ま》た礼有り〕」と商陽を褒めた。

現代日本人には、この話の要点（感動すべき点）がわかりにくい。孔子は、商陽の行為のどこが《礼》に適《かな》っていると評価したのか。一見、商陽が敵を倒すたびに目を閉じたことを、評価しているように見える。敵を倒す時に目を閉じたとは、明らかに敵を殺したことを不本意だと感じていることの意思表示である。しかし、敵の命を奪ったことには変わりないわけで、目を閉じる程度のことで《礼》を尽くしたとされて殺されては、殺される側はたまらない。それに、『礼記』の孔子が《礼》について語る時は、物ごとの本質まで踏み込んで語ろうとするのが常であり、そのような些末《さまつ》なことを評価したりはしない。だから孔子は、商陽が目を閉じたことを評価しているのではない。では、何が評価の対象なのか。

　話の核心は、商陽が倒した敵の数と自分の身分を関連づけたことである。私たちはすでに、《礼》思想では、身分ごとに適切な振る舞いが定められ、その適切さがしばしば量（数値）で表現され、そして時と場合によって適切な行動が変わったことを知っている。

　したがって、この話の要点はこうである。商陽は確かに、敵を殺すことを嫌悪した。しかし、楚の君主に仕える士であるので、君主の命令に逆らうことはできず、敵を殺した。ただ彼は、身分によって、果たすべき責任の度合いが異なるという《礼》の思想を理解していた。戦場では、それは〈身分によって倒すべき敵の数が異なる〉ということになるはずだ、と彼は考えた。そして士という身分では、三人の敵を倒すことが、身分相応の果たすべき責任だと考え、それを果たした。孔子はこの商陽の考え方を聞いて、「《礼》をよく弁《わきま》えている」と評価したのである。

『礼記』がこの逸話をわざわざ記したのは、ここに、後に「軍礼」といわれた戦争時の《礼》のあり方がよく現れている、と判断したからに違いない。軍礼とは、私たちが想像するような、上官や敵に対する敬譲ではない。軍礼とは、《礼》思想が考える世界の構造（天や鬼神などの世界の構成要素、先後絶対主義や根源至上主義などの論理構造）を踏まえ、その中で将兵が自分の身分・立場や置かれた状況に照らして、相応の最も適切な責務が何であるかを理性的に判断する（必要な軍事行動を取る）ための規範なのだ。したがって、様々な徳目と戦争の関係が、『左氏伝』では次のように総括されることになる。

[147] 徳《とく》・刑《けい》・詳《しょう》・義《ぎ》・礼《れい》・信《しん》は、戦《たたか》ひの器《き》なり。徳以《もっ》て恵《けい》を施《ほどこ》し、刑以て邪《じゃ》を正《ただ》し、詳以て神《しん》に事《つか》へ、義以て利《り》を建《た》て、礼以て時に順《したが》ひ、信以て物を守るときは、民生厚《みんせいあつ》くして徳正《とくただ》しく、用利《ようり》にして事《こと》節《せつ》に、時《とき》順《じゅん》にして物成《ものな》り、上下和睦《しょうかわぼく》し、周旋《しゅうせん》して逆《さか》らはず、求めて具《そな》はらざるは無《な》く、各《おのおの》其《そ》の極《きょく》を知る。【成公一六年四月】

➤徳《とく》・刑《けい》・詳《しょう》・義《ぎ》・礼《れい》・信《しん》は、食べ物を盛り付けて食膳を成立させる器と同じように、戦争を成立させる基盤である。徳によって部下に恵みを施し、刑によって部下の悪事を正し、詳（敬信の心）によって神に奉仕し、義（筋目を通す心）によって勝利を確実にし、礼によって時に順《したが》い、信（裏切らない心）によって物ごとを守る。そうすれば、民の生活は充実して心が正しくなり、資源（人材や富）の消費も適切な節度に収まり、時に順えば何ごとも成就する。そうなれば身分の違う者同士が和やかに睦《むつ》み合い、誰の振る舞いも世界の最適なあり方に逆らわず、求めて手に入らないことはなくなり、誰もが最適なあり方を自覚する。

《礼》は戦争それ自体を否定せず、むしろ戦争を成就（勝利）させる重要な要件だった。特に重要なのは、《礼》思想を深く理解し、世界の仕組みに逆らわない行動で戦争に臨むことが、勝利の鍵だとされたことだ。軍礼とは、そのように君主・将兵を導く規範なのである。右で「《礼》によって時に順う」とあるのは、〈世界の仕組み、天地の運行のサイクルを知って、戦争を起こすべき時、勝利できる時を注意深く探り、その時機に外れずに戦争を起こして勝利せよ〉という意味である。

春の出征は《礼》に背き、秋の出征は《礼》に適う

《礼》には、時機最適主義がある。対人関係の場合、親の死去であったり、冠礼・昏礼（婚礼）であったり、君主や諸侯同士で会見する時が、ある礼的行為を行う契機となる。戦争の場合、いつ戦争を行う

かが問題だった。そして《礼》思想において、世界の仕組みの根幹を成すのは、天を原点とする時の運行である。だから戦争は、時の運行を踏まえ、最適な時期に行う必要があった。

[148]（a）是《こ》の月（孟春《もうしゅん》＝正月）や、以《もっ》て兵を称《あ》ぐべからず。兵を称ぐれば必ず天殃《てんおう》有り。（b）〈生気に逆らえばなり。〉（c）兵戎《へいじゅう》起《お》こさざれ。我従《われよ》り始《はじ》むべからず。（d）〈客と為《な》るは利あらず。主人は則《すなわ》ち可《か》なり。〉（e）天の道を変《へん》ずること毋《なか》れ。〈陰政《いんせい》を以《もっ》て陽《よう》を犯す。〉地の理を絶つこと毋《なか》れ。〈剛柔《ごうじゅう》の宜《よろ》しきを易《か》ふ。〉人の紀《き》を乱すこと毋《なか》れ。〈仁《じん》の時にして、而《しか》も義事《ぎじ》を挙《あ》ぐ。〉【月令8】

▼正月には、戦争を始めてはいけない。戦争を始めれば必ず天が災いを与える。だから正月には自分から戦争を仕掛けてはいけない。戦争を仕掛けて天の道を変えてはならず、地の理を損なってはならず、人の紀《き》（適切な位置と形）を乱してはいけない。

ここでは、自分から戦争を仕掛けるかどうかがポイントになる。鄭注（d）がそれを「訪問に譬《たと》えると客、つまり自分から赴く（攻め込む）立場に立つと勝てない。主人、つまり相手を迎える（迎え撃つ）立場ならば問題ない」と説明しているのが面白い。訪問における賓客と主人に例えているあたりが、平時の《礼》と軍礼の関係を示す苦心を示している。

右の通り、戦争には、天が支配する時節の運行が深く関わると考えられた。正月に戦争を起こして天が災いを与えるのは、鄭注（b）によれば、「世界の仕組みを支える、生気の循環する流れに逆らうからである」。天の定めた流れに逆らえば、その報いを受ける、という仕組みだった。では、正月の侵略がなぜ、生気の流れに逆らうのか。鄭注（e）によれば、「正月は世界の中で《陽《よう》》の属性が増大する時期だが、戦争は《陰《いん》》の属性に属する政治だ。だから正月の戦争は時節の運行と衝突することになる」からである。軍礼とはこのように、世界の仕組みに逆らわずに戦争を行う知恵なのだった。

〈戦争に適さない季節〉があるなら、〈戦争に適した季節〉もあるはずだ。そして戦争の《陰》という属性が《陽》の季節と衝突して失敗するなら、《陰》の季節に行えば、戦争はうまくゆくことになる。正月という、年の前半の冒頭が《陽》の増大期であり戦争に適さないなら、年の後半の冒頭、つまり七月が《陰》の増大期であり、戦争に適する。

［149］（a）是《こ》の月（孟秋《もうしゅう》＝七月）や、……立秋の日、天子親《みずか》ら三公・九卿《きゅうけい》・諸侯・大夫を帥《ひきい》て、以《もっ》て秋を西郊《せいこう》に迎《むか》ふ。（b）還反《かえ》りて軍帥《ぐんすい》・武人を朝《ちょう》に賞《しょう》す。（c）〈秋を迎ふとは、白帝白招拒《はくていはくしょうきょ》を西郊の兆《ちょう》に祭るなり。軍帥は諸将なり。武人は環人《かんじん》の属《ぞく》、勇力《ゆうりょく》有る者を謂《い》ふ。〉（d）天子乃《すなわ》ち将帥に命じて、士を選び兵を厲《と》がしむ。桀俊《けっしゅん》を簡練《かんれん》し、専ら有功《ゆうこう》に任《にん》じ、（e）以《もっ》て不義を征《せい》し、〈征の言は正なり。伐なり。〉暴慢《ぼうまん》を詰誅《きっちゅう》して、以て好悪《こうお》を明らかにし、彼《か》の遠方を順《したが》ふ。〈詰は其《そ》の罪を問ひ、之《これ》を窮治《きゅうち》するを謂《い》ふなり。順は猶《な》ほ服のごときなり。〉【月令64】

「七月の立秋の日は、天子は自ら公《こう》・卿《けい》・諸侯・大夫（上級〜中級官僚と諸国に封《ほう》じられた諸侯）を引率して、都の西の郊外に出て、秋を迎える（a）」。季節とは、ただ単に時が過ぎてその時が来るのを待っていればよいものではなく、季節の到来とともに、その季節に対応した方角の神を迎え、祭らねばならない。そしてその責務は、天下を統治する天子の役割だった。鄭注（c）によれば、「秋を迎えるとは、西の方角を司る白帝白招拒《はくていはくしょうきょ》を、西の郊外で祭ることである」。

さて、天子は秋を迎える祭祀を済ませると、次に何をするかといえば、「都に帰って、軍の将帥《しょうすい》（指揮官級）と勇猛な兵を朝廷に呼び出し、賞を与える（b）」。先後絶対主義の《礼》思想では、物ごとは重要な順番に行われるから、秋には、軍事は祭祀に次ぐ再重要事であり、つまり秋は軍事の季節なのだった。将帥と勇猛な兵を呼び出して賞を与えるのは、戦争の勝敗の鍵を握る軍の重要人物のモチベーションを高めるためであり、戦意高揚の策であり、つまり戦争準備である。
次に「天子は将帥に命じて、士を選び出して兵器の手入れをさせ、（力・技能・精神などが）優れた者を兵に採用し、功績あるものに地位を与える（d）」。つまり戦意を高揚させてから、実際の軍備を整え、兵器・兵員を戦闘可能な状態にするのである。そして、「不義の者（筋目を乱す者）を討ち、驕《おご》って社会を乱す者を誅《ちゅう》し、それによって善悪を明らかにして、天下の隅々まで民を帰服させる（e）」。軍備が整えば出陣して、天の定めた正義に逆らう者や社会を乱す者、要するに〝悪人〟を征伐し、それによって彼らの存在・行為が悪であることを天下に広く示し、それを真似ないよう天下の民を諭《さと》し、民を正しい生活に導くのである。

このように、《礼》の世界観では、〈戦争すべき季節〉と〈戦争すべきでない季節〉があり、それは世界の構成要素や時節の運行、そして人間の行為に割り当てられた《陰》《陽》の性質が、戦争と合致するか否かで決まる。それらの原点に天があり、右の諸要素の《陰》《陽》がうまく合致すれば、それがすなわち〈天意に適《かな》う〉ということになった。

出征時と凱旋時には適切な祭祀が必要

《礼》が重要な役割を果たすのは、戦争する時機だけではない。いざ戦争すると決まれば、《礼》思想の世界の仕組みに沿って、戦争するための手続きが必要だった。ただしそれは、今日の宣戦布告のような、人間同士の開戦手続きではない。それらはいわば、世界に対して行う手続きである。

[150]天子将《まさ》に出征《しゅっせい》せんとするときは、上帝《じょうてい》に類《るい》し、社《しゃ》に宜《ぎ》し、禰《でい》に造《ぞう》し、征する所《ところ》の地に禡《ば》し、〈禡は師祭《しさい》なり。兵の為《た》めに禱《いの》るなり。其《そ》の礼亦《ま》た亡ぶ。〉命《めい》を祖《そ》に受け、〈祖に告ぐるなり。〉成《せい》を学《がく》に受く。〈兵謀《へいぼう》を定むるなり。〉【王制25】

▼天子が出陣する時は、天（を司る上帝《じょうてい》）に「類《るい》」という祭を行い、土地の神に「宜《ぎ》」という祭を行い、祖先の霊（鬼神）に「造《ぞう》」という祭を行い、出陣先の土地で軍神に「禡《ば》」という祭を行う〈禡は軍神を祭る戦の祭祀であり、勝利のために祈る祭祀だが、今（後漢の時代）はなくなってしまった〉。いよいよ出陣する時には、先祖に出発を報告してその命を受け、大学に行って作戦を定める。

ここに、戦争に特有の《礼》がなぜ必要か、明らかだろう。《礼》の最も重要な実践は祭祀である。そして戦争をするためには、天を祭り、地を祭り、祖先を祭り、軍神を祭るという、数多くの祭祀が、必須の手続きとして存在した。だから戦争のための《礼》の定め＝適切な祭祀の手順が必要なのである。したがって、戦争が始まる時だけでなく、終わる時にも手続きがある。

[151]出征して有罪《ゆうざい》を執《と》へて反《かえ》るときは、学《がく》に釈奠《せきてん》して、訊馘《じんかく》を以《もっ》て告ぐ。〈釈菜《せきさい》・奠幣《てんぺい》して、先師《せんし》を礼《うやま》ふなり。訊馘は生獲《せいかく》して耳を断《た》つ所《ところ》の者《もの》なり。〉【王制25】

▼罪ある敵を捕らえて凱旋した時は、大学で「釈奠《せきてん》」という祭祀（供え物をして先聖《せんせい》・先師《せんし》を祭る）を行い、捕らえて耳を切り落とされた捕虜の数を報告する。

終戦後の手続きも祭祀であり、《礼》思想では、戦争は祭祀に始まり祭祀に終わる。

戦時の《礼》は職分忠実主義・立場最適主義に即して戦うためのシステム

では、いざ戦争が始まったら、ただひたすらに敵に突撃すればよいのか。そうではない。『礼記』の戦争は秩序ある戦争であり、〈各人が厳密に自分の役割を果たすこと〉を求めた。戦争中の《礼》の意義について、『礼記』はまず、次のような比喩から始める。

[152]史《し》は筆を載せ、士《し》は言《げん》を載す。〈会同《かいどう》に従ふときは、各《おのおの》其《そ》の職を持し、以《もっ》て事を待つを謂《い》ふなり。筆は書具《しょぐ》の属《ぞく》を謂ふ。言《げん》は会同盟要《めいよう》の辞《ことば》を謂ふ。〉【曲礼上63】

▼諸侯が集合して会盟（同盟）する時、付き従う「史《し》（記録官）」は筆記用具を持参し、「士（下級官僚）」は諸侯同士の盟《ちかい》の言葉（の原稿）を持参する。〈自分の職（仕事）に従って、役割を果たすべき時が来るのを待つのである。〉

右の一節は要するに、〈人間にはそれぞれ置かれた立場（平時なら身分や官職）があり、その立場ごとに、求められている固有の職分（仕事）があるので、人は自分の立場に応じた職分を果たすべき〉と主張している。〈人は固有の立場と不可分であり、立場は固有の仕事と不可分である〉という社会構造が、《礼》の大前提にある。Aという作業は甲の仕事、Bという作業は乙の仕事で、甲はAをせねばならないし、A以外をしてもいけない、乙とBの関係も同様、ということだ。それは、物ごとの間に越えてはならない線引きをし、あれは線の向こう側、これは線のこちら側、といった具合に類別することを重視する《礼》の機能・指向性から、当然導かれる仕事観である。この仕事観は、〝職分忠実主義〟と呼べるだろう。その職分忠実主義は、戦争時の君主・将帥・兵員の振る舞いにも適用された。

[153]進退《しんたい》度《ど》有《あ》り。〈度は伐と歩数とを謂《い》ふ。〉左右局《きょく》有り。各其《そ》の局を司る。〈局は部分なり。〉【曲礼上63】

▼軍の進退には節度があり、軍の左右には部署（役割）が定められており、兵はおのおのその部署の役割に忠実に行動するのである。

軍の構成員にはそれぞれ固有の職責があり、それらが入り交じることなく、忠実に職責が果たされるべき、という職分忠実主義が、軍礼の根底にある。そして、『礼記』は前述のように史や士の職分忠実主義を強調した上で、それを軍事に適用して次のように続ける。

[154] 前に水有れば、則《すなわ》ち青旌《せいせい》を載《た》つ。前に塵埃《じんあい》有れば、則ち鳴鳶《めいえん》を載つ。前に車騎《しゃき》有れば、則ち飛鴻《ひこう》を載つ。前に士師《しし》有れば、則ち虎皮《こひ》を載つ。前に摯獣《しじゅう》有れば、則ち貔貅《ひきゅう》を載つ。〈載は旌首《せいしゅ》に挙げて、以《もっ》て衆を警《いまし》むるを謂《い》ふなり。礼、君行けば師《し》従ひ、卿《けい》行けば旅《りょ》従ふ。前駆《ぜんく》、此《これ》を挙ぐれば、則ち士《し》衆《しゅう》は有る所《ところ》を知る。挙ぐる所《ところ》各《おのおの》其《そ》の類象《るいしょう》を以《もっ》てす。〉【曲礼上63】

▼行軍する時、先頭を進む前駆《さきがけ》は、前方に異状を発見したら、異状の種類に応じて旗を立てる。川があれば青い水鳥を描いた旗を立て、埃《ほこり》があれば鳴く鳶《とび》を描いた旗を立て、戦車や騎兵があれば飛ぶ鴻《かり》を描いた旗を立て、軍勢があれば虎の皮を掲げ、猛獣があれば貔貅《ひきゅう》（豹《ひょう》の一種）の皮を掲げる。〈旗・皮を高く掲げて後続の軍勢に見せ、注意を喚起するのである。君主が進めばその軍勢が随従し、卿《けい》（君主に仕える最上層の官僚）が進めばその軍勢が随従する。先発隊がこれらの旗を揚げれば、後続の部隊は異状を事前に知ることができる。旗は、それぞれ異状の種類を想起させやすい形状である。〉

これは極めて実戦的で、かつ合理的な役割分担に基づく行軍の作法であり、一種の通信システムである。このような通信システムが機能するのは、立場（身分・役割）に応じた整然とした秩序・先後関係・主従関係があるからであり、そのような整然たる行軍の秩序自体が《礼》なのだった。そして軍勢の先頭を進む前駆《さきがけ》（先発隊）は、その前駆という立場に最も求められる職責として、前方の危険を察知し後進の全軍に通信する、という職務を適切にこなすよう定められたのである。

通信は、通信規則《プロトコル》がないと成立しない。右の旗の立て方が通信システムとして機能するためには、旗の立て方に規則がなければならず、その規則を全軍が共有していなければならない。ただし、伝えたい内容と無関係の旗では、全軍に速やかに適切なメッセージが伝わらない。そこで、それぞれの旗には、旗が意味する前方の異状を直ちに連想させる文様・素材が用いられた。「青い水鳥」の旗は水をイメージさせ、「鳴く鳶《とび》」は風が吹く（埃が舞い上がる）様をイメージさせ、「飛ぶ鴻《かり》」は列を作る戦車・騎兵の様子をイメージさせ（「鴈行《がんこう》」というように、鴈《かり》は「く」の字型に整列して飛ぶ）、虎の皮は勇猛な戦士をイメージさせ、「貔貅《ひきゅう》」は猛獣そのもののイメージであって、それらのイメージが、そのまま伝えたいメッセージとなっているのである。

このように、《礼》に則した戦争では、闇雲に旗を立てるのではなく、立てるべき時に、立てるべき旗を、立てるべき者が立てる、と定められていた。それは《礼》が重視する世界の原理、すなわち時機最適主義の実践であり、先後絶対主義の応用であり、職分忠実主義の実践なのだった。そして、それらすべての根底に、適切な時機とそうでない時機、先と後、おのおのの職分を区分する線引きを行う、《礼》の類別機能があったのである。

戦争では、軍勢の秩序ある行動が極めて重要だ。だから近現代の軍では、命令が組織的に、必ず伝わり、必ず実現されるために、上官の命令は絶対とされる。その絶対性を担保するため、上官は恐怖の対象であり、恐怖による束縛が軍の秩序の根幹にある。これに対して古代中国の（理想的な）軍では、《礼》に則《のっと》ること、つまり世界の仕組みに忠実であることが、そのまま秩序の実現の早道であると考え、勝利の早道だと考えられたのである。

戦争準備の《礼》――一一月の大閲（大蒐）

このように、戦争自体を、天地・時節の運行や厳密な職分忠実主義に従って行うべきとした《礼》思想では、戦争の準備、つまり軍事教練も同じ思想に従って、適切な時季に行うよう定められていた。

天子は一一月に「大閲《たいえつ》」を行う（「大蒐《たいしゅう》」ともいう）。魯《ろ》の桓公《かんこう》六年（紀元前七〇六）八月に行われた

「大閲」について、『春秋左氏伝』は「車馬《しゃば》を簡《しら》ぶるなり」、『春秋穀梁伝《こくりょうでん》』は「兵車《へいしゃ》を閲《けみ》するなり」、『春秋公羊伝《くようでん》』は「車徒《しゃと》を簡《しら》ぶるなり」と説明している。それぞれ微妙に表現が違うが、要するに「大閲」とは、〈君主が親臨して戦車（射手を乗せて走る馬車）・兵馬・兵員を点検する、大規模な閲兵式〉である。

ただし、それは単なる軍事行政ではない。『左氏伝』に、他国に亡命していた晋《しん》の公子《こうし》（献公《けんこう》の子）重《ちょう》耳《じ》が帰国して、晋侯《しんこう》（晋国の君主）に即位して文公《ぶんこう》となった後、国政と軍備を立て直した時の話があって参考になる。この時、文公は「もう出兵できるか」と側近の子犯《しはん》に問うた。

[155]子犯《しはん》曰《いわ》く、「民《たみ》、未だ礼を知らず、未だ其《そ》の恭《きょう》を生《しょう》ぜず」と。是《ここ》に於《おい》てか、大蒐《たいしゅう》して以《もっ》て之《これ》に礼を示し、執秩《しっちつ》を作《つく》りて以て其《そ》の官《かん》を正《ただ》しくす。【僖公二七年冬】

▼子犯は「民は未だ礼を知らず、遜《へりくだ》って上を敬う心が足りません」と答えた。そこで文公は大蒐（大閲）を行って民に礼を示し、また規定を作って官僚の職分を明快にした。

文公は右の作業を済ませた上で軍を出動させ、周辺国との戦争で目覚ましい戦果を挙げたという。「大閲（大蒐）」の主な目的は、徴兵された民が指揮官の指揮に従順・確実に従うようにする訓練の総仕上げであり、その意味で軍事演習には違いない。ただ、民が上官の命令に絶対服従するようにするためには、民の上官に対する敬意が必要である。そこで、敬譲の精神と身分尊卑の徹底的区別を主軸とする《礼》思想を民に一斉に教え、しかもそれを軍事行動に直結させるのに最適な行事として、大閲が行われたのである。

軍事の最大の目的は勝利だが、そのためには天や神々への祭祀（による加護）、将兵の職責に対する忠実さ、兵の将に対する服従の徹底が必要であり、それらはすべて《礼》の守備範囲であり、《礼》に立脚して実現されるべきものと考えられた。勝つためにこそ《礼》が必須なのであり、古代中国の《礼》に

「軍礼」が存在した理由はそこにある。

戦争準備の《礼》——一〇月の講武（大閲の準備）

右の「大閲（大蒐）」は、あくまでも君主の眼前で軍の統制を確認する総仕上げなので、それ以前に、より実際的な教練の積み重ねが必要となる。その教練は、大閲が行われる前月の一〇月に行われた。

[156]天子乃《すなわ》ち将帥《しょうすい》に命じて、武《ぶ》を講《こう》じ、射御《しゃぎょ》を習《なら》ひ、力を角《くら》べしむ。〈仲冬《ちゅうとう》に将に大閲《たいえつ》せんが為《た》めに、之《これ》を簡習《かんしゅう》す。亦《ま》た営室《えいしつ》の、武士を主《つかさど》るに因《よ》るなり。凡《およ》そ田の礼は、唯狩《ただしゅ》最《もっと》も備《そな》はる。夏小正《かしょうしょう》に、「十一月王狩《しゅ》す」と。〉【月令95】

▼（孟冬＝一〇月には）天子は将帥に命じて、その軍勢に戦闘を教えさせ、弓術と馬術を習わせ、力を比べさせる。

この時季に行う理由は、鄭注によれば、「仲冬《ちゅうとう》（一一月）の大閲に備えて兵を精選し訓練するため。また太陽が「営室《えいしつ》」の位置（天の赤道の二八のエリア＝二十八宿《にじゅうはっしゅく》の一つ）に宿る時季であり、「営室」は軍事・軍勢を司るから」だった。適切な時季の軍事教練もまた、《礼》なのである。

なお、この一節に、武力に関わる日本の伝統的な職業が二つも現れていて興味深い。今日も行われる「相撲」は、元をたどると一二世紀の後半に廃絶した「相撲節会《すまいのせちえ》」という朝廷の儀礼（七月の年中行事。古くは七月七日）に淵源を持ち、遡《さかのぼ》れば垂仁《すいにん》天皇七年（前二三）七月七日に「野見宿祢《のみのすくね》が当麻蹶速《たぎまのけはや》を蹴り倒し踏み殺して勝った」という説話で有名な格闘技である【日本書紀】。その「相撲」は「角力」と書かれることがあるが、それは右の『礼記』の一節の「角力（力を角《くら》べる）」にまで遡る。今、相撲は日本の国技とされ、日本固有の伝統芸能と考えられており、そこには確かに、平安時代の末に廃れるまでの年中行事としての数百年、また江戸時代に娯楽として再生してからの数百年の歴史があるが、その一部（思想など）が古代中国に遡ることには、注意すべきである。

さらに、右の一節の鄭注に「営室は「武士」を司る」とある。「営室」は前述の通り、季節ごとの太陽の位置を表す天球上の領域だが、ここに「武士」という、これも日本特有と考えられている職業軍人の名称が見えている。もっとも、ここでいう「武士」は軍勢を意味し、もとより後の日本の武士と同じものではないが、日本独特の進化を遂げた〝日本らしい〟要素の名が、《礼》思想のボキャブラリーに依存していることは、もっと重視されてよい。たかが名前ではない。名は体を表すのであり、名前にこそ〈それが何であるか〉の核心が保存されているからである。その重大さに気づいていない〝日本文化論〟は信頼に値しないので、読者諸氏は注意して欲しい。

戦争準備の《礼》——九月の田猟（講武の準備）

話を戻せば、一〇月の軍事教練のためには、さらに前月の九月に準備が必要であり、それが「田猟《でんりょう》」だった。ここでいう「田」は田圃《たんぼ》ではない。郊外の野原を、天子が率いる大勢の人で区切って、その中の獣を天子が狩るのが田猟であり、その区切る形が「田」の字に似ているので田猟という。『礼記』は、この田猟を誰が、いつ、何のために行うかを定めている。

[157]是《こ》の月（季秋《きしゅう》＝九月）や、天子乃《すなわ》ち田猟《でんりょう》を教《おし》へて、以《もっ》て五戎《ごじゅう》を習《なら》はし、馬政《ばせい》を班《わか》つ。（a）〈田猟を教ふるは、田猟の礼に因《よ》りて、民に教ふるに戦法を以《もっ》てするなり。（b）五戎は五兵《ごへい》を謂《い》ふ。弓矢・殳《しゅ》・矛《ぼう》・戈《か》・戟《げき》なり。（c）馬政は其《そ》の色を斉《ひと》しくし、其の力を度《はか》り、同乗せしむるを謂ふなり。（d）校人《こうじん》の職に曰《いわ》く、「凡《およ》そ軍事には、馬を物《ひと》しくして之《これ》を頒《わか》つ」と。〉【月令84】

➤この月（季秋＝九月）に、天子は民に田猟の訓練を行わせる。それによって五戎《ごじゅう》（五種類の武器）の使い方に習熟させ、また馬政《ばせい》（馬の整理・点検）を行うのである。

鄭注（a）に明記されているように、「田猟を訓練する目的は、田猟に伴う《礼》によって、民に「戦法」を教えるため」にほかならない。田猟は、戦争の備えなのである。そこで民が習熟させられる「「五戎」とは「五兵《ごへい》（五種類の兵器）」のことであり、弓矢・殳《しゅ》（刃のない長い木・竹の棒）・矛《ぼう》（長い柄の先端に刺突する刃をつけた武器）・戈《か》（長い柄に直角に刃をつけた武器）・戟《げき》（矛と戈の両方の刃を柄につけた武器）である（鄭注（b））」。そして「「馬政《ばせい》（馬の整理・点検）」とは、馬を毛色ごとに整理して揃え、一頭ごとに能力を確かめ、操縦の訓練をすることである（鄭注（c））」。そしてその「馬政」は、軍事に備えて馬を整理・配分することである（鄭注（d））」という。つまり、ここで整理・点検される馬は、戦争に用いる軍馬である。

このように、天子が九月に行う田猟は、狩猟という形を取った軍事教練にほかならない。そして田猟で民を兵器の操作に慣れさせ、馬を（外見や能力で）分類しておいた上で、一〇月に純粋な軍事訓練（指揮官の号令のもと、整然と行動〔行進・攻撃・防御〕する訓練だろう）を行い、最終的に一一月にその成果を大閲で、天子が自らの目で確認する、という流れになる。これらはすべて、《礼》に適《かな》う事業なのだった。

漢代の『爾雅《じが》』という字書は、君主の狩猟の軍事的意義を次のようにまとめている。

[158]（a）春に猟《かり》するを蒐《しゅう》と為《な》し、夏に猟するを苗《びょう》と為《な》し、秋に猟するを獮《せん》と為《な》し、冬に猟するを狩《しゅ》と為《な》す。宵《よい》に田《かり》するを獠《りょう》と為《な》し、火《ひつけ》て田するを狩《しゅ》と為《な》す。乃《すなわ》ち冢土《ちょうど》を立て、戎醜《じゅうしゅう》行く攸《ところ》なり。大事を起こし大衆を動かすには、必ず先づ事《こと》有るや、社《しゃ》して而《しか》る後《のち》に出《い》づ。之《これ》を宜《ぎ》と謂《い》ふ。振旅《しんりょ》せば闐《てん》闐《てん》たり。（b）出《いで》ては治兵《ちへい》を為《な》す。威武《いぶ》を尚《とうと》ぶなり。（c）入《い》ては振旅を為《な》す。尊卑に反《かえ》るなり。【釈天】

▼（a）狩猟は、春に行えば「蒐《しゅう》」、夏に行えば「苗《びょう》」、秋に行えば「獮《せん》」、冬に行えば「狩《しゅ》」という。夜に行う田猟を「獠《りょう》」といい、草木を焼いて獲物を追う田猟を「狩《しゅ》」という。狩猟する時は大きな社《しゃ》（祭殿）を設け、大勢を率いて行く。大事（狩猟や戦争）を起こし大衆を動かす時は、必ずすぐ最初に社を設けて祭祀を行ってから出征する。その祭祀を「宜《ぎ》」という。大勢を統率するにあたっては、規則的にかけ声を出させる。（b）出征すれば軍の運用に徹し、威勢と武力を最優先する。（c）帰還すれば元通り平時に戻って身分秩序の統制に徹し、身分尊卑を最優先する。

狩猟は軍勢を統率する訓練を兼ねている、というより、ほとんどその方が主目的のように扱われ、たとえば号令とともに整然と進軍する訓練が組み込まれていた。そして、狩猟は戦時態勢で行われ、戦時特有の《礼》が訓練された。後段（b）・（c）がそれにあたり、西晋《せいしん》の郭璞《かくぼく》（三世紀後半〜四世紀前半の人）が施した注は、（b）に「幼賤《ようせん》、前に在《あ》り。勇力《ゆうりょく》を貴《とうと》ぶ」、（c）に「尊老《そんろう》、前に在り。常《つね》の儀《ぎ》に復《かえ》るなり」と述べている。「戦時は勇敢さや強さを優先するので年少者でも身分が卑しくても序列が上になる」が「帰還すれば平時のいつも通りに戻して身分が高い者や年長者の序列が上になる」という意味だ。平時と運用法が全く変わる戦時の《礼》は、本物の戦争時に急に実践させようとしても不可能なので、人為的に戦時を創《つく》り出して戦時特有の《礼》を学ばせるのであり、田猟はそのためにあった。

《礼》はなぜ田猟を君主の責務とするのか——祭祀と賓礼のため

狩猟や軍事教練がなぜ《礼》なのか、ということは、祭祀との関係で説明される。

[159]子《し》曰《いわ》く、「郊社《こうしゃ》の義《ぎ》、嘗禘《しょうてい》の礼に明らかなるときは、国を治むること其《そ》れ諸《これ》を掌《たなごころ》に指すが如《ごと》きのみなるか。是《こ》の故《ゆえ》に之《これ》を居処《きょしょ》に以《もち》ふるに礼有り。故に長幼《ちょうよう》弁《わか》るるなり。之《これ》を閨門《けいもん》の内に以《もち》ふるに礼有

り。故に三族《さんぞく》和《わ》するなり。之《これ》を朝廷に以《もち》ふるに礼有り。故に官爵《かんしゃく》序づるなり。之《これ》を田猟《でんりょう》に以《もち》ふるに礼有り。故に戎事《じゅうじ》閑《なら》ふなり。之《これ》を軍旅《ぐんりょ》に以《もち》ふるに礼有り。故に武功成《な》るなり。【仲尼燕居5】

▼孔子はいう。「しかるべき《礼》に沿って天地の祭祀が実現していれば、国を治めることは掌《たなごころ》を指すように容易だ。《礼》を家族に用いるから、長幼が明らかになって兄弟関係が良好になり（兄に弟がよく従い、兄が弟をよく導き慈しむ）、婚姻に用いるから異姓の家同士が姻戚となって調和し、朝廷の官職・爵位制度に用いるから序列・職分が明確になり、田猟に用いるから民は兵器に習熟でき、戦争に用いるから勝利を挙げることができる」と。

孔子は、祭祀という、人間の最重要の責務を、《礼》の思想（根源至上主義・先後絶対主義・時機最適主義・職分忠実主義）に沿って適切に果たせば、そこから派生するもの（兄弟・婚姻・朝廷・田猟・軍事など）でも派生的に根源・先後関係・時機・職分が適切に重視され、適切な結果を生む、と説く。逆に、《礼》を軽視すると次のような失敗を招く。

[160]若《も》し礼無《な》くんば、……田猟《でんりょう》には戎事《じゅうじ》其《そ》の策《さく》を失《うしな》ふ。軍旅《ぐんりょ》には武功《ぶこう》其《そ》の制《せい》を失ふ。【仲尼燕居6】

▼（祭祀を基本として実践される）《礼》が欠如すれば、田猟では策（謀《はかりごと》）が失われ、軍隊では統制が失われて、すべて（統御を失って）破綻する。

だからこそ、田猟にも軍事にも《礼》が不可欠であり、したがって適切な祭祀が不可欠だ、と結論されるのである。

しかも、田猟では《礼》が不可欠というだけではない。そもそも田猟を行うこと自体が《礼》の実現、具体的には祭祀のために行われる、という側面があった。

楚《そ》の霊王《れいおう》が近隣諸国の諸侯を召集して会合した時、宋の太子は会合に遅れ、到着した時、霊王は武《ぶ》城《じょう》という場所で「田《かり》」をしていて会えなかった。この時、霊王は「たまたま武城で「宗祧《そうとう》の事《こと》」をしていたもので（属《たまたま》、武城に宗祧の事（祭祀）有り）」と宋の太子に連絡した【『左氏伝』昭公四年】。「宗祧の事」とは祭祀のことで、つまり霊王は「狩猟は祭祀だ」と断言していることになる。祭祀は王の重大責務だから、狩猟が祭祀なら、狩猟も王の義務ということになる。この関係を具体的に説明する一節がある。

[161] 天子・諸侯、事無《な》きときは、則《すなわ》ち歳《とし》に三《み》たび田《かり》す。一《ひと》たびは乾豆《かんとう》の為《た》めにし、二《ふた》たびは賓客《ひんかく》の為《た》めにし、三《み》たびは君《きみ》の庖《ほう》を充《みた》す為《た》めにす。〈三たび田《かり》すとは、夏《なつ》は田《かり》せず。蓋《けだ》し夏《か》の時なり。『周礼《しゅらい》』に、「春には蒐《しゅう》と曰《い》ひ、夏には苗《びょう》と曰《い》ひ、秋には獮《せん》と曰《い》ひ、冬には狩《しゅ》と曰《い》ふ」と。乾豆は、之《これ》を腊《ほじし》にして以《もっ》て祭祀の豆実《とうじつ》と為《な》すを謂《い》ふなり。庖は今の厨《ちゅう》なり。〉事無《ことな》くして田《かり》せざるを不敬《ふけい》と曰《い》ふ。田するに礼を以《もっ》てせざるを天物《てんぶつ》を暴《あら》すと曰《い》ふ。〈不敬とは、祭祀を簡《かん》にし、賓客を略《りゃく》にするなり。〉【王制26】

➤天子や諸侯は、（戦争や病気・死などの）不慮の事態がない限り、年に三度は田《かり》（田猟）を行わねばならない。一度は「乾豆《かんとう》」のため、二度は賓客のため、三度は自分の厨房のためである。〈三度とは、夏を除く四季である。『周礼《しゅらい》』によれば、田《かり》は季節によって名前が違い、春には「蒐《しゅう》」、夏には「苗《びょう》」、秋には「獮《せん》」、冬には「狩《しゅ》」と呼ぶ。干した肉を「乾《かん》」といい、祭祀に供え物を盛り付ける器を「豆《とう》」といい、「乾豆」とは狩猟で得た獲物の肉を干し肉にして祭祀に備えることである。〉やむを得ない理由もなく田猟をしないことを「不敬《ふけい》」という。〈不敬とは、祭祀・賓客のもてなしを簡略にすること。〉《礼》を疎《おろそ》かにして行う身勝手な田猟は、「天の与えた物を荒らす」といわれる。

このように、天子・諸侯の狩猟は単なる遊興ではなく、単なる自分の食糧調達でもない。最大の目的は祭祀の供え物として肉の獲得、次の目的は賓客をもてなす肉の獲得であり、自分の腹を満たす肉の獲得は三番目なのである。祭祀は《礼》における人の最重要の責務であるから、つまり田猟自体が、《礼》の実現のために不可欠の作業なのだった。田猟は祭祀、つまり天地・鬼神に対する敬意の表現のために行わねばならないことなので、わけもなくそれを行わないことは怠慢であり、天地・鬼神に対する「不敬」なのである。

逆に、祭祀・賓客という利他的な目的を忘れ、ほしいままに欲求に従って闇雲に田狩を行うことは、《礼》に背く。狩猟の獲物は天が与えたものであり、したがって天意に適《かな》う正当な理由がなければ、無闇に乱獲してはいけない、という思想が、中国の狩猟にはある。後代の意見だが、漢の儒学者・賈誼《かぎ》は、彼の儒学の論文を集めた『新書《しんしょ》』という著作の中で、君主と狩猟の関係を次のように述べている。

[162]礼には、聖王《せいおう》の禽獣《きんじゅう》に於《お》けるや、其《そ》の生《せい》を見れば其の死を見るに忍《しの》びず、其の声を聞けば其の肉を嘗《な》めず。忍びざるを隠《さ》るなり。【『新書』巻六－礼】

➤《礼》においては、聖王（古の理想的な君主）の禽獣《きんじゅう》（動物）に対する接し方も慈悲に満ちている。生きた禽獣を見れば死なせないようにし、禽獣の声を聞けばその肉を一口も食べようと思わない。そうして心苦しいことを避けるのである。

さすがに『礼記』の時代から百年単位の時代を経て、統一国家の時代になっただけあり、戦国時代の荒々しさや荒削りが磨き落とされ、話が美しくまとめられている。古の理想的君主が動物愛護の精神に満ちていた、というのは、あまりに美化された綺麗事の作り話にすぎないと思われるが、〈天子・諸侯の狩猟は《礼》の実践のためだけにやむを得ず行い、享楽のための乱獲は不可〉という前述の精神を、動物愛護の観点から述べたものとしては、間違っていない。そして裏返せば、天子・諸侯の田猟（狩猟）

は、祭祀・賓客饗応という《礼》の実践のために天子・諸侯に課せられた、統治者としての責務なのだった。

また、もう一つ興味深いのは、「四季のうち、夏だけ狩猟をしない」ことだ。唐の『礼記正義《らいきせいぎ》』に書かれた孔穎達《くようだつ》の「疏《そ》（注の注）」によれば、その理由は次の通りだった。

[163] 夏《なつ》は是《こ》れ生養《せいよう》の時たるを以《もっ》てなり。夏《か》の禹《う》、仁《じん》を以て天下を譲り得る。又《ま》た其《そ》の夏《か》の名に触《ふ》る。故《ゆえ》に夏《なつ》に田《かり》せず。

▶夏は生き物が成長する時期である。また禹《う》が舜《しゅん》から天子の位を譲り受けて開いた人類最初の王朝を「夏《か》」王朝と呼び、「夏」という季節名はその王朝名と抵触する。だから夏に狩猟をしないのである。

後半の〈「夏」王朝と名前が同じだから〉という説明は牽強付会くさいが、前半の〈夏は生き物が成長する時季なので、成長を妨げないよう狩猟しない〉という説には一理ある。

この説明がなぜ興味深いのか。それは、日本で最初に確認される天皇の組織的な狩猟が、推古天皇一九～二二年（六一一～四）の五月五日、つまり真夏に行われているからである。五月五日の狩猟は、後の飛鳥・奈良時代に朝廷で行われた組織的な軍事教練の淵源と目され、さらには中世の流鏑馬《やぶさめ》にまで影響を与えた日程・行事であり、日本の軍事・騎射文化の極めて重要な淵源と考えられる。そしてそれは、日本固有の文化ではなく、外来の文化であると考えざるを得ない複数の理由があるのだが、「中国の天子・諸侯は夏にだけ狩猟を行わない」と『礼記』に定めているのだから、それが中国の《礼》思想の直輸入でないことは明らかなのである。

すると、ならばどこから、どのような思想に基づいて、日本のあらゆる騎射文化の原点と思われる推古朝の五月五日の狩猟が始まったのか、という大問題が生じる。この問題には、筆者は一つの成案を持っており、いつか機会を得て論じてみたいと思っている。

第七章　射（弓術）と宴会の《礼》

――祭祀と秩序の維持管理

郷飲酒の《礼》――定期的な宴会で身分尊卑を教え正す

次に、飲酒（宴会）の《礼》について考えよう。古代中国には、天子が群臣と行う宴会の作法である「燕礼《えんれい》」や、地域で行う宴会の作法である「郷飲酒《きょういんしゅ》」の礼があり、それぞれ事細かに意義と作法が定められている。

今日の私たちには、飲酒や宴会が《礼》によって束縛される、ということがピンとこない。飲酒や宴会は楽しむために行うことであり、むしろ普段の仕事中の堅苦しい雰囲気から解放されて、上下ともに打ち解けて親睦を深めるためにこそ、宴会を行っている。そして宴会ではしばしば、「無礼講」という言葉がちらつくように、宴会ではむしろ《礼》を取り払うこともありだと、漠然と認識している。しかし、《礼》思想においては全く逆で、宴会は《礼》を着実に遂行し、確実化し、再生産するためにこそ存在した。

[164] 郷飲酒《きょういんしゅ》の義《ぎ》、賓《ひん》を立てて以《もっ》て天に象《かたど》り、主《しゅ》を立てて以て地に象り、介僎《かいじゅん》を設けて以て日月《じつげつ》に象り、三賓《さんぴん》を立てて以て三光《さんこう》に象る。古の礼を制《せい》するや、之《これ》を経《けい》するに天地を以《もっ》てし、之《これ》を紀《き》するに日月《じつげつ》を以てし、之《これ》を参《さん》するに三光を以てす。政教《せいきょう》の本《もと》なり。〈日は東に出づ。僎《じゅん》の在《あ》る所《ところ》なり。月は西

に生《しょう》ず。介《かい》の在る所《ところ》なり。三光は三大辰《さんたいしん》なり。天の政教は、大辰《たいしん》に出《い》づ。〉【郷飲酒義13】
▼郷飲酒を行う時は、賓客を天にあてはめ、主人を地にあてはめ、介僎《かいじゅん》（賓客と主人を補佐する者）を太陽と月に見立て、三人の賓客を三つの重要な星に見立てる。それは古に《礼》を定めた時、天地と日月の運行を絶対の基本軸に設定し、三つの重要な星を参考にしたからであり、それが政治と、民を導く教えの根本である。

郷飲酒は単なる宴会ではなく、《礼》思想の世界観に沿った、世界の望ましい秩序の再現なのだった。《礼》の世界観に立脚するということは、右にも見える通り、世界の循環・運行する仕組みを重視することを意味する。そのため、次のように宴会にも適切な時季があった。

[165]是《こ》の月（孟冬《もうとう》＝十月）や、大いに飲烝《いんじょう》す。〈十月農功畢《のうこうおわ》る。天子・諸侯、其《そ》の群臣と、酒を太学《たいがく》に飲みて、以《もっ》て歯位《しい》を正《ただ》す。之《これ》を大飲《たいいん》と謂《い》ひ、之《これ》を他に別《わか》つ。其の礼亡《ほろ》ぶ。今の天子は燕礼《えんれい》を以て、郡国は郷飲酒礼《きょういんしゅれい》を以て、之《これ》に代《か》ふ。〉【月令95】
▼一〇月に、大いに宴会を行う。〈一〇月には収穫が済んでその年の農業が終わる。その時期に、天子や諸侯は太学《たいがく》（大学）で群臣と酒を飲む。その目的は、年齢と身分の高低を正しく整序するためである。この行事を「大飲《たいいん》」といい、他の宴会と区別したが、今は亡んでしまった。今の天子は「燕礼」という行事を行い、また群・国などの地方では「郷飲酒礼」を行うことで、その代わりとしている。〉

かつての周王朝の「大飲《たいいん》」という行事の系譜を引いて、漢代以降に行われた「燕礼（天子の宴会の礼）」と「郷飲酒礼（地域の宴会の礼）」には、〈身分秩序を確認・再生産する〉という目的があった。この発想は、次の一節にも見える。

[166]是《こ》の月（孟夏《もうか》＝四月）や、天子、酎《ちゅう》を飲む。礼楽《れいがく》を用《もち》ふ。〈酎の言は醇なり。重釀《ちょうじょう》の酒を謂《い》ふなり。春酒《しゅんしゅ》此《これ》に至りて始めて成る。群臣と礼楽を以《もっ》て、之《これ》を朝《ちょう》に飲む。尊卑を正すなり。孟冬《もうとう》に云《い》はく、「大いに飲蒸《いんじょう》す」と。此《これ》に礼楽を用ふと言ふ。其《そ》の文を互《たがい》にす。〉【月令39】

▼四月には、天子は「酎《ちゅう》」を飲む。その宴会には《礼》と《楽》を用いる。〈「酎」は春（年明け）に仕込んで四月まで寝かせた酒であり、それを飲む宴会は朝廷で行われ、《礼》によって規律が正され、《楽》によって飾られた。その目的は、尊卑を正すためである。〉

ここでもやはり、宴会は尊卑の身分秩序の是正と直結して語られている。私たちの感覚では、宴会は堅苦しい上下関係が（少しだけ）取り払われる場所だが、古代中国の宴会は、上下関係を示すためにこそ行われるのである。

座席と酌の順序と料理の差で身分を明らかにする

その上下関係を示す手段は、第一に、参加者の席順と、酒を飲む所作を行う順序、配膳される飲食物の種類・分量だった。天子の燕礼の作法は、次の通りである。

[167]席《せき》、小卿《しょうけい》は上卿《じょうけい》に次《つ》ぎ、大夫《たいふ》は小卿に次ぎ、士・庶子は次《じ》を以《もっ》て位に下《しも》に就《つ》く。君に献《けん》ず。君、旅《りょ》を挙《あ》げ酬《しゅう》を行《おこな》ひ、而《しか》る后《のち》に卿《けい》に献ず。卿、旅を挙げ酬を行《おこな》ひ、而《しか》る后《のち》に大夫に献ず。大夫、旅を挙げ酬を行《おこな》ひ、而《しか》る后《のち》に士に献ず。士、旅を挙げ酬を行《おこな》ひ、而《しか》る后《のち》に庶子に献ず。俎豆《そとう》・牲体《せいたい》・薦羞《せんしゅう》、皆《みな》等差《とうさ》有るは、貴賤《きせん》を明らかにする所以《ゆえん》なり。〈牲体《せいたい》は俎実《そじつ》なり。薦《せん》は脯醢《ほかい》を謂《い》ふなり。羞《しゅう》は庶《しょ》

羞《しゅう》なり。〉【燕義5】

▼席順は、上卿《しょうけい》（卿の身分の高い者）の下座に小卿《しょうけい》（卿の身分の低い者）が着き、その下座に大夫が着き、その下座に士や庶子（嫡子でない者）が着席する。（酒食を司る宰夫《さいふ》は）まず君主に盃を献じ、君主がそれに応える。その後に卿・大夫・士・庶子の順にそれを繰り返す。配膳される器・肉・その他の料理は、身分によって差をつけられた。身分の貴賤を明らかにするためである。

[168]先王《せんおう》因《よ》りて酒礼《しゅれい》を為《つく》る。壱献《いっけん》の礼に、賓主百拝《ひんしゅひゃくはい》す。終日酒《さけ》を飲みて、酔《よ》ふを得ず。此《こ》れ先王《せんおう》の酒禍《しゅか》に備《そな》ふる所以《ゆえん》なり。〈壱献は士の酒を飲むの礼。百拝は以《もっ》て多きに喩《たと》ふ。〉【楽記27】

▼古《いにしえ》の先王《せんおう》が定めた飲酒の礼では、一献ある（一杯の酒を飲む）ごとに、賓客役・主人役が百度も拝する。そうすれば終日酒を飲んでも酔って理性を失わない。そうして先王は酒に由来するトラブルを防止したのである。

[168]でいう「百度」とは、鄭注がいうように〈数多いこと〉の比喩だが、飲酒の礼では、誰かが酒を飲むたびごとに、膨大な礼的所作が交わされた。燕礼なら次のようになる。

[169]君、旅《りょ》を賓《ひん》に挙《あ》げ、及《およ》び君、爵《しゃく》を賜《たま》ふ所《ところ》には、皆《み》な降《くだ》りて再拝稽首《さいはいけいしゅ》し、升《のぼ》りて拝《はい》を成すは、臣の礼を明らかにするなり。君は之《これ》れに答拝《とうはい》し、礼、答《こた》へざる無《な》きは、君上《くんじょう》の礼を明らかにするなり。【燕義4】

▼君主が賓客に対して盃を挙げ（進呈し）、またその他の臣に対して爵《しゃく》（青銅製の脚つきの器。二〇六頁の図8）を賜う時には、全員が宴会場の堂から下って再拝《さいはい》・稽首《けいしゅ》し（二度頭を下げ、頭を地面につける）、また堂に上って拝をする。臣という立場から行うべき《礼》の実践である。これらに対して、

君主は必ず答拝する。君主の立場で行うべき《礼》の実践である。

これだけの手間をかけて、順次、長時間かけて酒が飲まれてゆく。私たちの感覚では、何と味気ない、つまらない宴会だろうと感じるが、それは私たちが宴会を単なる遊興・親睦会と捉えているからにすぎない。『礼記』の宴会は、宴会という形を借りて、身分の上下をひたすら確認し合う行事なのである。地域で行う郷飲酒の礼も、本質は同じだった。

[170]（a）郷飲酒《きょういんしゅ》の礼、六十の者《もの》は坐《ざ》し、五十の者は立ちて侍《じ》し、以《もっ》て政役《せいえき》を聴《き》くは、長《ちょう》を尊《とうと》ぶを明らかにする所以《ゆえん》なり。六十の者は三豆《とう》、七十の者は四豆、八十の者は五豆、九十の者は六豆なるは、老《ろう》を養《やしな》ふを明らかにする所以《ゆえん》なり。民、長を尊び老を養ふを知りて、而《しか》る后《のち》に乃《すなわ》ち能《よ》く入《い》りて孝弟《こうてい》なり。民《たみ》入《い》りては孝弟、出《いで》ては長を尊び老を養ひて、而《しか》る后《のち》に教《おし》へを成《な》す。教へを成して而《しか》る后《のち》に国《くに》安《やす》かるべきなり。（b）君子の所謂孝《いわゆるこう》とは、家《いえいえ》に至《いた》りて日《ひび》に之《これ》を見《しめ》すに非《あら》ざるなり。諸《これ》を郷射《きょうしゃ》に合《あ》はせ、之《これ》を郷飲酒《きょういんしゅ》の礼に教へて、孝弟の行《おこな》ひ立つ。（c）〈此《これ》は郷飲酒を説く。党正《とうせい》、国、鬼神《きしん》を索《もと》めて祭祀するときは、則《すなわ》ち礼を以て民を属《あつ》めて、酒を序《ついで》に飲ましめ、以《もっ》て歯位《しい》の礼を正すを謂《い》ふなり。（d）其《そ》の郷射は、則ち州長《しゅうちょう》、春秋に礼を以て民を会《かい》して、州序《しゅうじょ》に射るの礼なり。之《これ》を郷《きょう》と謂《い》ふは、州・党は郷の属《たぐい》なればなり。或《ある》ひは則《すなわ》ち郷の居《お》る所《ところ》の州・党は、郷大夫《きょうたいふ》親《みずか》ら主人と為《な》ること、今の郡国《ぐんこく》の下の令長《れいちょう》、郷射飲酒に於《おい》て、大守《たいしゅ》・相《しょう》に従ひて臨むの礼の如《ごと》くなればなり。〉【郷飲酒義5】

▼（a）郷飲酒の礼では、六十歳以上の者は座り、五十代の者は立って待機し、指示を聞いて使役される。年長者を尊ぶ理念を明示するためである。配膳される器（料理）の数は、六十歳以上は三つ、七十歳以上は四つ、八十歳以上は五つ、九十歳以上は六つとする。老人の栄養を重視する理念を明

示するためである。民はそれを見て、年長者を尊重し老人を労《いたわ》ることの大切さを学び、自分の家でも親に孝行し、兄に従順になる。民が家でそうであり、外で年長者・老人を敬えば、民の教化が完成し、それで初めて国家が安泰になる。(b)君子は、いちいち毎日、民の家を回って孝を教えるのではなく、民を集合させて郷射《きょうしゃ》を行わせ、郷飲酒の礼によって教えることで、民に孝を教えるのである。(c)〈地域で党《とう》(共同体)の長が鬼神を祭る時には、民を集めて順番に酒を飲ませる飲酒の礼によって、年齢と身分の上下を改めて確認し、年長者・上身分の者を尊重する《礼》を身につけさせる。((d)は後述)〉

このようにして、上は君主から下は民衆まで、あらゆる階層に〈上位者の尊重・従順〉という理念を定期的に教えるのが、『礼記』の説く宴会なのだった。

「長幼の序」とその論理的帰結としての敬老を教える

郷飲酒の場合、特に〝敬老〟に重点が置かれている。《礼》思想には老人を労《いたわ》る発想が強固であり、『礼記』には次のように、君主に仕える大夫が老いた場合の定めがある。

[171]大夫は七十《しちじゅう》にして事《こと》を致す。〈其《そ》の掌《つかさど》る所《ところ》の事を君に致して、老《おい》を告ぐ。〉若《も》し謝《しゃ》することを得《え》ざれば、〈謝は猶《な》ほ聴のごときなり。君必ず命《めい》有り。之《これ》を辞謝《じしゃ》するを労苦《ろうく》す。其の徳有り尚《な》ほ壮《さかん》なれば、則《すなわ》ち聴かざるのみ。〉則ち必ず之《これ》に几杖《きじょう》を賜《たま》ふ。役《えき》に行《ゆ》くには婦人を以《もっ》てし、四方に適《ゆ》くには安車《あんしゃ》に乗る。自ら称して「老夫《ろうふ》」と曰《い》ふ。〈几杖・婦人・安車は、其の身体を養《やしな》ふ所以《ゆえん》なり。安車は坐乗《ざじょう》、今時《こんじ》の小車《しょうしゃ》の若《ごと》きなり。老夫は老人の称なり。亦《ま》た君が賢《けん》を尊ぶを明らかにす。春秋伝に曰《いわ》く、「老夫耄《もう》せり」と。〉【曲礼上9】

▼大夫は、七〇歳になったら引退を願い出る。〈官職の辞任を願い出て、老齢になったことを伝える。〉もし君主がこれを許さない場合は、必ず几《ひじつき》と杖を与える。〈徳が高くて体力が十分そうならば、君主は官職の辞職を許さない。〉国内に職務で出張する時は婦人が同行して身の回りの世話をし、国外に出張する時は安車《あんしゃ》に乗って行き、自分を「老夫」と呼ぶ。〈几《ひじつき》・杖・婦人・安車はすべて体を労るためにある。安車は座って乗る車で、今（後漢の時代）の「小車《しょうしゃ》」のようなもの。「老夫」は老人の呼び名である。引退を許さず補助者・補助具を許すのは、賢人を尊ぶ君主の姿勢を明らかにするためである。〉

鄭注にある通り、君主が老臣の引退を許さない場合は、その代わりに、衰えた体力を労る配慮（補助具・補助者を常に使用する許可）をして、君主の資質を明らかにせねばならない。これは先に述べた[142]、〈体力が衰えた老人に、筋力を必要とする礼的所作を要求しない〉という話と同じ発想に立っている。このような、老人を高齢になるほど労る敬老の原理は、一歳でも年が違えば年長者を敬わねばならない「長幼の序」の、論理的帰結である。

多くの《礼》の定めでは、朝廷に仕えるという場面に則した君臣関係や、家の中で親に仕え兄に従うという場面に則した親子関係・兄弟関係が説かれているが、郷飲酒では、朝廷や家にとどまらない（つまり君臣関係や親子関係・兄弟関係という局所的で一対一の関係にとどまらない）、広く一般の社会全体に遍《あまね》く存在する「長幼の序」を、《礼》の遂行の主要な眼目にしている点に特色がある。

このように、地域レベル・民衆レベルで長幼の序列を徹底的に守らせようとした理由は何か。それは、鄭注[170]（c）によれば、「祭祀の時に、それに奉仕する民の間で身近な年長者・上位者への敬意を身につけさせるため」だった。それさえ身についていない民は、鬼神に敬意を払う祭祀を満足に務められないからである。

射の《礼》――宴会とセットで身分秩序を再生産する

右のような身分秩序を正す飲酒の礼は、しばしば『礼記』では「射《しゃ》（弓を射ること）」と結合して現れる。[170]（b）に、「民を集合させて郷射《きょうしゃ》を行わせ、郷飲酒の礼によって教える」とあるのもそうだ。これに対応する鄭注（d）は、郷射を次のように説明する。

▼郷射は州（行政区分）の長が、春と秋に《礼》を実践するため民を集めて、州内の身分秩序に従って「射」を行わせる《礼》である。「郷射」と呼ぶのは、州や党（共同体）の類を「郷」と呼ぶからである。そして、郷（地域）にある州や党では、「郷大夫《きょうたいふ》」という地位の者が射・飲酒の《礼》の時に自ら主人役を勤めるからである。それは、今（後漢の時代）の郡や国の令長《れいちょう》が、郷射や飲酒の《礼》の時に、郡や州の大守《たいしゅ》・相《しょう》（長官・統括官）に従って役を勤めるのと似ている。

地域で行われる郷射もまた、郷飲酒と同じく、地域の人々を集めて相互の身分秩序を確認・再生産させる行事なのだった。

このように機能が似通っているので、射と飲酒の礼はしばしばセットで行われたらしい。

[172]古者《いにしえ》は諸侯の射《しゃ》や、必ず先《ま》づ燕礼《えんれい》を行《おこな》ひ、卿《けい》・大夫《たいふ》・士《し》の射や、必ず先づ郷飲酒《きょういんしゅ》の礼を行《おこな》ふ。故《ゆえ》に燕礼は、君臣の義《ぎ》を明らかにする所以《ゆえん》なり。郷飲酒の礼は、長幼の序《じょ》を明らかにする所以なり。〈言ふこころは、尊卑・老穉《ろうち》〔稚〕を別《わか》ち、然《しか》る後《のち》に射《い》て以《もっ》て徳行《とくこう》を観《み》るなり。〉【射義1】

▼昔は、諸侯が射（大射《たいしゃ》）を行う時は、必ずそれに先立って燕礼（諸侯の飲酒の礼）を行い、卿・大夫・士が射（郷射）を行う時は、必ずそれに先立って郷飲酒の礼を行った。〈燕礼が君臣の主従関係を明示するものであり、郷飲酒の礼が長幼の序列を明示するものである〉というのは、そこまで

(一緒に射を行うことまで)含んでのことである。〈まず尊卑・長幼を類別して皆に自覚させた上で、射を行って徳を観察するのである。〉

鄭注は、飲酒の礼を射の準備と考えて右のように注したが、〈身分の尊卑を厳密に類別すること〉が、〈弓を射ること〉とどう関係するというのか。そもそも前述のように、射礼(《礼》の実践として弓を射る)という思想・習俗は日本社会の骨肉として広く普及・定着せず、弓術を必須の技能とした武家社会の習俗ともならなかった。そのため私たちは、日を決めて人を集めて射術を競うことが、なぜ《礼》なのか、想像もできない。

《礼》思想の「射」は、君主が「士」(臣の最下層)を「射宮《しゃきゅう》」という射撃場に召集して的中を競わせる儀礼である。君主が召集する国家的な事業なので、臣である士は原則として、その召集を断れない。どうしても断りたい時は〝やむを得ない理由〟が必要だった。

[173](a)君、士をして射《い》しむるに、能《あた》はざれば則《すなわ》ち辞《じ》するに疾《やまひ》を以《もつ》てす。言《い》ひて曰《いわ》く、「某《ぼう》は負薪《ふしん》の憂《うれ》ひ有り」と。(b)〈射は徳を観《み》る所以《ゆえん》なり。唯《ただ》疾《やまひ》有るときのみは以て辞すべきなり。〉(c)士をして射しむとは、以て耦《ぐう》に備ふるを謂《い》ふなり。憂、或ひは疾に為《つく》る。〉【曲礼下8】

▼士が君主から射への参加を命じられた時、どうしても断りたければ病気を理由にして、「私は(生活が苦しく自ら)薪《たきぎ》を背負ってばかりおりますので、体調を損なっています」といって辞退する。

仮病であってもよいが、逆にいえば、仮病を使ってでも、病気というやむを得ない理由がなければ、君子が士に行わせる射は辞退すべきでなかった。その理由は後に述べるが、先に射の形式を確認しておこう。

射は君子が二人一組で的中数を争う

[173]の鄭注（c）によれば、「君主が士に射を命じるとは、「耦《ぐう》」に配属させることをいう」。この「耦」とは何か。『春秋左氏伝』に、「三耦《さんぐう》が射た（射《い》る者《もの》三耦なり）」【襄公二九年】という文章がある。この文章を、注が「二人一組を「耦《ぐう》」という（二人を耦と為《な》す）」と解説している。つまり「耦」とは、二人一組のペアである（二の倍数を「偶数」というのは、「耦」が「偶」に通じるからである）。また、『周礼《しゅらい》』【天官‐掌次】に「射《しゃ》には則《すなわ》ち耦《ぐう》の次《やど》を張る（射の時には掌次《しょうじ》という役人が次《やど》（幕を張った休憩所）を張る）」という文章がある。それを鄭注は「耦《ぐう》は、倶《とも》に升《のぼ》りて射る者なり」と解説している。射に参加する士は二人一組の「耦」となって、「ともに射宮に昇って射る」のである。

『周礼』の同じ文章に『周礼正義《しゅらいせいぎ》』で孔穎達《くようだつ》が付けた疏《そ》によれば、「天子の大射は六耦、西郊《さいこう》に在《あ》り。賓射《ひんしゃ》は亦《ま》た六耦、朝《ちょう》に在り。燕射は三耦、寝《しん》に在り」という。「天子が行う射の大射は六組一二人が都の西の郊外で行い、同じく天子が行う賓射《ひんしゃ》（諸侯の来朝をもてなして行う射）は六組一二人で朝廷（王の宮殿の政務空間）で行い、天子の宴会で行う射は三組六人で寝《しん》（王の宮殿の居住空間）で行う」と、数・場所が定められていたのである。また『周礼』【夏官司馬‐射人】には、「王は六耦を以《もっ》てし、諸侯は四耦を以てし、孤卿《こけい》・大夫は三耦を以てす」とある。「天子の催す射は六組一二人、諸侯の催す射は四組八人、卿・大夫が催す射は三組六人と、身分が高いほど多くのペアに行わせる」という等差が設けられていた。

射では、それぞれのペアごとに、的を射て的中数を競い、多い方を勝ちとした。孔子はこれを、〈君子の作業のうち、唯一争いを伴う特殊な行為〉と見ていた。

[174]（a）孔子曰《いわ》く、「君子は争《あらそ》ふ所《ところ》無《な》し。必ずや射《しゃ》か。揖譲《ゆうじょう》して升《のぼ》り下《くだ》り、而《しこ》うして飲む。其《そ》の争ひや君子なり」。〈必や射かとは、言ふこころは、君子は射に至りては、則《すなわ》ち争ふこと有るなり。下は降なり。（b）射爵《しゃしゃく》を飲む者も、亦《ま》た揖譲《ゆうじょう》して升降《しょうこう》す。（c）（『儀礼《ぎらい》』の引用）「勝《か》ちし者《もの》は袒《たん》し決《けっ》

し遂《すい》して、張《は》る弓を執《と》る。勝たざりし者は襲《しゅう》して決《けつ》・拾《しゅう》を説《ぬ》ぎ、左手を卻《あふむけ》にして、右もて弛《ゆる》む弓を其《そ》の上に加《くわ》へ、而《しこ》うして升《のぼ》りて飲む」。君子之《これ》を恥《は》づ。是《これ》を以《もっ》て射《い》るときは則《すなわ》ち中《あた》ることを争ふ。〉

【射義11】

▼（a）孔子はいう。「君子は万事において争わないが、唯一例外的に、「射」では争う。射宮に上り下りする時は互いに敬意を表して譲り合い、その後に酒を飲む。争いではあっても振る舞いや精神は君子のものである」と。

勝ち負けを争うのは人間一般に備わる本能的な情動だが、なぜ射の勝敗だけは〈君子の争い〉なのか。その理由を、鄭注（b）・（c）は次のように説明する。

▼（b）「射爵《しゃしゃく》」を飲む時も、敬して譲り合いながら会場で上り下りする。（c）そして『儀礼《ぎらい》』【大射第七】にあるように、「勝った者は肌脱ぎして左肩を露出し、右の掌《てのひら》を開いて弓の弦《つる》に添え、韝《ゆごて》（腕の袖をまとめる装具）を着けたまま、弦を張ったままの弓を左手に執《と》る（＝射撃可能な臨戦態勢を解かない）。負けた者は肌脱ぎをやめ、韝を外し、左手をあおむけにして、弦を弛《ゆる》ませた弓を水平に右手でその上に置いて（＝臨戦態勢を解いて）、堂に昇って飲む」。君子はこれを恥じるので、多く的中するように争うのである。

君子は射の負けを恥じる

では、君子はなぜ、負けた時に強いられるこれらの所作を恥じるのか。実は右の鄭注は、『儀礼《ぎらい》』という、「士」の身分の礼的所作をまとめた典籍（三礼《さんらい》の一つ）を引用している。それは、鄭玄自身が『儀礼』の注釈も施していたからだ。そこで、鄭玄が注釈した『儀礼』の該当個所を見ると、右に引用された

図８　酒を入れる爵《しゃく》（阿辻哲次2016：図10より）

『儀礼』の本文に、二つの鄭注が付けられている。

「「張る弓を執《と》る」とは、能《よ》く之《これ》を用《もち》ふるを言《い》ふなり。右手に弦《つる》を挟《はさ》む。」

「「勝たざる者、弛《ゆる》む弓を執る」とは、能《よ》く之《これ》を用《もち》ひざるを言ふなり。両手に弣《ゆつか》を執り、挟《はさ》む所《ところ》無《な》きなり。」

つまり、「負けた者だけが、弓から弦《つる》を外して射撃可能な状態（臨戦態勢）を解除され、（弓を射る資格に乏しい者として）勝った者と外見上の差をつけられる」のだった。

また、射では「射爵《しゃしゃく》」という酒を飲む。「爵」は酒を酌む器である。『儀礼』には、「三耦《さんぐう》及び衆《しゅう》の射る者、皆《み》な升《のぼ》りて射爵を西の階《きざはし》の上に飲む」という文章がある。「三耦（ペア）をはじめとして射る者は全員、堂に西側の階段から昇って「射爵」を飲む」という意味だ。ただ、この文章に付けられた鄭注によれば、文字通りの全員ではなかったらしい。「勝たざるの党《とう》、飲まざる無《な》し」、つまり「負けた者は全員飲む」ということだった。なぜ「負けた者は全員飲む」のか。『儀礼正義《ぎらいせいぎ》』が同じ個所に付けた疏《そ》には、「「三耦及び衆の射る者、皆《み》な升りて射爵を飲む」とは、之《これ》に升りて勝たざるの党を明らかに知るを言ふなり」とある。「敗者を堂に昇らせることで、誰が敗者かを明示するのが目的」だったのであり、敗者は衆人の前に晒《さら》されるのである。

また『儀礼』には、「もし公・卿・大夫でも射に負ければ、臨戦態勢を解いた弓を持って一人で堂に昇って飲む〔若《も》し諸《もろもろ》の公・卿・大夫の耦《ぐう》、勝たざれば、則《すなわ》ち亦《ま》た弛む弓を執りて特《ひと》り升《のぼ》りて飲む〕」と述べた個所がある。それを解説した鄭注によれば、「「特」とは「独」のような意味で、負けた者だけが独《ひと》りで酒を飲まされるのであり、それは連れ合いがなく孤独で卑しい様子である〔特は猶《な》ほ独のごときなり……而《しこ》うして又《ま》た勝たざれば之《これ》をして独り飲ましむ。倫《ともがら》無《な》く匹孤《ひっこ》の賤《いや》しきが若《ごと》きなり〕」という。酒を酌み交わす相手がいない、孤独で卑しい様子を強制されるのが、射における敗者だった。射の敗者は衆人環視の前でみじめな振る舞いを強いられるのであり、ここに、君子が射で負けることを恥じる理由がある。

とはいえ、君子が敬譲を旨とするならば、弓射競技でも勝ちを譲ればよいではないか。なぜ射においてのみ、君子は勝つことにこだわるのか。そして、敗者はなぜこのような仕打ちを受けねばならないのか。

そのヒントは、『儀礼』の当該個所に施された鄭注にある。それによれば、「射爵は猶《な》ほ罰爵《ばっしゃく》のごとし」という。「射爵（酒）」とは、弓射競技に負けた者に与えられる〝罰〟なのである。では、〈罰として酒を飲ませる〉とは、何を意味するのか。

ここで、『詩（詩経）』の「彼《か》の有的《ゆうてき》に発《はっ》し、以《もっ》て爾《なんじ》の爵《しゃく》を祈《もと》めよ〔勝者に与えられる褒美を狙うように、的を狙って矢を射よ〕」という一句につけられた注がヒントとなる。

[175]射の礼には、勝つ者、勝たざるに飲ましむ。病《やまい》を養《やしな》ふ所以《ゆえん》なり。【小雅－賓之初筵】

➤射の礼で勝った者は、負けた者に酒を飲ませる。負けた者の病気を癒やすためである。

『礼記』では、酒は病人が養生するために飲むものとされている。つまり、負けた者は病人と見なされ、「病気を早く治すように」という意味で酒を与えられるのである。しかし、なぜ弓射競技で的中が少ないと、病人扱いされるのか。ここに、前述の、「射の召集を断る時には病気を理由とせねばならない」という定めが関わってくる。病気が召集を断る理由となるのは、病気で体調が悪ければ弓を正しく射ることが困難だからである。「射爵（罰爵）」の定めは、これを逆用したもので、的中が少なかった（弓を正しく射られなかった）理由を強制的に〈病気のせい〉ということにしている。なぜ、そうする必要があるのか。それは実は、「的中率が悪いのは病気のせいだからであって、あなたの徳が足りないからではないのだよね？」という気遣いを装った〝嫌み〟であり、罰なのである。

射は徳を判定する

では、なぜ的中が少なく負けた者は、罰せられるのか。ここで、前掲の[173]（b）の鄭注に、「射は徳を見るための行事なので、病気以外では射手を辞退してはいけないのだ」とあることが関わってくる。

[176]射《しゃ》は仁《じん》の道なり。射は正《せい》を己《おのれ》に求《もと》む。己正《おのれただ》しくして而《しか》る後《のち》に発《はっ》す。発して中《あた》らざるときは、則《すなわ》ち己に勝つ者を怨《うら》みず、反《かえ》りて己に求むるのみ。【射義11】

▼射は（儒教が理想とする人徳である）「仁《じん》」の道である。射は、射手が〝正しい〟ことを必要とする。射手が己れを正しくしてから、矢を発するのである。そうであるから、矢を発しても的中しないならば、競争相手を怨むのではなく、自分に〝正しさ〟が足りなかったと反省すべきである。

実は、《礼》思想においては、射術は単なる武芸や遊興ではなかった。弓射競技の的中と、射手の人間的・道徳的な正しさは直結しており、弓射が完全に道徳の問題として語られるのである。日本の弓道の核心として、好んで言及される次の一節も、同じ文脈にある。

[177]故《ゆえ》に射者《しゃしゃ》は進退・周還《しゅうせん》必ず礼に中《あた》り、内志《ないし》正しく、外体《がいたい》直《なお》くして、然《しか》る後《のち》に弓矢を持つこと審固《しんこ》なり。弓矢を持つこと審固にして、然る後に以《もっ》て中《あた》ることを言《い》ふべし。此《こ》れ以《もっ》て徳行《とくこう》を観《み》るべし。〈内《うち》正《ただ》しく外直《そとなお》く、礼楽《れいがく》に習《なら》へるは、徳行有る者なり。正鵠《せいこく》の名は、此自《これよ》り出《い》づるなり。〉【射義2】

➤したがって、弓射を行う時は、立ち居振る舞いが必ず《礼》に合致しており、内面的には志が正しく、外面的には容姿が真《ま》っ直《す》ぐ正しい（世界の摂理に沿って適切な）状態であって、初めて弓矢を確実に扱うことができる。そうであって初めて、矢を的中させることを意識すべきなのである。したがって、このような弓射を観察すれば、射手の徳ある行い（の積み重ね）を判別できる。

これは現代弓道のテキストで必ずといってよいほど、弓道の思想的背景として言及される一節だが、文中の《礼》が何を意味するのか、本気で追究したテキストを見たことがない。ほとんどのテキストでは、「立ち居振る舞いが《礼》に合致している」という部分を、「礼儀正しく振る舞う」という程度にしか解釈していない。そして、敬意と礼節という人間的な道徳を磨くことが、結局は弓道上達の極意とされ、場合によっては、それが弓道の目的とされてしまう。

しかし、弓道（弓術）を実践したことがある者なら（したことがなくても）、誰もが次のような疑問を抱くだろう。（少なくとも現代の日本人が行う）弓道は、実態上は競技にほかならない。そこでは身体能力と、自分の身体を的確に把握し操作する能力、そして競技である以上、あらゆるスポーツに（スポーツ以外の芸事にも）共通する、本番でしくじらない精神力が最も重要である。つまり、弓道の上達に必要なのは身体能力と精神力であって、一体どこに礼儀正しさが必要なのか。

もちろん、弓道の練習や試合や昇段審査には、射場に入場してから弓を射て退場するまで、一挙手一投足に定められた動きがあり、それは射場の観覧者などに向けられた敬意であり、一つ一つが礼儀作法には違いない（現代弓道では「体配《たいはい》」という）。

しかし、実際問題として、体配と的中は全くの別物だ。体配の練習をどれだけ重ね、他人を敬う心をどれだけ育てても、それで精神力や身体能力が向上するわけではない。精神力も身体能力も、そのために特化した訓練と実践でしか向上しないことは明らかであり、それなくして的中は望めない。そして現実問題として、多くの弓道家が、こういう実感を持っているのではないか。人間的な徳や、他人を敬う心が明らかに足りていない人物でも、一定以上の的中を実現することがしばしばあるし、しばしば人間的に尊敬に値する人よりも多くの的中を出す、と(少なくとも、私はその実例を多く見てきた)。人間性が的中と綺麗に比例・相関しない証拠を、弓道家は山のように見ているはずだ。だから、右の『礼記』の一説の教えに、根本的な疑問を抱いてしまい、そこで修練が停滞するのである。

しかし、本書の読者は、右のどこに問題があるのか、お気づきだろう。問題は、《礼》を礼儀作法・礼儀正しさと解釈してしまう誤解にある。『礼記』の射に関する教えがなかなか現代日本の弓道家に理解できないのは、『礼記』全体を通読せず、『礼記』全体の中で、《礼》という言葉や概念が何を意味しているのか、確認しないからである。

それに対して、読者諸氏や私は、ここまでにそれを学んできた。《礼》は、天を始原とし、あらゆる事物がそこから派生し、それらが適切に類別され、その存在理由や来歴に則《のっと》って適切な役割を果たし、しかも決して生来の役割(職分)をはみ出してはならない。また《礼》の類別機能や根源至上主義・先後絶対主義により、物ごとには流れ(陽から陰へ)や時々の性質(陰陽が循環する時節の運行)があり、それに逆らうべきでなく、何をするにも適切な時機がある。《礼》とはそうした世界の万物の仕組みであることを、私たちは知っている。そして当然、弓射に関する一節の《礼》も、そのような意味のものとして解釈せねばならないことに、気づいている。

射の負けは君子が《礼》に沿って君主に奉仕する準備の不足

それを踏まえれば、「射は進退・周還《しゅうせん》必ず礼に中《あた》る」の意味は明らかだ。「射を行う時は、天を源流として世界の仕組みを律する万物の流れに逆らわないように、全ての動作を行わねば、うまくいかない」といっているのである。

それはちょうど、「正月は（陽が増幅する時期なので、陰にあたる）戦争を起こすとうまくいかない」とか、「七月は（陰が増幅する時期なので、陰にあたる）戦争すべき時季である」というのと、同じ次元の話なのだ。「内面的に志が正しい」というのも、漠然とした善悪正邪の問題ではない。「《礼》という世界観に沿って正しく（天を始原とする）世界の仕組みと摂理を理解し、その中で生まれた自分の立場を理解し、その立場に則して果たすべき最適な役割が何かを理解し、実践しようとする意思」である。「外面が真っ直ぐである」というのも、「そのような世界の仕組みの中で、最も適切な形を取るべき」という意味である。〈世界の仕組みを正しく理解し、その仕組みに逆らわないように矢を射れば、的中するのは当然だ〉というのが、右の一節の趣旨であり、そう考えて初めて私たちは、右の一節に納得がゆく。

そのように考えると、右の一節を文字通り解釈して弓道の極意とすることが、全く無意味であることが明らかだろう。右の一節は、あくまでも儒教的な、天を始原とする世界観に沿って叙述されている。しかし、現代の私たちは世界の仕組みを、そのようには理解していない。とりわけ重要なのは、日本人の大多数は儒教の信者でなく、したがって世界が、《礼》思想の説くような仕組みで成立し動いているとは、信じていないことである。この事実が、いつも右一節に言及する弓道テキストでは軽視されている。

加えて、日本人は何かと伝統文化を天皇に結びつけたがり、現代弓道もその例に漏れない（弓道の昇段審査も、東京で最大規模のものは、明治天皇を祭った明治神宮で行われる）。しかし後述するように、天皇制こそ、儒教の天命思想とは最も相容れない日本固有のイデオロギーにほかならない（二六九頁）。天皇崇拝を完全に捨てない限り、儒教の《礼》思想の完全な実践は、絶対に不可能である。現代弓道の指導者は、天皇崇拝を取るか、《礼》思想を取るか、二者択一だということに気づき、少し真剣に考えた方がよい。もっとも、天皇崇拝は時代錯誤も甚だしく、《礼》思想も身分制社会（特に男尊女卑）を前提としているので、どちらも現代社会に合わないことは明らかだ。この際、どちらも捨てて純粋な競技になるしかないはずだが、伝統文化や現代スポーツ医学などの〝いいとこ取り〟に慣れた現代弓道には、しばらく難しいだろう（驚くべきことに、現代弓道は「真《しん》・善《ぜん》・美《び》」という古代ギリシア哲学のプラトンの言葉まで、出典を示さずに、さも日本（東洋）道徳の真髄であるかのように教えてしまう）。

話を戻そう。射の的中は、射手が《礼》に則《のっと》って考え行動しているか否かを直接表す結果であるから、的中が多ければ射手の《礼》の理解・実践が十分であると判断され、少なければ不十分とされた。『礼記』は、その《礼》の理解・実践を「徳」と表現しているのであり[177]、その意味で、〈射とは、天子などが、士の徳の有無・多少を観察する行事〉だということになる。的中の少ない負けた側が罰を受けるのは、徳が足りないからであり、つまり《礼》の理解・実践が不十分だからであり、それは君主に奉仕する能力が不十分であるにもかかわらず君主の禄を食んでいる、ということを意味するからである。

射の目的——徳の高い（《礼》を実践する）祭祀の適任者を選出する

では、なぜ天子は、射によって士の徳の有無・多少を判別せねばならないのか。それは単に、臣として不十分な人物を炙《あぶ》り出し、罰するためのものではない。射にはむしろ、より積極的に、徳の高い士を選抜する目的があった。

[178]天子将《まさ》に祭《まつ》らんとするときは、必ず先《ま》づ射《しゃ》を沢《たく》に習《なら》はす。沢は士《し》を択《えら》ぶ所以《ゆえん》なり。已《すで》に沢に射《い》、而《しか》る後《のち》に射宮《しゃきゅう》に射《い》る。射中《いあ》つる者《もの》は、祭に与《あずか》るを得《え》、中《あ》てざる者は、祭に与るを得ず。祭に与るを得

ざる者は譲《せめ》有り、削るに地を以《もっ》てす。祭に与るを得る者は慶《けい》有り、益《ま》すに地を以てす。爵《しゃく》を進め地を絀《しりぞ》くとは是なり。〈沢は宮名《きゅうめい》なり。士とは諸侯の朝《ちょう》する者の諸臣《しょしん》、及び貢《こう》する所《ところ》の士を謂《い》ふなり。皆《み》な先《ま》づ射《しゃ》を沢《たく》に習《なら》はしむ。已《おわ》りて乃《すなわ》ち射宮《しゃきゅう》に射《い》て、中《あ》つるや否《いな》やを課《か》するなり。諸侯の慶《けい》有る者は先づ爵を進め、譲《せめ》有る者は先づ地を削る。〉【射義9】

[179]是《こ》の故《ゆえ》に古者《いにしへ》は天子の制《せい》は、諸侯歳《とし》ごとに献《けん》じて、士を天子に貢《こう》す。天子之《これ》を射宮《しゃきゅう》に試《こころ》み、（a）其《そ》の容体《ようたい》、礼に比《ひ》し、其の節《せつ》、楽《がく》に比して、中《あた》ること多き者は、祭に与《あずか》ることを得《う》。其の容体、礼に比せず、其の節、楽に比せずして、中ること少き者は、祭に与ることを得ず。数《しばしば》祭に与るときは、而《すなわ》ち君、慶《けい》有り、数《しばしば》祭に与らざるときは、而《すなは》ち君、譲《せめ》有り。数慶《しばしばけい》有るときは而ち地を益《ま》し、数譲《しばしばせめ》有るときは而ち地を削る。故に曰《いわ》く、射《い》る者は射《い》て諸侯と為《な》るなり。〈歳ごとに献ずとは、国事の書及び計偕物《けいかいぶつ》を献ずるなり。三歳にして士を貢す。旧説に云《い》はく、「大国は三人、次国は二人、小国は一人なり」と。（b）是《ここ》を以《もっ》て諸侯の君臣は、志《こころざし》を射《しゃ》に尽《つく》して、以《もっ》て礼楽《れいがく》を習《なら》ふ。夫《そ》れ君臣礼楽を習ひて、以て流亡《りゅうぼう》する者《もの》は、未だ之《これ》有ざるなり。〈流は猶《な》ほ放のごときなり。〉【射義4】

右の二つは似たような文章だが、総合すると、次のような意味になる。

▼昔は、天子が祭祀を行うために、諸侯が毎年、配下の士を天子に献上した。天子は士が祭祀に奉仕するに相応《ふさわ》しいかを測り、選抜するため、試験を課した。まず、必ず射を「沢《たく》」という施設で士に行わせる。その「沢」での選抜を経て、次に王宮の射宮で射を行わせる。（a）そしてその振る舞いや容姿が《礼》に適《かな》い、射が音楽のリズムと合致し、多く的中させた士は、祭祀に奉仕する資格を与えらる。そして《礼》に適わず音楽と合わず、的中数の少ない士は、祭祀に奉仕する資格を与え

られない。奉仕資格なしとたびたび判定された士は、領地の一部を没収される。奉仕資格ありとしばしば判断された士は、褒賞され、領地を追加で与えられる。「爵を進め、地を絀《しりぞ》ける」と一般にいうのは、そういう意味である。

要するに、射は士の選抜のための行事であり、それは天子の祭祀を助けて奉仕するに相応しい人物を選抜するためだった。次の一節の後半（b）にも、そのことは明記されている。

[180]（a）故《ゆえ》に天子の大射《たいしゃ》、之《これ》を射侯《しゃこう》と謂《い》ふ。射侯とは射《い》て諸侯と為《な》るなり。射て中《あた》るときは則《すなわ》ち諸侯と為《な》ることを得《え》、射て中らざるときは則ち諸侯と為《な》るを得《え》ず。〈（b）大射は将《まさ》に祭《まつ》らんとして士を択《えら》ぶの射《しゃ》なり。〉【射義8】

▼（a）天子の大射を「射侯《しゃこう》」というのは、射て的中すれば領地を加増され、最終的には諸侯のような大身《たいしん》となることが期待できるし、的中せねば期待できないからである。（b）〈大射とは、祭祀を始めるにあたって適切な補助者を選ぶ目的の射である。〉

[178][179]には、「的中の少ない人物は責められる」と明記されている。その責めの一端が、衆人環視の中で「罰爵」を飲まされるという屈辱を与えることだったが、右の通りなら、禄を削られるという、かなり重い罰を受けていた。的中しない者が責められるのは、徳が足りないからであり、つまり祭祀に必要な資格を備える準備を怠っているからであり、祭祀を軽視しているからである。

このように射は、特に天子が主催する「大射」は、士の禄の増減に直結するので、「大射の射手は、射ることで諸侯となる」といわれた。その意味は、右の[180]（a）に書かれた通りで、[179]（b）にも同じ趣旨が書かれている。「そのような（実利的な）褒美が伴ったため、諸侯もその臣も、射の上達に志を尽くして、《礼》と《楽》を習うのである」と。

出生儀礼で天地四方に射を行う――世界との最初のコミュニケーション

このように、《礼》思想においては、射は士が身につけるべき、最も重要な技能の一つだった。それがどれほど大事であったかは、次の一節に明らかである。

[181]故《ゆえ》に男子生《うま》るるときは、桑《くわ》の弧《ゆみ》、蓬《よもぎ》の矢六つ、以《もっ》て天地・四方を射る。天地・四方は、男子の事有《ことあ》る所《ところ》なり。故に必ず先《ま》づ其《そ》の事有る所《ところ》に志《こころざし》有《あ》らしむ。然《しか》る後《のち》に敢《あえ》て穀《こく》を用《もち》ふるなり。飯食《はんし》の謂《いい》なり。〈男子生るるときは、則《すなわ》ち弧《ゆみ》を門の左に設く。三日之《これ》を負ひ、人之《これ》が為《た》めに射、乃《すなわ》ち卜《ぼく》して子を食《やしな》ふなり。〉【射義10】

➤男子が生まれたら、桑の木で弓を作り、蓬《よもぎ》で六本の矢を作って、その弓を門の左に掲げておく。三日過ぎたら、大人がその弓矢を用いて、天地と四方（東西南北）を射る。天地と四方は、男が生きてゆく場として重要であり、その重要な場に、生まれた男児の志を向けるためである。それが済んでから、穀物を男児の口に含ませる飯食《はんし》の行事を行う。

男児が誕生した時に、大人が矢を射るという行為については、日本にも似た文化があった。男児が生まれた時に、勇猛な武者が弓を（矢を番《つが》えずに）空引《からび》きして弦音《つるね》（引き絞って放たれた弦が発射時に弓を打つ、「バン」という音）を鳴らす「鳴弦《めいげん》」である。右の《礼》の定めは、鳴弦の源流の一部となった可能性が高い。もっとも、日本の鳴弦では、矢を番《つが》えないし、その趣旨は〈強弓《つよゆみ》の射手《いて》が弦音を鳴らすことで、悪霊の類に物理的な恐怖心を与え、追い払う〉ためである（弓の達者は、この世ならぬ者も射落《いお》とすことができると信じられた。その証拠は、『平家物語』の鵺《ぬえ》の逸話などに明らか）。

しかし右の《礼》は、そのような鬼遣《おにや》らいに類する意味を持っていない。それは、男児がこの世に生まれ落ち、初めてこの世界と関わりを持ち始める段階で、〈その子を積極的に世界と関わらせる〉という意思表示である。そして、天には上帝があり、地には鬼神があり、四方にはそれぞれ方角を司る神がある。それを考慮すると、〈矢を射る〉ことは、人間より尊い霊的存在に自分の意思を働きかける、特殊なコミュニケーション手段だったことになる。私たちが思うような、単なる攻撃術ではなかったということだ。

日本人が射礼を自家薬籠中のものにせず、血肉としなかったのは、この〈射には天地・鬼神に働きかける重要な機能がある〉という概念の受容がなかったからであり、それはそもそも、知識としてはともかく、本心・実感のレベルで、その根底にある天命思想を受け入れなかったからだろう。

平時の射を行うことで戦時の終わりを宣言する

平時においては、射は、世の中が治まっている象徴でもあった。

[182] 軍《ぐん》を散《さん》じて郊射《こうしゃ》す。左は貍首《りしゅ》を射《い》、右は騶虞《すうぐ》を射《い》て、貫革《かんかく》の射《しゃ》は息《や》む。裨冕《ひべん》して笏《こつ》を搢《さしはさ》みて、虎賁《こほん》の士《し》は剣《けん》を説《と》く。……〈郊射は射宮《しゃきゅう》を郊《こう》に為《な》すなり。左は東学《とうがく》なり。右は西学《さいがく》なり。貍首《りしゅ》・騶虞《すうぐ》は、歌《うた》ひて節《せつ》を為《な》す所以《ゆえん》なり。貫革《かんかく》は甲革《こうかく》を射穿《いうが》つなり。裨冕《ひべん》は裨衣《ひい》を衣《き》て冕《べん》を冠《かん》するなり。裨衣《ひい》は衮《こん》衣《い》の属《たぐい》なり。搢は猶《な》ほ挿のごときなり。賁は憤怒なり。〉【楽記59】

▼戦争が終われば軍を解散し、郊外に射宮《しゃきゅう》を設けて射を行う。左の東学《とうがく》（諸侯の射宮となる学校）では「貍首《りしゅ》」（《楽》の名前）を歌う中で射て、右の西学《さいがく》（天子の射宮となる学校）では「騶虞《すうぐ》」（これも《楽》の名前）を歌う中で射て、これにより戦争のための射撃が終わったことを示す。また甲冑を脱いで平常時の服を着、笏《こつ》（手に持つ板）を携帯して、戦争のための剣が解かれたことを示す。

[183] 其《そ》の節《せつ》は、天子は騶虞《すうぐ》を以《もっ》て節と為《な》し、諸侯は貍首《りしゅ》を以て節と為《な》し、卿《けい》・大夫《たいふ》は采蘋《さいひん》を以て節と為《な》し、士は采蘩《さいはん》を以て節と為《な》す。〈騶虞は官の備はるを楽しむなり。貍首は会《かい》すること時《とき》なるを楽しむなり。采蘋《さいひん》は法《ほう》に循《したが》ふを楽しむなり。采蘩《さいはん》は職《しょく》を失《うしな》はざるを楽しむなり。……故に曰《いわ》く、射は盛《せい》徳《とく》を観《み》る所以《ゆえん》なりと。【射義3】

➤射のBGMに演奏する《楽》の曲目は、天子は「騶虞《すうぐ》」、諸侯は「貍首《りしゅ》」、卿・大夫は「采蘋《さいひん》」、士は「采蘩《さいはん》」を用いる。「騶虞」は百官が整っている様子を楽しむ音楽、「貍首」は時を定めて諸侯が会盟することを讃える音楽、「采蘋」は法に従うことを讃える音楽、「采蘩」は職を守って誤らないことを讃える音楽である。

楽（音楽）の曲目にはそれぞれ含意があり、それをBGMとして平時の射で演奏することによって、〈そうありたい〉という意思を表示し、そのリズムに合わせて射させることによって、その実現を図るのである。それらは身分ごとの、平時の望ましい状態であり、射が多く的中すれば、徳が十分で、これらを実現できる見込みが高い。そしてそれを戦争後に行うことで、改めて平時の理想的な状態を、君臣上下が揃って目指し始めることを、宣言するのである。

射は音楽に従って射る

ここで《楽》が現れることに注意したい。[179]（a）にも、「的中する者は《楽》のリズムに合致している」という意味の一節があった。射は、《楽》と密接な関係にあった。

[184] 孔子曰《いわ》く、「射《い》る者《もの》は何を以《もっ》てか射《い》、何を以てか聴《き》く。声《こえ》に循《したが》ひて発《はっ》し、発して正鵠《せいこく》を失《うしな》はざる者は、其《そ》れ唯賢者《ただけんしゃ》か。若《も》し夫《そ》れ不肖《ふしょう》の人は、則《すなわ》ち彼将《かれはた》安《いずく》んぞ能《よ》く以て中《あ》てん。」〈何を以てとは其《そ》の難《かた》きを

言ふなり。声とは楽節《がくせつ》を謂《い》ふなり。画《えが》きたるを正《せい》と曰《い》ひ、皮を棲《お》きたるを鵠《こく》と曰《い》ふ。正《せい》の言《げん》は正なり。鵠の言は梏《こく》なり。梏は直なり。言ふこころは、人は正直にして乃《すなわ》ち能《よ》く中《あ》つるなり。〉【射義12】

▼孔子はいう。「射では、「声《こえ》（音楽のリズム）」に合わせて射る（が、極めて難しい）。特定の音に従って矢を放ち、それで正鵠《せいこく》を射ることができるのは賢者だけだろう。不肖の凡人にはできないことだ」と。〈その難しさを語っているのである。「声」は音楽のリズムで、「正」は絵で描いた的、「鵠」は皮で作った的である。鵠の発音は梏と同じで、梏は直と同じ意味である。正直な精神を持つ人がよく射を的中させる、ということだ。〉

この一節からも、射では背景音楽として《楽》が演奏されており、それに合わせて射技を行うよう求められていたことがわかる。そのようなことは、普段から《楽》に親しんでいないと不可能であり、しかも不可能だと「徳が足りない」と責められるので、人は《楽》に習熟しておくべき、ということになる。

しかし、現代日本の弓道は静寂の中で行われ、背景に音楽を流しはしない。したがって私たちは、なぜ弓射競技に、《楽》を流さねばならないのかが、直感的に理解できない。ただ一つ確実なのは、《楽》の思想も要素も一切捨ててしまった現代日本の弓道を語る時に、《楽》を《礼》と並ぶ射の不可欠の要素とする『礼記』を引き合いに出す弓道テキストが、極めて不適切で杜撰であることだ。『礼記』が想定している射の環境や世界観は、現代日本の弓道とはよほど異なる。その違いに配慮しないなら、言及しない方がまだよい。

第八章　《礼》と《楽》
――外と内から立体的に統治する術

人の内心の「楽しみ」が《楽》となる

そもそも、現代日本人は（そして大部分の歴史学者も）、《楽》《がく》とは何かを、本質的に知らない。《礼》と並べて「礼楽《れいがく》思想」と一括して呼ばれる思想があり、《礼》と同等に音楽が重視されていたことは、教科書的な知識として知られているだけで、内実も、思想も、原理も知らない（甚だしくは、ある中堅歴史学者がレイラク思想と発音するのを目のあたりにして驚いたことがある。その人は、礼楽の「楽」が音楽の「楽《がく》」であることとさえ理解していなかったのだ）。

しかし、《礼》思想は《楽》の重要性をくどいほど強調しており、《礼》は《楽》なくして完成しないといっても過言ではない。《礼》思想を理解するには、どうしても《楽》の理解を避けて通れない。《礼》の骨格が見えてきた今、それを踏まえて、《楽》についても理解を進めることにしよう。

[185] 君子曰《いわ》く、「礼楽《れいがく》は斯須《しばらく》も身《み》を去《さ》るべからず。」【楽記60】

➤君子はいう。「《礼》と《楽》は片時も手放してはいけない」と。

右の一節から、《楽》に、《礼》と並ぶ重要性が与えられていることは明らかだ。しかし、突き詰めれば音楽にすぎず、一つの芸能にすぎない（と私たちの価値観からは思えてしまう）《楽》が、世界全体・人間生活万般を律する《礼》と同等の、どのような重要性を持つというのか。今日、私たちは音楽をもっぱら、娯楽として聴くだけである。しかし《楽》が単なる娯楽なら、《礼》と同等に重要なはずがない。ならば《楽》には、単なる娯楽を越えた、《礼》と同等の重大な機能があったはずである。では、それは何か。

実は、《楽》が娯楽であること自体は、《礼》思想では否定されていない。

[186] 夫《そ》れ楽《がく》は楽《らく》なり、人情の免《まぬか》るること能《あた》はざる所《ところ》なり。楽は必ず声音《せいおん》に発《はっ》し、動静《どうせい》に形《あらは》るるは、人の道なり。声音動静、性術《せいじゅつ》の変《へん》、此《ここ》に尽《つ》く。〈免は猶《な》ほ自止のごときなり。人道は人の為《な》す所《ところ》なり。性術は、此《こ》れ性に出づるを言ふなり。此に尽くは、過《す》ぐべからざるなり。〉【楽記64】

▼（音楽を意味する）《楽》は、そもそも「楽しむ」ことである。人間は、楽しもうとする欲求をやめられない。楽しい心情は必ず声・音となって外に発せられ、体の動きに表れるのが人間のあり方だ。声・音や体の動きこそ、人間の性質から溢《あふ》れ出る最大のものだ。

この一節は、私たちも容易に理解し、共感できる。そして、《礼》思想の根源至上主義・先後絶対主義に沿って、〈《楽》という現象が起こる原因は、突き詰めれば人間の心情に帰着する〉という関係が説かれている。《楽》がなぜ重要かを知るには、この〈心情が《楽》を生む〉メカニズムを、《礼》思想に沿って確認する必要がありそうだ。なお、関連する『礼記』の記事にはしばしば「音」という言葉が用いられるが、これは現在の私たちが用いる「音《オト》」、つまり単なるsoundとは意味が違う。そこで混乱を避けるため、私たちがsoundという意味で用いる「音《ネ》」は、以下では「オト」と表記する。

心が動いて声に、声が規律を持って音に、音が組み合わさって楽に

次の一節は、《楽》が生まれるメカニズムを、最もシンプルにわかりやすく説いている。

[187]（a）凡《およ》そ音《おん》の起《おこ》るは、人心に由《よ》りて生ずるなり。人心の動くは、物之《ものこれ》をして然《しか》らしむるなり。物に感じて動く、故に声《こえ》に形《あらは》る。（b）声相応《こえあいおう》ず、故に変《へん》を生ず。（c）変じて方《ほう》を成す、之《これ》を音《おん》と謂《い》ふ。（d）〈方は猶《な》ほ文章のごときなり。〉（e）音を比《ひ》して之《これ》を楽《がく》し、干《かん》・戚《せき》・羽《う》・旄《ぼう》に及ぶ、之《これ》を楽《がく》と謂《い》ふ。〉【楽記1】

長いので少しずつ解釈しよう。「「音《おん》」というものは、人の心から生まれる。どういうことかというと、人間は外部から何らかの刺激を受けると、それに反応して心が動く。すると、それが「声《せい》」として発せられ、形として現れる（a）」。ここでいう「声《せい》」とは、人間の口から発せられる単一のオトであり（私たちがいう「コエ」と同じである）、それ単体では、ノイズと変わらないものである。

ただ、受けた刺激の種類によって、心の動き方は変わる（喜怒哀楽など様々な感情が生じる）ので、「心の動き方の違いによって、それに応じた「声」も変調し、様々な「声」が生まれる（b）」。これらの「声」が前後して、あるいは同時に発せられても、ほとんどの場合、それは未だにノイズの域を出ない。しかし中には、「「声」同士が調和したものに聞こえる時がある。そうなった「声」を「音《おん》」という（c）」。それはあたかも、「ランダムに並べた複数の文字が、普通は意味を成さないけれども、時折、文字と文字の組み合わせによっては、意味を成す文章となることと似ている（d）」と、鄭注は譬《たと》える。そして「楽器を用いて「音」を発し、盾《たて》・斧《おの》や雉《きじ》の羽や牛の尾（をつけた／模した旗）を持って踊れば、「楽」になる（e）」という。

自然発生する声は禽獣と同じ、単発の音だけで《楽》を知らないのは庶民

要するに、〈単純に心が反応して自然に発せられた「声」が、複数集まって調和して「音」になり、それが楽器で表現されると「楽」となる〉。《礼》思想におけるオトは、単純なものから複雑化するほど「声」→「音」→「楽」と名前を変え、重要度が増した。そのロジックや考え方は、さほど私たちにも違和感がない。

世の中には様々なオトがあるが、その大部分はノイズであって、意味を成さないし、私たちは気にも留めない。私たちが何も考えず、ただ外界からの刺激に反応して反射的に出す「声」もまた、単なるノイズにすぎない。しかし、一定の波長のオト同士を、並べたり同時に発したりすると、なぜか私たちはそれをノイズと区別し、一塊《ひとかたまり》の音節として理解することがある。そして特定の規則に沿ってオトを並べると、私たちはなぜかそこに、喜びや悲しみ、寛《くつろ》ぎや勇ましさなど、何らかの意味（心情）を見出すことがある。それが儒教でいう「音」である。そして、〈どのような「音」をどのような順番で発すれば、どのような意味が相手に伝わるか〉を経験的に学習し、パターンとして記憶して、その記憶を共有し、それらのパターンを人為的に、任意のタイミングで再現できれば、特定の心情を人為的に他者に伝えることが可能となる。

しかし、儒教は人間の主体的に関わるオトが、「音」のレベルにとどまることを、よしとしない。そしてそこには、〝倫理〟という人間特有の問題が大きく関わってくる。

[188]（a）凡《およ》そ音《おん》は人心より生ずる者なり。楽は倫理に通ずる者なり。（b）〈倫は猶《な》ほ類のごときなり。理は分なり。〉（c）是《こ》の故《ゆえ》に声を知りて音を知らざる者は、禽獣《きんじゅう》是《これ》なり。（d）音を知りて楽を知らざる者は、衆庶《しゅうしょ》是《これ》なり。唯《ただ》君子は能《よ》く楽を知ると為《な》す。（e）〈禽獣は此《こ》の声を為《な》すを知るのみ。其《そ》の宮商《きゅうしょう》の変《へん》を知らざるなり。（f）八音《はちいん》並び作《おこ》りて克《よ》く諧《ととの》ふを楽と曰《い》ふ。〉【楽記6】

「「音」は人の心から生まれるものであり、「楽」は「倫理」に通ずるものである」と、右の本文（a）はいう。ここで注目すべきは、鄭注（b）が「「倫」とは「類」のような意味で、「理」とは「分」という意味」と注記していることだ。これに従うと、「倫理」という言葉は「分類」という言葉に置き換えられる。それは直ちに、私たちに、《礼》の類別機能を想起させるだろう。《楽》にもまた、《礼》と同じく、同類の物ごとから「これはA、これはAでないB」と分別する側面があるらしい。では、何と何を類別するのか。

右の（a）は[187]と似たことをいっているが、「人の心から生まれてくる」のが「声」ではなく「音」とされている点が異なる。もっとも、「声」の一部が調和したものが「音」なのだから、「声」が人の心から生まれるなら、当然「音」も人の心から生まれることになる。しかし、なぜ「声」ではなく〈「音」が生まれる〉という表現になっているのか。それを考える上で重要なのは、実は「人の心から生まれる」という点である。というのも、外界の刺激に反応して反射的に「声」を出すだけなら、動物にもできるからだ。しかし、特定の音に調和を感じ取り、それを任意に再現する能力は、人間にしかない（と儒教では考える）。だから続く本文（c）・鄭注（e）で、「「声」を扱えても「音」を扱えないならば、禽獣（動物）と同じだ」「禽獣は声を出すことしか知らず、宮商《きゅうしょう》（五つの音階）を知らない」というのである。

そして、「音」を扱えるだけでは、まだ十分ではない。本文（d）・鄭注（f）は「音」を扱えても「楽」を扱えないならば、衆庶《しゅうしょ》（人間の大部分を占める、文明的洗練が不十分な庶民）と同じだ。そして《楽》を扱えなければ君子とはいえない」「八つの楽器がよく調和して並行して音を出すのを《楽》という」と述べている。ここに、《楽》がどう類別につながるかが、明らかだろう。《楽》の有無は、生き物を禽獣と人間に類別し、そして人間を君子とそれ以外（衆庶）に類別するのである。

しかし、「音」を扱える庶民と比べて、《楽》を扱える君子が偉いとは、どういうことか。実は、問題の本質は、「音」が「声」の集合体に過ぎず、その「声」が本質的に心情の本能的な発露にすぎない、という点にある。心情の本能的な無制限の発露が、《礼》思想においていかに危険視されたかは、先に述べた通りだ（六七頁）。《楽》に即しても、『礼記』は改めてその問題に警鐘を鳴らしている。

声（感情の自然発露）は制御せねば天の調和した理を失う

[189]（a）人生《うま》れて静かなるは、天の性《せい》なり。物に感じて動くは、性の欲《よく》なり。〈性、物を見ざれば則《すなわ》ち欲無《な》きを言ふ。〉物至《いた》りて知《ち》、知《し》る、然《しか》る後に好悪《こうお》形《あらわ》る。〈至は来なり。知、知るは、物来《きた》る毎《ごと》に則ち又《ま》た知る有るなり。言ふこころは、物を見ること多ければ、則ち欲益《ますます》衆《おお》し。形は猶《な》ほ見のごときなり。〉（b）好悪、内に節《せつ》無《な》く、知、外に誘《いざな》ふときは、躬《み》に反《かえ》る能《あた》はずして、天理《てんり》滅ぶ。〈節は法度なり。知は猶《な》ほ欲のごときなり。誘は猶《な》ほ道のごときなり。引なり。躬は猶《な》ほ己のごときなり。理は猶《な》ほ性のごときなり。〉（c）夫《そ》れ物の人を感ずること窮《きわ》まり無《な》くして、人の好悪、節無《な》ければ、則ち是《こ》れ物至《いた》りて、人《ひと》、物に化《か》するなり。（d）人、物に化する者は、天理を滅ぼして、人欲《じんよく》を窮むる者なり。〈人欲を窮むるとは、為《な》さざる所《ところ》無《な》きを言ふ。〉是《ここ》に於て悖逆《はいぎゃく》詐偽《さぎ》の心有り、淫泆《いんいつ》作乱《さくらん》の事有り。是《こ》の故《ゆえ》に強者《きょうしゃ》は弱《じゃく》を脅かし、衆者《しゅうしゃ》は寡《か》を暴《あら》し、知者《ちしゃ》は愚《ぐ》を詐《いつわ》り、勇者《ゆうしゃ》は怯《きょう》を苦しましめ、疾病《しっぺい》養《やしな》はず、老幼孤独《ろうようこどく》、其《そ》の所《ところ》を得ず。此《こ》れ大乱の道なり。【楽記7】

▼（a）人間の心は本来、天性（生まれたままの初期状態）では「静」の状態にある。それが「動く」のは、外界からの刺激を受け取り、反応するからである。自分以外に物が存在していることを認識して初めて、その物に対する原初的な感情が芽生える。そしてその感情は、好悪《こうお》（好むか悪《にく》むか）のいずれかである。つまり外部の物に接すると、手に入れたいという欲求や、逆に消し去りたいという欲求が生じる。それは人間が天性として備えている欲求である。

欲求の存在自体は、『礼記』が最も重視する「天」に由来する先天的な素質だから、『礼記』も否定しない。しかし問題は、その欲求の際限ない発露である。

▼（b）好悪の感情が、内面の精神において節度なく際限なく拡大し、外部からその感情の発露・拡大を誘発する刺激がもたらされ続けると、欲望や嫌悪を実現する行動が無限に追求され、結果的に天性（天に由来する世界の所与の仕組み）を破壊してしまう。

そのため、《礼》思想は、感動や感情の無制限な発露を警戒する。

▼（c）外部に対する感動が際限なく、好悪の感情の発露に節度がなければ、人は外部の物と同化してしまう。

それはつまり、外部からの刺激に単純に反応するだけの、理性のかけらもない存在となる、ということである。

▼（d）そうなってしまった人は、天性を破壊して、欲望の追求に終始する。人はそうなれば、道理に逆らい、真実を偽り、欲望のままに貪り、社会の調和を乱す。そして強い者は力に任せて弱者を脅かし、多数派は数に任せて少数派を虐《しいた》げ、知恵のあるものは愚かな者を騙《だま》し、勇ましい者は慎重な者を苦しめ、病んだ者は放置され、老人・幼児・孤児・未亡人などの弱者は社会に居場所がなくなる。そうして社会は滅茶苦茶になる。

つまり、感情の発露を自然のままに任せると、身勝手な振る舞いが横行して社会が崩壊する。それを防ぐため、感情の発露を一定レベル以下に抑制する節度が必須であり、それは感情・本能とは対極的な、人ならではの理性・知性によって実現せねばならず、その具体的な規範が《礼》である、ということは何度も確認した通りである。

《楽》により声を制御して感情を制御する

しかし、それは《礼》ばかりの問題ではなかった。右の一節が《楽》について説明する「楽記《がくき》」という一篇に含まれているように、それは《楽》とも大いに関わる。

[188]（d）に、「「音」を扱えるだけなら衆庶（庶民）と同じで、「楽」を扱えなければ君子とはいえない」という一節があった。ここで、衆庶と君子を分けているのは、理性・知性である。「音」は所詮、感情が発露した「声」の一部にすぎない。調和して心地よい、と感じる「声」の組み合わせを再現して歌うことができても、そこに理性が欠けていれば《楽》ではない。〈なぜそれが調和し、心地よいのか〉〈そのようなオトの体系は、全体として世界の仕組みの中でどこに、なぜ存在し、いかなる存在意義があるのか〉といったことを考え、分析し、体系化した上で理解し、自在にコントロールする。そうして適切な時に、適切な場で、適切な人物が、適切に発することができて、初めて《楽》なのである。それは、理性・知性をもってしかなし得ないことであり、だからそれができる者は平均的な人間一般＝衆庶とはワンランク違う「君子」なのである。

〈《楽》は「楽しむ」ことだ〉というのは、この観点から、次のように説明されることになる。

[190]故に曰《いわ》く、楽《がく》は楽《らく》なり。君子は其《そ》の道《みち》を得《う》るを楽しみ、小人《しょうじん》は其の欲《よく》を得るを楽しむ。道を以《もっ》て欲を制《せい》せば、則《すなわ》ち楽しみて乱れず。欲を以て道を忘《わす》れば、則ち惑《まど》ひて楽しまず。〈道は仁義を謂《い》ふなり。

欲は邪淫《じゃいん》を謂ふなり。〉【楽記33】

▼《楽》とは「楽しむこと」だ。しかし、何を「楽しむ」かは、人間の完成度によって異なる。君子にとっては、人が正しい道を歩む状態が「楽しい」。そこが、欲望の充足を「楽しい」と感じる小人《しょうじん》〈人格的に未完成の人〉とは違う。正しい道を意識して欲望を抑制すれば、社会は乱れず楽しいものだ。欲望を先にして正しい道を忘れれば、さまようだけで楽しくはないのだ。

「楽しい」とは感情以外の何ものでもないが、ここでは「楽しい」と感じるべきことを定めているのであり、感情自体の矯正に踏み込んでいる。同じ〝欲望の充足〟を、小人は楽しいと感じ、君子は楽しいと感じないように、同じ刺激でも感じ方は様々だが、その中から〈望ましい（結果をもたらす）感じ方〉へと矯正するのだ。そして〈何が望ましいか〉は理性で判断されるから、つまり〈理性によって感情自体を矯正する〉という発想である。

〈理性に基づく行動の制御〉が《礼》の主要な機能の一つだったことは何度も述べた通りだが、《楽》には〈理性に基づく感情の制御〉が求められた。

[191]是《こ》の故《ゆえ》に先王《せんおう》の礼楽を制《せい》するや、以《もっ》て口腹耳目《こうふくじもく》の欲《よく》を極《きわ》むるに非《あら》ざるなり。将《まさ》に以て民に好悪《こうお》を平《たい》らかにすることを教《おし》へ、人道《じんどう》の正《ただ》しきに反《かえ》らしめんとするなり。之《これ》に教へて好悪を知らしむるなり。【楽記6】

▼（感情を放置すると社会が破綻するので）古《いにしえ》の先王が《礼》と《楽》を制定した。それは人が心地よいオトを聴いて満足するためではなく、跳ね上がった好悪の感情を抑制し、鎮《しず》め、平静な状態に戻すことを民に教えて、望ましい人の道に戻らせるためだった。

繰り返し述べたように、《礼》は人の外形を整えて心情の発露を押しとどめる。それは極論すれば、外部から半ば力づくで、そして間接的に心情を矯正する、ある種の〝枠〟である。それに対して、《楽》は心情そのものを直接操作し、適切なレベルまで沈静化させる機能がある。それが可能な理由は、〈《楽》の根幹である「声」が、そもそも心情から発するものであるから、逆に「声」を操作すれば、心情を操作できる〉と考えられたことによるのだろう。そこには、《礼》思想に特有の先後絶対主義を逆手にとって、〈結果（声）をいじれば原因（心情）をいじれる（ことを期待したい）〉という恣意《しい》的な理解が垣間見える。それは論理的に破綻《はたん》しており、そこに《礼》思想の品質的限界・危うさが見える。

《礼》は動（外形の正しい形成）、《楽》は静（内心の正しい制御）

このような《楽》の働きかける場所や機能を、次の一節は《礼》と簡潔に対比している。

[192] 楽《がく》は中《うち》由《よ》り出づ、故に静かなり。礼は外《そと》自《よ》り作《おこ》る、故に文《ぶん》あり。〈文は猶《な》ほ動のごときなり。〉【楽記10】

▼《楽》は人間の内面に由来するので〝静的〟である。《礼》は外形（の類別）に由来するので〝動的〟である。

前半と後半の文意がともに成立するように解釈すると、〝動的〟とは〈《礼》が変化に富む多様性を与える〉をいうのだろう。《礼》によって類別される君臣・親子・兄弟・男女は、すべて天から生じ、同じ人間でありながら、様々な理由により細分化し、君と臣、親と子、兄と弟、男と女に変化したものである。そして《礼》が定める礼的所作も、立場が違えば（たとえば君か、臣かの違いで）変化するし、同じ臣でも〈諸侯か、卿か、大夫か、士か〉といった身分の違いによって変化し、さらに〈財力が十分か〉

〈戦時中か否か〉など状況次第でも変化する。《礼》によって、真っ平らの平面（均質な人間）が、起伏のある凸凹の曲面（差異のある個々の人間）に変化するようなイメージである。

これに対して、《楽》の機能は、人間の感情を一枚の面に例えた時、起伏のある曲面を、平旦な平面へと収束させることに似ている。ここでいう起伏が、好感情と悪感情である。《楽》は、正の方向に突出しがちな好感情や、負の方向に突出しがちな悪感情を平らにならし、心ができるだけ平らな平面に落ち着くようにする。そのようなイメージで《楽》が心情を沈静化させることが、「《楽》は〝静的〟だ」という意味だろう。

分化・変化・起伏・細分化を指向する《礼》と、収束・同調・平旦・一体化を指向する《楽》は、極めて対照的だ。『礼記』は《礼》と《楽》の対照性を、繰り返し主張している。それらはいわば、正反対のアプローチから一つの問題（人間生活の正解）を解決するものとされている。そして、《楽》との対比によって、《礼》自体の性質も、極めて明瞭に理解されることになる。

[193]楽は中《うち》由《よ》り出《い》で、礼は外《そと》自《よ》り作《おこ》る。【楽記10】

[194]故に楽なる者は内に動く者なり。礼なる者は外に動く者なり。【楽記62】

[195]楽は内を脩《おさ》むる所以《ゆえん》なり。礼は外を脩むる所以なり。礼楽、中《うち》に交錯《こうさく》して、外《そと》に発形《はっけい》す。是《こ》の故《ゆえ》に其《そ》の成るや懌《よろこ》び、恭敬《きょうけい》にして温文《おんぶん》なり。〈中は心中なり。懌《えき》は説懌《せつえき》なり。〉【文王世子8】

[196]情《じょう》を合《あ》はせ貌《ぼう》を飾《かざ》る者《もの》は、礼楽《れいがく》の事《こと》なり。【楽記9】

右はすべて、ほとんど同じことを主張している。一つにまとめれば、「《楽》は内側に生じて精神を作り整え、《礼》は外側に生じて外形（容姿と動作）を作り整える」という、対照的な関係を強調している。そうしたあり方の存在意義は、[195]の後半にあるように、「《礼》と《楽》が相互に内側（精神）で反応し合い、最終的に〝人格者〟という外形をもたらす」ことであり、つまり内・外の二方向からの、望ましい人格の形成である。

[197] 礼楽の説《せつ》は、人情を管《かん》す。〈管は猶《な》ほ包のごときなり。〉【楽記38】

▼《礼》と《楽》の説は、ともに人の心情を包み込んでコントロールする。

右の意味は、〈放置すると先鋭化し、突出し、際限なく暴走する心情を、理性（に基づく《礼》と《楽》）という〝枠〟で包み込む〉ということだろう。

[198] 是《こ》の故《ゆえ》に先王《せんおう》の礼楽を制《せい》するや、人に之《これ》が節を為《な》す。【楽記8】

▼古の先王は礼楽を定めて人に節度を設けた。

《礼》も《楽》も、ともに人間に節度を与える〝枠〟なのだった。いずれも心情を対象にするというが[197]、右の対照性を踏まえれば、節度の対象、また心情との関わり方は全く違う、ということだ。〈《礼》は外形（容姿と動作）に節度を与え、《楽》は心に節度を与える〉と概括できるだろう。また、《礼》は、複数の人間が心のままに振る舞って衝突しないよう、人と人の間に線を引き（区分し）、序列化することで、人間社会全体を包み込む。いわば、人類の心の集合体を外から包み込み、操作するものといえよう。これに対して、《楽》は個々人の心一つ一つを包み込み、操作して、心の暴走を抑制する。

《礼》は類別、《楽》は融合――〈《礼》の節度〉を抑制する節度を与える《楽》

そして、《礼》が分化・変化・起伏・細分化を指向するのに対し、《楽》が収束・同調・平坦・一体化を指向しているという性質を、次の一節は端的にこう表現する。

[199] (a) 楽《がく》は同《どう》を為《な》し、礼は異《い》を為《な》す。(b) 同じければ則《すなわ》ち相親《あいした》しみ、(c) 異なれば則ち相敬《あいけい》す。(d) 〈同は好悪《こうお》を協《あわ》すを謂《い》ふなり。異は貴賤を別《わか》つを謂ふなり。〉【楽記9】

[200] (a) 楽は同を統《す》べ、礼は異を弁《わか》つ。(b) 〈同を統ぶるは、和合《わごう》を同じくするなり。(c) 異を弁つは、尊卑を異にするなり。〉【楽記38】

右のどちらも、冒頭部(a)は「《楽》は物ごとを同じにし、《礼》は物ごとを別々にする」と述べている。大雑把にいえば、〈物ごとをくっつけるのが《楽》、逆に切り分けるのが《礼》〉なのである。

ここでも《礼》の類別機能が明らかだが、《楽》が物ごとをくっつけるとは、どういうことか。鄭注[199]の(d)や[200]の(c)によれば、ここで《礼》が「別々にする」というのは、「貴賤・尊卑を分けること」だった。人間という同じ種類のものが集合しているなかで、〈Aは貴い、Bは賤しい〉と身分上下を分けることであって、それは人間という実体を対象とするという意味で、外に働きかけている。

これに対して、「《楽》が物ごとを同じにする」とは、鄭注によれば「好悪を協調させること」[199]の(d)であり、「和合(調和・融合)させること」[200]の(b)だった。つまり、単にくっつけるのではない。感情という人間の内面に働きかけ、好感情と悪感情という相容れない心情を調和させ、融合させ、むき出しの尖った好感情でも悪感情でもない、一つの整った心情を形成するのである。〈《礼》が物ごとを意図的に二項対立的に捉え、配置するのに対して、《楽》は、すでに二項対立的なものを調和させ、融和させる機能が期待された〉とまとめられよう。

ただ、《礼》の担う類別という機能は、よくいえば分類・分別だが、悪くいえば分断であり、《礼》の類別機能が行きすぎると、類別された事物同士の間に必要以上の距離、歩み寄れない溝ができ、互いに背を向けてしまうことになる。たとえば、親子や兄弟の上下関係をあまりに強調しすぎると、親子や兄弟の間に親愛・仁慈の情が薄れてしまうように、である。《礼》には類別機能によって節度を設ける機能があり、何ごとにも節度が必要だと説くが（七四頁）、《礼》もまた世界の構成要素の一つであるならば、論理的帰結として、〈《礼》自体にも節度が必要だ〉ということになる。

しかし、《礼》はひたすら物ごとを切り分け、節度を設けてゆく方向にしか作用しないので、〈節度を設けすぎない、という節度〉を《礼》に求めるのは難しい。そこで、「（二つのものを）同じにして、相互に親しくなるように仕向ける」（[199]と[200]の（b））という、全く逆の作用を持つ《楽》が重要になるのだろう。《礼》はひたすら切り分け、遠ざけようとするのに対し、《楽》はひたすら近づけ、融和させようとする。この、正反対の指向性が相互にちょうどよい程度に作用し、《礼》と《楽》自体が調和・融和させるよう働きかける点に、《礼》と並ぶ《楽》の存在意義があるのだろう。

ただし、《楽》の持つ機能も、よくいえば融和・協調だが、行きすぎれば渾然《こんぜん》となり、最終的には混沌《こんとん》に戻ってしまう。人間関係でいえば、親子や兄弟が融和しすぎ、親しくなりすぎると、子が親を敬わなくなり、弟が兄を蔑《さげす》むようになる。それは結局、家庭内の不調和という結末をもたらすので、やはり行きすぎないように、「（二つのものを）切り分けて相互に敬うように仕向ける（[199]と[200]の（c））」という《礼》の機能が必要なのである。このことを、『礼記』は次のように簡潔にまとめている。

[201]楽勝《がくか》てば則《すなわ》ち流れ、礼勝てば則ち離《はな》る。〈流は合行《ごうこう》して敬せざるを謂《い》ふなり。離は析居《せっきょ》して和せざるを謂ふなり。〉【楽記9】

▼《礼》と《楽》はバランスが重要で、《楽》が勝りすぎると馴《な》れ合いになってしまい、《礼》が勝りすぎるとただ疎遠なだけになる。

《楽》は一方的発露で調和を目指し、《礼》は双方向的作用で順序づけする

《楽》にはさらに、《礼》とは対照的な性質がある。

［202］（a）楽《がく》なる者《もの》は施《ほどこ》すなり。礼なる者は報《むく》ゆるなり。〈楽は出《い》でて反《かえ》らずして、礼は往来《おうらい》有るを言ふなり。〉（b）楽は其《そ》の自《よ》りて生ずる所《ところ》を楽しみて、（c）礼は其の自《よ》りて始まる所《ところ》に反《かえ》る。【楽記36】

▼（a）《楽》は一方向的だが、《礼》は双方向的である。〈《楽》は出たきり帰ってこない。《礼》は出発したところに帰ってくる。〉

《礼》が双方的という思想は、《礼》が対人感情として最も重視する〝敬譲〟が、常に相互に行われ、敬譲を払わねばならない義務と、それに敬譲で返さねばならない義務が一セットである、という形で表現され、わかりやすい。これに対して、《楽》が一方向的であるとは、本文（b）によれば「《楽》は生まれてきたその場所を楽しむこと（それで終わり）」だという。これではわかりにくいが、〈《楽》は人間の内面を作り整える〉ということを踏まえると、次の一節と照応するのだろう。

［203］（a）楽は徳を章《あき》らかにし、（b）礼は情に報《むく》ゆ、始に反《かえ》るなり。〈自は由なり。〉【楽記36】

▼（a）《楽》は徳を明らかにする。（b）《礼》は情に報い、始め（情を発した相手）に帰る。

右の一節のうち、後半（b）は、先に述べた敬譲の応酬が、〈相手を敬うという心情の応酬だ〉ということと対応している。これに対し、前半（a）は、「《楽》が、理想的人格の核というべき「徳」を作り整えるだけでなく、内面に成立した（そのままでは見えない）徳を、外に向けて発露し、徳の存在・あり方を明示する」ということを述べているのだろう。それは確かに、内面から外への一方的な発露であって、[202]でいう《楽》の一方向性と合う。それを「楽しむ」[202]（b）というのも、「君子は世の中が正しく整っていることを楽しむ」という前述の説[190]を踏まえ、それを「君主は徳の実現を楽しむ」と読み替えるならば、理解できる。

この〈内面の徳を発揮させる〉という《楽》の機能は、次のようにも語られる。

[204]（a）楽《がく》は和《わ》を極《きわ》め、礼は順《じゅん》を極む。（b）……故《ゆえ》に徳輝《とくき》、内《うち》に動きて、民《たみ》、承聴《しょうちょう》せざる莫《な》く、（c）理《り》、外に発《はっ》して、民《たみ》、承順《しょうじゅん》せざる莫《な》し。〈徳輝は顔色《がんしょく》潤沢なり。理は容貌の進止《しんし》なり。〉【楽記62】

冒頭部（a）は、「《楽》は「和」を極め、《礼》は「順」を極める」という。ここでいう「順」とは、後段（c）に「理（外見上の挙措《きょそ》進退）が外に現れれば民は上位者を受け入れて順《したが》う」とあることを踏まえると、従順・順逆の「順」であり、つまり〈序列に順った上下関係のスムーズな実現〉である。そして《礼》が、理性によって本能を抑圧し、「順うべきである」という理によって外から形を被《かぶ》せて半ば強制的に秩序を形成するのに対し、「《楽》は徳によって内面から惹《ひ》きつけ、（自ずから）民が耳を傾けるようにする」（b）。そのことを「和を極める」と表現しているのだろう。

《礼》は地（人間社会の制御）を指向し、《楽》は天（世界の始原）を指向する

こうした「和」や序列は、単に人間関係だけで完結するのではなかった。

[205] 楽《がく》は天地の和なり。礼は天地の序《じょ》なり。和するが故に百物《ひゃくぶつ》皆な化《か》し、序あるが故に群物《ぐんぶつ》皆な別《べつ》あり。〈化は猶《な》ほ生のごときなり。別は形体《けいたい》の異なるを謂《い》ふなり。〉【楽記13】

▼《楽》は天地の「和」を実現するもの、《礼》は天地の「序《じょ》」を実現するものである。「和」すればこそ万物が生気を持ち、「序」があればこそ万物が区別され形を持つ。

ここでいう「序」は、物ごとの順序・序列・秩序・整序の「序」に近い意味だろう。《楽》は《礼》と同様に、天地の間の万物、つまり世界全体の仕組みであり、その世界に存在するあらゆる事物の生成と整序を司る原理なのだった。そして、それらは天地との関係でいえば、《礼》は地の側から、《楽》は天の側から、世界に対して働きかけるものだった。

[206] 楽《がく》は天に由《よ》りて作《おこ》り、礼は地を以《もっ》て制《せい》す。〈天地に法《のっと》るを言ふなり。〉過《あやま》りて制すれば則《すなわ》ち乱れ、過りて作れば則ち暴《あ》る。〈過は猶《な》ほ誤のごときなり。暴すれば文武の意を失ふ。〉天地に明らかにして、然《しか》る後《のち》に能《よ》く礼楽を興すなり。【楽記13】

▼《楽》は天のあり方に基づいて発生し、《礼》は地のあり方に基づいて制定される。それらによらずに《礼》を制定すれば世は乱れ、《楽》が発生すれば世は荒れる。

右のような結論に至る理由は、二つ考えられる。第一に、《礼》は人間社会を対象とするが、その人間は地上に生きるので、《礼》は地に行われることになり、地に所属する。すると、《礼》とは逆の方向性を持つ《楽》は、おのずから天に所属する、という結論になる。また第二に、次の一節との関係から理解できるだろう。

▼[207]天高く地下《ひく》く、万物散殊《さんしゅ》して、礼制行《おこな》はる。〈礼は異《い》を為《な》すなり。〉【楽記16】

▼天と上に、地が下に分かれ、それから万物が派生して異なる形が生じ、それを踏まえて《礼》が制定された。〈《礼》は物ごとを類別する。〉

《礼》思想では、天は根源・始原であり、すべてはそこから発生して、分化し派生を重ね、形の違い・性質の違いや等差が生じる。天から地が派生し、地に山川が生まれ、山川から動植物が生まれる、といった具合である。

それはちょうど、ビッグバン理論に似ている。〈何もない空間のたった一点から、爆発的に宇宙が発生し、あらゆる物質が生成され、様々な星が生まれ、様々な生物が生まれる〉というイメージは、根源において、天から万物が派生するという儒教の世界観に、通じるものがある。そして、類別と序列化を指向する《礼》は、始原から分化してゆく方向性を明らかにする原理である（ビッグバンから今日の世界が形成される方向性と似ている）。

これに対して、統合・融合を指向する《楽》は、それと逆方向の原理である。それは同じように譬《たと》えれば、ビッグバンから今日の世界に至るまでの動画を巻き戻して時間軸を遡《さかのぼ》るように、分化している状態から、すべてが一つであった始原の方向を見る原理である。その始原は儒教では天なのだから、《楽》は天の方を向いており、天の原理と一体なのだ、と解釈されるのだろう。そのような天地と礼楽の関係は、次のように結論される。

▼[208]楽《がく》は大始《たいし》に著《お》り、礼は成物《せいぶつ》に居《お》る。〈著の言は処なり。大始は百物《ひゃくぶつ》の始主《ししゅ》なり。〉【楽記21】

▼（天と同様に）《楽》は百物《ひゃくぶつ》（あらゆる物ごと）が生まれる始原（つまり天）に対応しており、《礼》は百物がその最終結果として形を成すところ（つまり地）に対応している。

天はこの世界が生まれる原因、地はこの世界が生まれた結果なのであり、原因の側を操作するのが《楽》、結果の側を操作するのが《礼》だということになろう。そのような形で、《礼》と《楽》はこの世界を司る原理＝因果関係を、原因と結果の双方の視座から観察して理解する有益な理論であり、この二方向からの取り組みによって、世界の立体的な把握が可能になる、ということになる。

君子が《楽》を行う効用——統治と《楽》

[209]（a）一動一静《いちどういちせい》は、天地の間なり。〈間は百物《ひゃくぶつ》を謂《い》ふなり。〉故《ゆえ》に聖人曰《せいじんいわ》く、「礼楽《れいがく》を云《い》ふ」と。〈礼楽の天地に法《のっと》るを言ふなり。（b）楽は静にして礼は動なり。其《そ》の並《ならび》に事《こと》を用《もち》ふれば、則《すなわ》ち亦《ま》た天地の間のもののみ。〉【楽記21】

▼古の聖人はいう。「礼楽は、天地の間に生まれるあらゆる物ごとや、それらのあらゆるあり方そのものである」と。《楽》は物ごとを「静」へと導き、《礼》は「動」へと導く。両方を併用すれば、天地の間の万物と正しく関わり合うことができる。

[210]是《こ》の故《ゆえ》に大人礼楽《たいじんれいがく》を挙《あ》ぐれば、則《すなわ》ち天地将《まさ》に為《た》めに昭《あきら》かならんとす。〈天地将《まさ》に之《これ》が為《た》めに昭然《しょうぜん》として明らかならんとするを言ふ。〉【楽記40】

▼優れた君子が礼楽を盛んに（理解して実践）すれば、天地（世界）のありようが明らかになるのである。

礼楽が世界のあり方そのものを表すなら、礼楽を知れば世界を知ることができる、ということだ。そして、次の一節にあるように、《礼》と《楽》は異なるアプローチから、社会の調和を目指しているのである。

[211] 礼は事《こと》を殊《こと》にして敬《けい》を合《あ》はする者《もの》なり。楽《がく》は文《ぶん》を異《こと》にして愛《あい》を合はする者なり。礼楽《れいがく》の情《じょう》は同じ。故に明王《めいおう》以《もっ》て相沿《あいよ》るなり。【楽記11】

➤《礼》は物ごとを切り分けるが、（人間の場合）結局は敬意の応酬となって人同士が結びつく。一方、調子が異なる五声《ごせい》（五つの「声」の種類）も、結局は和合して《楽》になる。《礼》も《楽》も、ともに目指すところは同じこと（和合・調和）だ。だから賢明な王は、それを理解し、昔から定められている礼・楽を改めず、新たに作らず、ただ守るのである。

ところで、《楽》が天のあり方と原理的に対応しているとはいえ、それを君子が演奏してどうなるというのか。

その効用は、少なくとも二つある。一つは、《楽》が精神を調和・平衡にさせる機能である。本能のままに生きる禽獣《きんじゅう》（動物）や、感情のままに振る舞う小人とは異なり、理性に立脚して振る舞う君子であるために、精神を正しく整える（過度の発露を押さえ、間違った方向性を矯正し、発露させてよい適切な方向性・レベルに整える）技術が、君子には必須なのである。

そしてもう一つ、君子が単なる庶人でないことが関係する。通常、君子は一定の支配階級の身分にいて（いるべきで）、最高なら天子、あるいは諸侯、低くても士の身分にはある。いずれにせよ、君子は支配階級にあるべきで、つまり天下・国・民の統治が重要な責務となる。[211]の末尾に、「賢明な王は古に定められた《礼》と《楽》を忠実に守る」とあることは、そのことと通じる。王の責務は統治であり、《礼》と《楽》は、統治のために必要なのである。

《礼》の類別機能・序列化機能が、統治に重要なことは、多言を要しまい。社会の根幹である親子・兄弟・男女の関係に節度を与えて理想的な活動状態を保ち、長幼の序列を確実にして上位者を敬う習慣を絶やさせず、その終着点として君臣関係を確実にする、という直接的な効用が、《礼》には期待できる。

では、《楽》が統治に果たす効用は何か。

《礼》と《楽》は天地のあるべき形に基づき神明にアクセスする

《楽》が統治に果たす効用は第一に、天に働きかけ、統治を円滑化することである。

[212] 楽《がく》は和を敦《あつ》くし、神《しん》に率《したが》ひて天に従《したが》ふ。礼は宜《ぎ》を別《べつ》にし、鬼《き》に居《い》て地に従ふ。〈和を敦くすとは、楽は同を貴《たっと》ぶなり。率は循なり。従は順なり。宜を別にすとは、礼は異《い》を尚《とうと》ぶなり。鬼に居るとは、其《そ》の為《な》す所《ところ》に居《い》るを謂ふ。亦た之《これ》に循《したが》ふを言ふなり。鬼神は先聖《せんせい》・先賢《せんけん》を謂ふなり。〉故《ゆえ》に聖人《せいじん》楽《がく》を作りて、以《もっ》て天に応じ、礼を制して以て地に配《はい》す。礼楽明らかに備《そな》はりて、天地官《かん》す。〈官は猶《な》ほ事のごときなり。各《おのおの》其《そ》の事を得《う》るなり。〉【楽記16】

▼《楽》は物ごとの和合を重視するので、神《しん》（聖人の魂）を尊重して天に従う。一方、《礼》は物ごとの類別を重視するので、鬼《き》（賢人の魂）を守って地に従う。〈《楽》は同じになることを貴び、《礼》は違うことを貴ぶのである。〉だから聖人は《楽》を作って天に応じ、《礼》を定めて地上に割り当てた。礼楽がはっきりと完備すれば、天地から得るべきものは得られる。

「神《しん》を尊重し鬼《き》を守る」とは、祭祀に他ならない。それは、《礼》が最も重視する人の責務だが、実はそれは《楽》の守備範囲でもあった。そして《礼》が地に対応し、《楽》が天に対応することから、ここでは地に対応する鬼が《礼》の主な守備範囲、天に対応する神が《楽》の主な守備範囲と、割り当てられている。もっとも、《礼》が視野に入れる祭祀の対象は鬼に限られないので、これは、《楽》が天（に帰属する神）に近く、《礼》が地（に帰属する鬼）に近い、という程度のことだろう。そして、《礼》が祭祀という形で鬼神に働きかける一方、《楽》は祭祀とは違う形で鬼神に働きかけたのだろう。

[213] 本《もと》を窮《きわ》め変《へん》を知るは、楽《がく》の情《じょう》なり。誠《まこと》を著《あらわ》し偽《いつわ》りを去るは、礼の経《けい》なり。礼楽は天地の情に偵《よ》り、神明《しんめい》の徳《とく》に達し、上下《しょうか》の神《しん》を降興《こうこう》して、精粗《せいそ》の体《たい》を凝是《ぎょうし》し、父子《ふし》君臣の節《せつ》を領《りょう》す。〈偵は猶《な》ほ依象《いしょう》のごときなり。降は下なり。興は猶《な》ほ出のごときなり。凝は成なり。精粗は万物の大小を謂《い》ふなり。領は猶《な》ほ理治《りち》のごときなり。〉【楽記39】

▼「何が根源か、何がその派生型かを突きつめて知りたい」というのが《楽》にこめられた心だ。「真実を明らかにし虚偽を消し去る」のが《礼》の基本路線だ。礼楽は天地の本質〈天の和合と地の尊卑の秩序〉を模倣して、「神明《しんめい》」の徳へと働きかけ、上下の神を現出させ、万物の形を正しく成立させ、父子・君臣の節度を治めるものである。

右の文中に、「神明《しんめい》の徳」という捉えどころのない言葉が見える。別の一節の鄭注に、「死者を神明にするを言ふなり。神明は人の知る所に非《あら》ず」【檀弓上75】とあるのをヒントにすると、「神明」というのは、〈生きているとも、そうでないともいえない、人間が知覚できない微妙な領域にいる存在〉を指すらしい。それを踏まえると、礼楽の機能は次のように理解できそうだ。天地の本質を人為的に再現し、それによって不可知の領域にある不可知の〝何か〟に働きかけ、それによって天地に所属する様々な神を〈不可知の領域から人間が知覚できる〉世界に呼び出し、その助力を得て世界の形と秩序を整える機能だ、と。とすれば、《楽》は、人間が知覚できない神の世界にアクセスし、神を呼び出す、一種のコミュニケーションのツールであり、一種の〈神に語りかけるための〉言語であった、とイメージできる。

外形を制御する《礼》と内心を制御する《楽》から二方向で統治

儒教には、〈世界を支えるいくつかの根源的存在〈天や地〉の原理を人間が模倣して何かを作り出すと、両者の共通点に釣られて根源的存在の方が反応〈共鳴〉し、それらの原理を明らかにする〈ように人や事物に影響を与える)〉という発想があったようだ。天や地の理想的な姿を地上で実現したい場合、その姿を象《かたど》って示すと、天地の方からその原理を強く人間社会に浴びせかけて、その実現へと導いてくれる、というイメージだろう。そして、理想的な姿とは、正しい（君臣やその他の社会の）秩序の回復であり、より具体的には、反逆的分子の排除、反乱の鎮圧、（不義なる他国との）戦争の勝利、地域社会や民衆の引き締め、犯罪の抑止など、政治そのものになるだろう。

《楽》が統治に果たす効用の二つ目は、直接的に民を教導して国を安定化させることだ。

▼古の王は、《礼》を定めて社会に節度を設け、《楽》を整えて民の精神を（正しい方向へ）導いた。

[214]是《こ》の故《ゆえ》に先王《せんおう》の礼を制《せい》するや、以《もっ》て事《こと》を節《せっ》し、〈動けば本《もと》に反《かえ》るなり。〉楽《がく》を脩《おさ》めて以《もっ》て志《こころざし》を道《みちび》く。〈之《これ》に善《ぜん》を勧《すす》むるなり。〉【礼器23】

《楽》によって民に調和を教え、理性による感情の制御と、適切な感情の発露を教えて導くことは、統治・政治という、君主の最も現実的な要請を満たすことになる。

[215]子張《しちょう》、政《まつりごと》を問ふ。子曰《いわ》く……「君子礼楽《れいがく》に明らかなるときは、挙《あ》げて之《これ》を錯《お》くのみ」と。〈礼楽は以《もっ》て政を為《な》すに足るを言ふなり。錯は猶ほ施行のごときなり。〉【仲尼燕居10】

▼弟子の子張《しちょう》が政治について問うた時、孔子は「礼楽をよく心得た君子が礼楽を励行すれば、それで政治はよく行われる」と答えた。

儒教が想定する理想的君主にとって、《礼》と《楽》は政治そのものであって、やはり《楽》は統治・政治に帰着する。

このように、《楽》は一方で民に直接働きかけて秩序に向かわせ、他方では天に働きかけて神を動員して民を秩序に導くという、二方向からのアプローチで、統治を完成させる重要な手段だった。そして民の内面を整える《楽》と、民の外面を整える《礼》という、これも二方向からのアプローチによって、統治が十全となる。

「楽」は統治の適否を示すバロメーター

[216]楽至《がくいた》れば則《すなわ》ち怨《うら》み無《な》く、礼至れば則ち争《あらそ》はず。揖譲《ゆうじょう》して天下を治《おさ》むるとは、礼楽《れいがく》の謂《いい》なり。〈至は猶《な》ほ達のごときなり。〉暴民作《ぼうみんおこ》らず、諸侯賓服《しょこうひんぷく》し、兵革試《へいかくもち》ひず、五刑用《ごけいもち》ひず、百姓患無《ひゃくせいうれひな》く、天子怒《いか》らず。此《かく》の如《ごと》くなれば則ち楽達《がくたつ》す。父子《ふし》の親《しん》を合《あ》はせ、長幼《ちょうよう》の序《じょ》を明らかにし、以《もっ》て四海《しかい》の内を敬《けい》す。天子此《かく》の如《ごと》くなれば則ち礼行《おこな》はる。〈賓は協なり。試は用なり。〉【楽記10】

▼《楽》が十分に行われれば人々の心に怨みはなくなり、《礼》が十分に行われれば人々は争わない。それが礼楽による、「敬意を払い譲って天下を治める」ことである。民が荒れず、諸侯が協調し、兵乱がなく、刑罰の執行がなく、誰もが憂いなく、天子が怒らなければ、《楽》が十分に行われる。父子が親愛し合い、長幼の順序を徹底され、それによって世界の全てを敬う。天子がそうなれば《礼》が十分に行われる。

右のような仕組みは、逆に利用することができる。

[217]故《ゆえ》に其《そ》の礼楽《れいがく》を観《み》て、治乱《ちらん》知るべきなり。〈国乱《みだ》るれば、礼慢《おこた》りて楽淫《みだり》なり。〉蘧伯玉《きょはくぎょく》の曰《いわ》く、君子の人は達す。〈其の礼楽を観れば、則《すなわ》ち治乱を知るなり。蘧伯玉は衛《えい》の大夫なり。名は瑗《えん》。〉故に其の器《き》を観て、其の工《こう》の巧《たく》みを知り、其の発《うご》くを観て、其の人の知《ち》を知ると。〈礼楽も亦《ま》た猶《な》ほ是《こ》のご

ときなり。〉【礼器23】

▼その国の《礼》や《楽》を観察すれば、国が治まっているか乱れているかは判明する。〈国が乱れれば、《礼》はぞんざいになり、《楽》は本能の赴くままになるからである。〉衛《えい》の大夫だった蘧伯玉《きょはくぎょく》もこう述べている。「君子はそれを見抜く。器物と職人の関係と同じだ。器物を見れば職人の技能の有無がわかるし、器物の働きを見れば職人の知識がわかる」と。

正しい政治が正しい《楽》を生み出すなら、逆に、《楽》が正しく行われているかどうかは、政治が正しく行われているかどうかを示すバロメーターになるのだった。

[218] 楽《がく》は音《おん》の由《よ》りて生《しょう》ずる所《ところ》なり。其《そ》の本《もと》は人心の物に感《かん》ずるに在《あ》り。是《こ》の故《ゆえ》に其《そ》の哀心《あいしん》感ずる者は、其の声噍《こえしょう》にして以《もっ》て殺《そ》ぐ。其の楽心《らくしん》感ずる者は、其の声嘽《せん》にして以て緩《ゆる》し。其の喜心《きしん》感ずる者は、其の声発《はっ》して以て散る。其の怒心《どしん》感ずる者は、其の声粗《そ》にして以て厲《はげ》し。其の敬心《けいしん》感ずる者は其の声直《ちょく》にして以て廉《かど》あり。其の愛心《あいしん》感ずる者は其の声和《わ》にして以て柔《やわ》らかなり。【楽記2】

▼《楽》は「音」から生まれ、「音」は「声」から生まれる。「声」は、心を外部から刺激された時に発せられる。したがって、発せられる「声」は、哀しめば厳しくて弱々しく、楽しめばゆったりと緩やかで、喜べば高ぶって拡散し、怒れば荒くて激しく、畏敬《いけい》すれば真っ直ぐで角張り、愛すれば和らいで柔らかくなる。

《楽》が前述のような〈政治の正否〉のバロメーターとなれるのは、《楽》の形が人の心と厳密に対応しているからだ。つまり、特定の刺激は必ず特定の心の状態を生み、特定の心の状態は必ず特定の「声」を生む。それらが正確に一対一対応しているので、《楽》に含まれる「声」の形から、その「声」を発した人の心の状態が特定でき、その人に与えられた刺激の種類が特定できるのである。そして、民の心に与えられる外部的刺激の最たるものは、政治の良し悪しだ。

統治の確立が《楽》の制定、《楽》の乱れは統治の乱れ

[219]凡《およ》そ音《おん》は人心より生ずる者《もの》なり。情《じょう》、中《うち》に動く、故《ゆえ》に声《こえ》に形《あらわ》る。声、文《ぶん》を成す、之《これ》を音《おん》と謂《い》ふ。是《こ》の故《ゆえ》に治世の音は、安《やす》くして以《もっ》て楽しむ、其《そ》の政《まつりごと》和《やわ》らげばなり。乱世の音は、怨《うら》みて以て怒《いか》る、其の政乖《そむ》けばなり。亡国の音《おん》は、哀《かなし》みて以て思《おも》ふ、其の民困《くるし》めばなり。声音《せいおん》の道は、政と通ず。〈言ふこころは、八音《はちおん》和《わ》すると否《いな》とは政に随《したが》ふなり。〉【楽記3】

▼「音」は人の心から生まれる。心が感じて動くと知覚できる「声」になり、それが組み合わさって「音」になる。だからよく治まった世の「音」は、安らかで楽しんでいる。政治が調和しているからである。乱世の「音」には、怨みと怒りが顕《あらわ》れる。政治が（天の理や民の心に）背いているからである。亡国の「音」には、哀しみと憂《うれ》いが顕れる。民が苦しむからである。このように、「声」と「音」のあり方は、政治のあり方と対応している。

政治の良し悪し、国の治乱や盛衰は、民の心の喜怒哀楽に直結し、それが「声」として形をなし、歌われるので、それを見れば政治や国の有様がわかる。単純化していえば、〈《楽》の乱れは政治の乱れ〉ということだ。

[220]楽《がく》なる者《もの》は、其《そ》の自《よ》りて成る所《ところ》を楽《たの》しむ。〈楽を作るには、民の己《おのれ》の功を楽しむ所《ところ》に縁《よ》る。舜《しゅん》の民は、其《そ》の堯《ぎょう》を紹《つ》ぐを楽しみて大韶《たいしょう》を作る。湯武《とうぶ》の民は、其の濩伐《ごばつ》を楽みて濩武《ごぶ》を作る。〉【礼器23】

▼《楽》は、その元になる現象を楽しんで生まれるものだ。〈民は、世に有益な物ごとを楽しんで《楽》を作る。だから舜《しゅん》が堯《ぎょう》から天子の位を継ぐと、舜の民は喜んで「大韶《たいしょう》」という《楽》を作った。湯《とう》（周の武王）が殷《いん》の紂《ちゅう》を討つと、周の民は喜んで「濩武《ごぶ》」という《楽》を作った。〉

古《いにしえ》の《楽》は、善政に感激した民が、その心情を形にして残したものであり、それはいわば、後世まで長く讃えるための、〝聖王の偉業の記録〟という側面を持った。そうであるから、その記録作業は、王の側からも行われた。

[221]王者《おうしゃ》、功成《こうな》りて楽を作り、治定《ちさだ》まりて礼を制《せい》す。〈功成ると治定まるは、同時のみ。功は王業《おうぎょう》を主《しゅ》とし、治は民を教《おし》ふるを主とす。〉【楽記15】

▼王は王として確立すると《楽》を作り、統治を確立させると《礼》を定める。〈王と統治の確立は、同時である。王は君臨することで確立し、統治は民を教え導くことで確立する。〉

その王の治世となって世がよく治まるようになったこと、そしてその時の君臣・民の心情を《楽》という形で記録することにより、以後、その《楽》を演奏することで、その時の正しい心情を何度でも君臣・民の内面に復元し、統治に永続性を与えるのである。

第九章　《礼》と外交・内政
――立場最適主義と職分忠実主義

《楽》と統治（政治）の良し悪しが密接に連関していたことを確認したところで、次は《礼》と統治の関係に踏み込もう。

《礼》と外交――諸国（諸侯）の秩序は《礼》に沿って定まる

［222］人を定《さだ》むる、之《これ》を礼と謂《い》ふ。【僖公二八年】
▼人の社会を安定させるのが《礼》というものだ。

右の『左氏伝』の一節は、《礼》と統治の関係を最も簡略に述べたものだが、《礼》が統治の根本・最重要項目だとする言説は数え切れない。では、具体的に《礼》がどう統治に資するのか。問題は主に二つに絞られる。国内の秩序維持と、外交的な秩序維持である。

周王朝は、諸侯に封地《ほうち》（領地）を与えて国の君主に取り立てる封建《ほうけん》制を敷いた。そのため、周を取り巻いて大小の諸侯の国が並立した。各国は独立しており、それらの間の関係は外交関係であり、戦争を含む多様な外交が網の目のように広がって繰り返され、刻々と変化する外交関係が展開した。その多国間の秩序の維持（や改変、時には破壊）において、《礼》は重要な役割を果たした。本章ではその様相を、主に『左氏伝』によって確認しよう。

[223]夏、曹伯来朝《そうはくらいちょう》す。礼なり。諸侯、五年に再び相朝《あいちょう》して、以《もっ》て王命《おうめい》を脩《おさ》むるは、古《いにしえ》の制《せい》なり。【文公一五年】

▽夏、曹伯《そうはく》（伯《はく》の爵位を持つ曹《そう》国の君主）が魯《ろ》国に来朝《らいちょう》（挨拶のため参上すること）した。これは《礼》に沿っている。諸侯の間では五年間に二度、諸侯同士が訪ね合って、周王の意思に沿って務めを果たせるようにするのが古来の制度である。

[224]凡《およ》そ諸侯、位に即《つ》けば、小国は之《これ》に朝《ちょう》し、大国は焉《これ》に聘《へい》して、以《もっ》て好《よしみ》を継ぎ、信を結び、事を謀《はか》り、闕《けつ》を補《おぎな》ふは、礼の大《だい》なる者《もの》なり。【襄公元年】

▽一般に、諸侯が国の君主の位に就けば、小国は君主自ら参上し、大国は使節を送って、友好関係を継続し、信頼関係を結び、大事を相談し、相互の不足を補う。それが《礼》の重要な実践である。

右のように、〈諸侯はあくまでも周王の藩屏《はんぺい》（主君を囲んで仕える者）という立場から、相互に助け合う〉という建前があり、それに沿って他の諸侯と交わることが《礼》だった。もっとも現実には、春秋時代（『左氏伝』に描かれた時代）の諸侯は、特に大国は周の藩屏に甘んじず、独自の意思を持って周辺国を服従させ、戦争し、覇業に邁進して、あげくの果てには（周王しか名乗れないはずの）「王」を自称するに至る。

しかし、力で闇雲に外交的問題を解決することを、《礼》は認めていない。魯の宣公《せんこう》が、東に近接する小国の莒《きょ》と郯《たん》を講和させようとし、莒が従わなかったため武力侵攻して占領したことを、『左氏伝』は次のように非難する。

[225]礼に非《あら》ざるなり。国を平《たい》らかにするには、礼を以《もっ》てし、乱を以てせず。伐《う》ちて治めざるは乱なり。乱を以《もっ》て乱を平らげんとす。何の治まることか之有《これあ》らん。治まること無《な》くば、何を以てか礼を行《おこな》はん。【宣公四年】

▼《礼》に沿っていない。国同士の講和は《礼》に基づくべきで、暴力で強制すべきでない。他国を侵奪しておきながらそれをきちんと治めないのは、ただの暴力だ。暴力で他国間の抗争を収拾しようとしても、治まるはずがなく、そうなれば当事国が《礼》の実践によって和するはずがない。

このように、実際問題として、大国はしばしば力に訴えた。小国がそれに対抗するためには、小国同士で連合したり、大国に保護されるしかない。それは〝保護〟という名目で小国を支配したい大国の望むところなので、諸国は共通の敵国に備えるために、集合・離散を繰り返した。そのような外交で最も典型的なのは、「会盟《かいめい》」である。諸侯は、盟主となる国の呼びかけで特定の土地に集合し、盟約を結んで、同盟関係を築いたり更新したりした。「諸侯が会合する時に敬い譲ることを実践すれば、戦争は起こらない」という、諸侯同士の関係における《礼》の重要さを説いた[5]の一節は、そのような会盟に関するものである。

《礼》を実践するか否かは国の存亡に直結

もっとも、周の《礼》は、諸侯同士の平和的関係だけでなく、〈戦争すべき時に戦争せよ〉とも定めていた。『左氏伝』に次のような事例がある。

魯の南に隣接する邾《ちゅ》国が須句《しゅこう》国を滅ぼした時、須句子《しゅこうし》（須句の君主）は、魯の僖公《きこう》の母の成風《せいふう》が須句出身だった縁を頼って、魯に亡命した。この時、成風は息子の僖公に「由緒ある祭祀を尊び、小国を保護するのが周の《礼》です〔明祀《めいし》を崇《たっと》び小寡《しょうか》を保《やす》んずるは、周の礼なり〕」と説いて、須句の救援を決意させた【僖公二一年】。『左氏伝』には、翌年の春、僖公が「邾《ちゅ》を攻めて須句を奪還し、本来の君主である須句子に返した。礼に沿っている〔邾《ちゅ》を伐《う》ち、須句を取りて、其《そ》の君を反《かえ》す。礼なり〕」という記事がある。

注目されるのは、この魯による他国への干渉が「《礼》に沿っている」とされたことで、これはもちろん〈礼儀正しい〉という意味ではない。魯は、秦《しん》や晋《しん》のような強大な国とはいえないが、須句よりは大きい。そして姻戚関係にある弱小国の須句が頼ってきたら、亡命した君主を元の地位に回復させるため侵攻することが、周の《礼》、つまり周の秩序に属する諸侯の正しい行動なのである。

さらに、小国が大国に服属するだけでなく、〈大国には小国を庇護する責務がある〉という、双務《そうむ》的な関係〔相互に責務を負う関係〕があったことに注意したい。それは「礼は往来を尚《とうと》ぶ〔双方向性を重視する〕」という、《礼》の本質の、外交における応用である。そのような周の藩屏諸国の望ましい関係を、『左氏伝』はある事件〔[229]〕で苦境に立たされた小国・鄭《てい》の使者の言葉として、次のように述べる。

[226] 諸侯の晋君《しんくん》に帰《き》する所以《ゆえん》は、礼なり。礼とは、小《しょう》は大《だい》に事《つか》へ、大は小を字《めぐ》むを謂《い》ふなり。大に事《つか》ふるは其《そ》の時命《じめい》に共《きょう》するに在《あ》り、小を字《めぐ》むは其の無《な》き所《ところ》を恤《うれ》ふるに在り。【昭公三〇年】

▽諸侯が晋の君主に帰服するのは、《礼》があるからです。《礼》とは、小〔力や身分が乏しい者〕が大〔力や身分に恵まれた者〕に仕え、大が小を慈しむことをいいます。小が大に仕えるとは、大の指示に毎回忠実に従うことであり、大が小を慈しむとは、小が必要なもの〔資源・人材・機会など〕を不足させている状態を憂いて助力することです。

右は、いい換えれば、〈大国には大国の責務が、小国には小国の責務があり、それぞれの立場に相応《ふさわ》しく、分相応に政務を果たすのが《礼》だ〉ということである。このことは、《礼》の極めて重要な原理の一つなので、後に章を改めて再説する。

ところで、魯の僖公が須句の君主を復帰させた右の事件の一八年後、魯の文公が須句を占領し、魯に亡命していた須句の文公（魯の文公とは別人）を君主に据えた。これは僖公の時と同じ構図の出来事だが、『左氏伝』は「礼に外れた行いだ〔礼に非《あら》ざるなり〕」と非難した。行動が同じなのに評価が正反対なのは、僖公の時には〈無道な侵略からの保護〉だったのに対して、文公の時には〈恣意《しい》的な他国への介入〉にすぎなかったからである。

邾が須句を滅ぼしたような、無闇な他国への侵略は、《礼》という秩序全体に対する反抗であり、そのゆえに討伐が正当化されたが、二国間同士の純粋な〈礼儀正しさ〉の問題も、戦争の発端となった。前述のように（九三頁）、魯が何度も杞《き》国を攻撃したのは、杞が周の《礼》を放棄し、周の《礼》を遵守《じゅんしゅ》する魯にとって「無礼」な存在となったからだった。諸国の行く末を案じたある人物が、「（君主が周の王室から分かれた）「姫《き》」という姓の国々のうち、蔡《さい》・曹《そう》・滕《とう》はまず亡ぶだろう。大国に圧迫され、しかも礼がないからだ〔姫《き》の列に在《あ》る者、蔡と曹・滕は、其《そ》れ先づ亡びんか。偪《せま》られて礼無《な》し〕」と予言したように【昭公二年】、小国が大国に対して《礼》を欠くことは、国の存亡に関わる問題だった。

《礼》を失うことは、単に相手を怒らせることで国を危うくしただけではない。《礼》を失った国は、統治が破綻し（かけ）ていると見なされ、侵略を狙う他国の格好の餌食となった。魯の閔公《びんこう》元年（紀元前六六一年）、内紛で混乱していた魯を視察した斉《せい》の仲孫湫《ちゅうそんしゅう》は、帰国後、主君である斉の桓公《かんこう》から「（今なら魯を占領できるか〔魯、取るべきか〕」と問われた。これに対し、仲孫湫は次のように答えている。

［227］不可なり。猶《な》ほ周の礼を秉《と》る。周の礼は本《もと》たる所以《ゆえん》なり。臣之《しんこれ》を聞く。「国の将《まさ》に亡《ほろ》びんとする、本《もと》必ず先《ま》づ顚《たふ》れ、而《しこ》うして後《のち》、枝葉之《しようこれ》に従ふ」と。魯、周の礼を棄《す》てず。未だ動かすべからざるなり。

【閔公元年冬】

➤できません。まだ魯は周の《礼》を守っており、周の《礼》は物ごとの根本です。私はこう聞いています。「国が亡びる時には、まず国の根本からだめになり、それに従って枝葉（のような諸事）がだめになる」と。魯は（国の根本である）周の《礼》を捨てていませんから、揺るがすことはできません。

《礼》の忠実な実践は、前述のように、天地・万物の摂理に逆らっていないことを意味する。したがって、《礼》を忠実に実践する国は、世界の仕組みに沿って運営される最も堅固な国であって、力押しでは倒せない、と判断されたのである。結局、桓公は仲孫湫の進言に従い、魯とむしろ安定的で良好な関係を結ぶことを選んだ。もしこの時、魯が《礼》を廃れさせていたら、斉は躊躇《ちゅうちょ》なく侵攻したということであり、その意味で、《礼》の有無は国家の存亡に直結したのである。

《礼》を欠く大国は諸侯の盟主たる資格がない

また《礼》の重要さは、単に小国が大国に、あるいは対等な関係同士で、礼儀正しく接し合うことだけではない。むしろ大国こそ、諸侯の盟主になるために《礼》を実践せねばならないと考えられた。

魯の昭公《しょうこう》四年（紀元前五三八年）、楚《そ》の霊王《れいおう》は近隣の中小国の諸侯を召集し、会盟した（この頃から楚の君主は覇権を自覚して「王」と名乗っていた）。この時、楚王の臣の椒挙《しょうきょ》は、楚王に次のように進言した。

[228]臣聞く、「諸侯は帰《き》する無《な》し、礼以《もっ》て帰するを為《な》す」と。今、君《きみ》始《はじ》めて諸侯を得たり。其《そ》れ礼を慎《つつし》め。

➤私の聞くところでは、「諸侯は特定の覇者に隷属するのではなく、《礼》のある大国に服属するものだ」といわれます。今、王《あなた》は初めて諸侯を会同させることに成功しました。だからこそ、特に意識して《礼》を守って下さい。

楚王は最初、進言を守ったものの、すぐに慢心して諸侯に強圧的な態度に出たため、「諸侯はすぐに背くだろう」と世に評された。実際問題としては、国同士の主従関係は露骨な武力によって決まることが多かったが、盟主として心服されるためには《礼》は不可欠と考える者が、この時代にはまだ多かった。

その出来事の二六年後、晋の頃公《けいこう》の葬儀があったが、鄭《てい》国からの参列者が先例より少なかった。晋のある大夫がそのことを難詰《なんきつ》したが、鄭は次のように反論した。

[229]今、大夫曰《いわ》く、「女《なんじ》、盍《なん》ぞ旧《きゅう》に従《したが》はざる」と。旧に豊《ほう》有り省《せい》有り、従ふ所《ところ》を知らず。其《そ》の豊に従はんとするときは則《すなわ》ち寡君幼弱《かくんようじゃく》なり。是《これ》を以《もっ》て共《きょう》せず。其の省に従はんとするときは則《すはわ》ち吉此《きっこ》に在《あ》り。唯《ただ》大夫之《これ》を図《はか》れ。【昭公三〇年正月】

▼大夫《あなた》は「先例に従え」とおっしゃいますが、先例には、参列者が多かったケースも少なかったケースもあり、画一的・機械的にどの先例に従うべきかを決められません。参列者が多かった先例に従おうとしても、今の鄭の君主は幼少で参上できません。そこで、少なかった先例に従って、私がこうして来ております。そのあたりを配慮して頂きたい。

この反論に、晋は再反論できなかった。日本では、儀礼というと、〈古くさい先例に機械的に盲従するばかりの、硬直した思考停止〉というイメージが強く、実際に前近代の日本では、そのように儀礼が運用されたことも、少なからずあった。ただ、実際には、儀礼では時と場合によって様々な対応が取られるため、蓄積される先例も多様であり、実際の儀礼の運営では、〈どのような理由でどの先例に従うか〉という問題こそ、頭の使い所であった（中世までの公家の儀礼でも、しばしば、どの先例に準拠するかが最大の論点となった）。準拠するにあたって最も適切な先例を的確に探し出すことこそ、儀礼の存在意義を高めることであり、その能力こそ、儀礼の運営に携わる者が有能かどうかを決める重大なポイントだった。それは中国・日本を問わず、春秋時代から前近代を通じて二千数百年間、全く変わっていない。このことは、儀礼や、それに付随して生じる先例尊重の思想を理解する上で、注意を払うべき事実である。

鄭の使者は、〈その時々の事情を考慮して、無闇に画一的な振る舞いを相手に求めないことも《礼》のうちだ〉と主張した。それは、「持てる財産に相応の振る舞いをすれば《礼》に適《かな》ったことになる」という、前述の孔子の見解〔143〕に則した、正しい《礼》の理解だった。そして鄭の使者は、この時、反論の冒頭を「諸侯が晋に帰服しているのは、《礼》があるからです〔諸侯の晋君に帰する所以《ゆえん》は、礼なり〕」と切り出した。晋が真に《礼》を実践する国なら、《礼》に基づく所作が臨機応変で構わないということを、了解できるはずだ。そういう論理で、鄭は自国を正当化したのである。それは、この件でこれ以上鄭を責めれば「晋は《礼》を理解しない国だ」というレッテルが貼られるが、晋に《礼》があるからという理由で帰服している諸侯は、《礼》がないならすぐに離反するぞ、という、一種の脅しだった。その脅しは、十分に有効だったのである。

《礼》は世界観＝思考様式を共有し諸国間の円滑な意思疎通を保証する

諸国が《礼》を備えることが、外交上重要であった理由は、まだある。

魯の哀公《あいこう》が呉《ご》と会合した際、魯は呉から、周の礼が定める以上の量の料理を要求され、圧力に屈して提供した。その会合で、魯の大夫の季康子《きこうし》が呉に呼び出されたが、断った。呉はこれを難詰して「魯の君主は遠路会合まで赴いているのに、なぜその臣にすぎない大夫が門を出ようともしないのか。それは一体どのような《礼》だ〔国君《こくくん》は道に長《ちょう》じて、大夫は門を出《い》でず。此《こ》れ何の礼ぞや〕」と責めた。これに対して、季康子はこう反論した。

[230] 豈以《あにもっ》て礼と為《せ》んや。大国を畏れてなり。大国、礼を以《もっ》て諸侯に命《めい》ぜず。苟《いやしく》も礼を以てせざれば、豈《あに》量《はか》るべけんや。寡君《かくん》、既《すで》に命《めい》を共《きょう》す。其《そ》の老《ろう》、豈敢《あにあえ》て其《そ》の国を棄《す》てんや。大伯《たいはく》は端委《たんい》して以て周礼《しゅうれい》を治《おさ》むるに、仲雍《ちゅうよう》は之《これ》に嗣《つ》ぎて、髪を断ち身に文《ぶん》し、贏《ら》にして以て飾りと為《な》すは、豈《あに》礼ならんや。由《より》て然《しか》る有《あ》るなり。【哀公七年】

▽私自身も、自分の振る舞いを《礼》だとは考えていません。ただ呉という大国を恐れてのことです。呉は大国でありながら（料理を力ずくで要求したように）《礼》を逸脱した命令を諸侯に出しました。そのように大国が振る舞うと、何が起こるかわからず、魯のような小国は警戒を解けません。わが君は既に呉の指示を守って出席していますし、私のような家老が国の守りを捨てることはできません。無礼というなら、貴国はどうですか。かつて呉の始祖の大伯《たいはく》は、正式の衣冠《いかん》を着て周の礼を守ったが、跡継ぎの仲雍《ちゅうよう》は髪を短く切って、体に入れ墨し、裸体でいることを飾りとしました。呉が受け継いでいるその習俗は、《礼》とはとてもいえますまい。だからこうして（こちらも《礼》が通じない相手と見なし、《礼》から逸脱した）対応を取るのです。

中国風の髻《もとどり》を捨て、入れ墨し、裸体でいることは、全て「夷《い》（野蛮人）」の習俗であり、周の《礼》に反した。周の《礼》は、諸侯が交流する際の規範であり、諸侯は、諸侯全員がその規範を共有しているという前提で行動する。だから《礼》に沿った適切な（理性的な）働きかけに対しては、当然、《礼》に沿った適切な（理性的な）反応が期待できる。つまり、《礼》とは諸侯同士の外交において互いの行動が予測できるということであり、だから必ず適切な対処の仕方があり、外交が乱れず社会が無闇に乱れない。

逆に、古今東西を問わず山ほど実例があるように、考え方の根幹を共有しない者同士は、たとえ言語の壁を越えられたとしても、意思疎通すら困難であり、互いに相手の意図や行動を予測できず、相互理解に至るまで大変な困難を伴う。そして多くの場合、相互理解の試みは挫折し、途中でしばしば、一方が〈礼儀正しい〉と信じる行動が他方には〈無礼〉と映り、侮辱と受け取られて、魯の杞国侵略と同様の戦争が起こるのである。

「夷礼《いれい》」（夷の考え方）に染まった杞の国が、どれだけ周の《礼》に基づく諸国と通じ合えなかったかは、著名な「杞憂《きゆう》」という諺《ことわざ》を想起すれば明らかだ。杞憂とは「無用な心配」という意味だが、その語源は、杞の人が、「いつの日か天が地上に落下してくることを恐れていた」という故事に基づいている【『列子』天瑞第一】。一般的には、これは単に、「起こるはずがないことを恐れる愚かなこと」として片づけられてしまうが、本書で《礼》について学んできた私たちは、そこに「天」という要素が入っていることを、もはや軽視できない。周の《礼》思想にとって、「天」は世界の根幹・始原であって、《礼》思想のあらゆる要素は論理的にすべて「天」に帰着する、とさえいえる。それほど大事な「天」の理解を誤る杞の人は、周の《礼》思想の最重要の根幹を理解せず、冒瀆《ぼうとく》する存在にほかならないのだ。

以上を踏まえれば、外交上における《礼》の重要性は、次のように換言できる。〈《礼》を理解するということは、天を始原とする世界観を理解するということだ。つまり《礼》の理解を共有することは、世界観を共有することであり、それは思考様式を共有するということにほかならないから、当然円滑なコミュニケーションが期待できる〉と。

《礼》と内政——《礼》は君臣上下の関係を確定・徹底させる

このような外交の場面に限らず、《礼》は各国の内政においても重要な役割を果たした。そもそも、《礼》は物ごとを成立させる根幹であるから、外交で《礼》を失した者は、同じく《礼》に立脚すべき内政も失敗するに決まっている、と目された。ある年、諸侯が会合した時、斉と衛《えい》の君主には「敬」が足りなかった。それを見た晋の叔向《しゅくこう》は、こう批判した。

[231]会朝《かいちょう》は礼の経《けい》なり。礼は政《まつりごと》の輿《よ》なり。政は身の守りなり。礼を怠《おこた》れば政を失ふ。政を失へば立たず。是を以《もっ》て乱るるなり。【襄公二一年】

▼諸侯との会合や朝見《ちょうけん》（諸侯が別の諸侯の朝廷に赴くこと）は《礼》の基本中の基本であり、《礼》に載せてこそ政治はうまくゆき、そうなってこそ諸侯の身は守られ安泰になる。逆に《礼》を怠れば政治は頓挫し、君主は君主であり続けられず、そこから国が乱れる。

国内の統治と《礼》の関係については、次のように総括する一節もある。

[232]礼は以《もっ》て政《まつりごと》を体《たい》し、政は以て民を正《ただ》す。是《ここ》を以て政成《な》りて民聴《き》く。【桓公二年七月】

▼《礼》が政治の骨格をつくり、政治によって民を正せば、政治は成就して民は統治に従う。

では、《礼》が政治の骨格となって民を正すとは、具体的に民をどうすることなのか。

[233]礼無《な》ければ楽しまず。由《よ》って叛《そむ》く所《ところ》なり。【文公七年】

▼礼がなければ民は心楽しまずに暮らし、ついには君主に叛《そむ》くことになる。

内政における《礼》とは、民の反乱を防ぎ、従順に服属させ続けるための装置だった。その仕組みは、次のように説明されている。

[234]礼は国の幹《かん》なり。敬《けい》は礼の輿《よ》なり。敬《けい》せざるときは則《すなわ》ち礼行《おこな》はれず、礼行《おこな》はれざるときは則ち上下《しょうか》昏《くら》し。何を以《もっ》て世を長《なが》くせん。【僖公一一年】

▼礼は国の根幹であり、敬うことに載せてこそ礼は実践される。敬いがなければ礼は実践されず、そうなれば上下は混乱して、どうにも統治を長く保てなくなる。

ここで、《礼》が国の根幹である理由が、「敬」や「上下」と関連づけて語られていることに注意せねばならない。それは、国の統治において、百官・民が上位者に対して敬意を払う上下関係、つまり身分秩序の問題として《礼》が重視されたことを意味する。その具体的な現れこそ、前述のような、軍事教練や宴によって百官・民に身分秩序を自覚・実践させたことだった。

それによって実現されるべき人間関係とはどのようなものか、なぜそれが実現するか、なぜそれが実現すべきなのか、と斉の景公《けいこう》は疑問を抱いた。その景公に、《礼》について尋ねられた宰相の晏子《あんし》が、次のように述べている。

[235]

「礼の以《もっ》て国を為《おさ》むべきや、久《ひさ》し。天地と並《なら》ぶ。君は令《れい》し臣《しん》は共《きょう》し、父は慈《じ》に子は孝《こう》に、兄は愛《あい》し弟は敬《けい》し、夫は和《わ》し妻は柔《じゅう》に、姑《こ》は慈《じ》に婦《ふ》は聴《き》くは、礼なり。君は令して違《たが》はず、臣は共して貳《じ》せず、父は慈にして教《おし》へ、子は孝にして箴《いさ》め、兄は愛して友《ゆう》に、弟は敬して順《したが》ひ、夫は和して義《ぎ》に、妻は柔《じゅう》にして正《ただ》しく、姑《こ》は慈《じ》にして従《したが》ひ、婦は聴きて婉《しとやか》なるは、礼の善物《ぜんぶつ》なり」と。公曰《こういわ》く、「善《よ》いかな。寡人今《かじんいま》にして後《のち》に、此《こ》の礼の上《たっと》ぶべきを聞く」。対《こた》へて曰《いわ》く、「先王《せんおう》の、天地に稟《う》けて以《もっ》て其《そ》の民を為《おさ》むる所《ところ》なり。是《ここ》を以て先王之《これ》を上《たっと》ぶ」。【昭公二六年】

▼「《礼》によって国を統治すべき」という規範は定まってから久しく、天地の誕生と同時に生まれたものです。君主が教令で導けば臣は謹んで応じ、父が慈しめば子は尽くし、兄が愛しめば弟は敬い、夫が和《なご》やかなら妻は柔順になり、姑が慈しめば嫁が従う、というのが《礼》のあり方です。君主は臣に正しく教令を発し、臣は君主の命令に背かず、父は慈しみをもって子に教え、子は親愛の

情に基づいて必要に応じて親を諫《いさ》め、兄は弟を可愛がって仲良くし、弟は兄を敬って従い、夫は和らいで妻に筋を通し、妻は夫に従順で素直になり、姑は嫁を慈んで耳を傾け、嫁は姑の導きに耳を傾け婉《しとやか》になる。これらを可能にするのが、《礼》の優れた特徴です」。これを聞いて景公が「素晴らしい。私は今初めて、《礼》を尊ぶべきことを知ったよ」というと、晏子は続けた。「《礼》は、古《いにしえ》の王が民を治める理念として、天地から受け継いだものですから、古の王は《礼》を尊んだのです」と。

〈国の統治は《礼》に立脚すべき〉という理念は、《礼》が類別機能や先後絶対主義を持つことに基づいて、〈世界が天と地に分かれ、万物が天を始原として天に従属する〉という世界の始まり・仕組みと関連づけて語られた。そして、〈古の聖王がその仕組み（の実現）を天から直接託された〉という大前提〔121〕を根拠として、具体的な人間関係（君と臣、父と子、兄と弟、夫と婦、姑と嫁など）において、双務的なあり方の指針が展開される。下位者（後者）が上位者（前者）に従順に責務を果たし、かつ上位者が下位者を正しく導く責務を果たすべきだ、と。

［236］夫《そ》れ礼は、民を整《ととの》ふる所以《ゆえん》なり。故《ゆえ》に会《かい》して以《もっ》て上下《しょうか》の則《のり》を訓《おし》へ、財用《ざいよう》の節《せつ》を制《せい》し、朝《ちょう》して以《もっ》て班《はん》爵《しゃく》の義《ぎ》を正《ただ》し、長幼《ちょうよう》の序《じょ》に帥《したが》ひ、征伐《せいばつ》して以て其《そ》の不然《ふぜん》を討《とう》ず。【荘公二三年夏】

▼礼は民を整えるもの。そのため、諸侯が会合する時は席順を身分の高い順に正して下が上に従う原則を教え、財産を無駄遣いしないよう民に節制を教え、百官が朝廷に出仕する時は爵位の順に並ばせて正しく上下関係を示し、年少者が年長者に従うよう教え、上位者を軽んじる者を征伐して見せしめとするのである。

右でいう「民を整える」とは「民を整序する」こと、つまり民を序列化し、序列を民に守らせる教育を意味する。そのことは、次の一節に明記されている。

[237]礼は国家を経《けい》し、社稷《しゃしょく》を定め、民人《みんじん》を序《つい》で、後嗣《こうし》を利《り》する者《もの》なり。【隠公一一年夏】

▼《礼》は国家の最も重要な軸を確立し、君主の祖先祭祀を安定させ、民を序列化し、後代の人々に良い社会を伝え残すものである。

このように、君主から民まで、国内のあらゆる人間が自分の立場を自覚して、立場に相応しい最適な振る舞いをするよう導く規範が、統治における《礼》の役割だった。その大前提には、〈全ての人間には身分上下の関係があり、上に下が従うという原則を曲げてはならない〉という理念が存在した。したがって統治における《礼》の最も直接的な役割は、人々の上下関係を決定し、明示し、常に確認し、再生産することにある。

漢の儒学者・賈誼《かぎ》の『新書』（一九二頁）は、右の結論を次のよう簡潔明瞭にまとめている。

[238]礼なる者《もの》は、国家を固め、社稷《しゃしょく》を定むる所以《ゆえん》、君をして其《そ》の民を失《うしな》ふこと無《な》からしむる者なり。主《しゅ》は主、臣《しん》は臣、礼の正《ただ》しきなり。【『新書』巻六-礼】

▼《礼》とは、国家の形を確定させて国家の祭祀を安定させる源となり、君主が支配下の民を失わないよう導くものである。「主君は主君、臣下は臣下」という越えてはならない線引きを越えないことが、《礼》の正しい実践である。

[239]礼なる者は、臣下、其《そ》の上《かみ》を承《うけたまわ》る所以《ゆえん》なり。【同前】

▼《礼》とは、臣下が上（君主）に従順に振る舞うことの源である。

右の二つの短い文章に、《礼》の統治における存在意義、というよりも、《礼》が広大で繁雑な理論と手続きを駆使して、要するに何をしたかったのか、その本音があまりに端的に現れている。結局、最も実用的な次元では、《礼》は〈絶対的な上下関係を保守するために臣と民に刷り込みたい倫理観〉として、支配者層に有用性が認められたのである。

立場が高いと責任範囲も高次元——祭祀の主体と対象は厳密に対応

もっとも、右に述べた〈身分に基づく序列化〉も、単に臣・民が君主に絶対的従属を課される一方的な関係ではない。《礼》は双務的であり、統治者層にもまた責務を課した。双務的とは、臣下と同様に、君主もまた《礼》に適《かな》った振る舞いを要求される、ということである。したがって《礼》思想は、決して君主に恣意《しい》的な振る舞いを許さない。身分を問わず、《礼》に外れた行動は非難の対象である。古代中国の君主がしばしば《礼》を軽んじたのは、臣と民を縛るだけで自分は何をするも自由という、君主が望んでいる都合のよさを《礼》思想が持っていないからである。

《礼》思想ではむしろ、君主など、身分が高い者ほど強く非難されやすい。そうなる理由は、第一に、〈《礼》の実践とは、上位身分の者が下位身分の者に明示的に示す、模範的行動である〉からだ。当然、身分が高い方が、《礼》をよく実践できねばならない。

第二に、身分が高い方が、責任を持つべき範囲が広く、したがって責務が多く大きく、それだけ遂行が困難だからである。そのことを最も端的に示すのが、祭祀の守備範囲だ。前述の通り（一一八頁）、古代中国では大地、具体的には山や川も祭る対象だった。では、誰がどの山・川を祭るのか。それを明記したのが『礼記』の次の一節である。

［240］天子は天下の名山・大川《だいせん》を祭る。……諸侯は名山・大川の其《そ》の地に在《あ》る者を祭る。〈魯《ろ》人は泰山《たいざん》を祭り、晋《しん》人は河を祭る。是《これ》なり。〉【王制30】

➤天子は天下の名山と大河を祭り、諸侯は自分の治める国の名山と大河を祭る。〈たとえば、魯の君主が魯にある泰山《たいざん》を祭り、晋の君主が晋にある黄河《こうが》を祭るように。〉

右を一般化していえば、〈山川を祭る責務は、自分の治める範囲全体に及ぶ〉ということだ。諸侯は限られた国の領土しか治めていないので、自国の山川だけを祭ればよい。しかし、天子は天下（地上全体）を治めるので、地上すべての山川を祭る責務がある。それはつまり、身分・立場が上がるほど、祭祀する責務を負う範囲も拡大してゆく、ということである。『礼記』の次の一節は、そうした祭祀の守備範囲を具体的に明記している。

［241］（a）天子は天地を祭り、四方を祭り、山川《さんせん》を祭り、五祀《ごし》を祭り、歳《とし》ごとに偏《あまね》し。（b）諸侯は方祀《ほうし》し、山川を祭り、五祀を祭り、歳ごとに偏し。（c）大夫は五祀を祭り、歳ごとに偏し。（d）士は其《そ》の先《せん》を祭る。〈四方を祭るとは、五官《ごかん》の神《しん》を四郊《しこう》に祭るを謂《い》ふなり。句芒《くぼう》は東に在《あ》り。祝融《しゅくゆう》・后土《こうど》は南に在り。蓐収《じょくしゅう》は西に在り。玄冥《げんめい》は北に在り。『詩』に云《いわ》く、「来《ここ》に方《ほう》を禋祀《いんし》す」と。方祀とは、各《おのおの》其の方の官を祭るのみ。五祀は、戸《こ》・竈《そう》・中霤《ちゅうりゅう》・門《もん》・行《こう》なり。（e）此《こ》れ蓋《けだ》し殷《いん》の時の制なり。『祭法《さいほう》』に曰《いわ》く、天子は七祀《しちし》を立て、諸侯は五祀《ごし》を立て、大夫は三祀《さんし》を立て、士は二祀《にし》を立つ。周の制を謂《い》ふなり。〉【曲礼下49】

右の一節は、叙述の順序を逆転させて、次のように意訳した方がよいだろう。

まず、「支配階級で最も身分が低い士は、自分の祖先だけを祭る」（d）。それより上位の者は、祖先祭祀に加えて次のものを祭る。「（士よりも貴い）大夫は、五祀《ごし》を毎年祭る」（c）。五祀とは前述［87］の通り、戸《こ》・竈《そう》・中霤《ちゅうりゅう》（居室）・門《もん》・行《こう》である。次に、「（大夫よりも貴い）諸侯は、大夫が祭る五祀に加えて、四方の神と山川を毎年祭る」（b）。四方の神とは、東西南北の四方にあってそれぞれの方角を司る神であり、鄭注によれば、東の神を「句芒《くぼう》」、南の神を「祝融《しゅくゆう》」と「后土《こうど》」、西の神を「蓐收《じょくしゅう》」、北の神を「玄冥《げんめい》」といった。そして「（諸侯より貴く、人間の最高位である）天子は、諸侯が祭る四方・山川・五祀に加えて天地を毎年祭る」（a）。もっとも、末尾の鄭注によれば、これは殷《いん》の祭祀制度であり、『祭法《さいほう》』という書によれば、周の制度では「天子は七祀《しちし》を、諸侯は五祀《ごし》を、大夫は三祀《さんし》を、士は二祀《にし》を祭った」という（e）。それぞれが祭る対象の数を列挙したものである。

周の制度が本文の通りか、鄭注の通りかはともかく、いずれにしても動かない原則がある。地位が高いほど、つまり統治に責任を持つ範囲が広い者ほど、祭るべき対象が多いということだ。そして、人間最上位の天子だけが天地、つまり世界全体を祭ったのである。

ここで重要なのは、天子に固有の祭るべき対象があること、つまり立場と祭祀の対象に厳密な対応関係があり、特定の祭祀には、特定の祭るべき適任者があったことである。したがって適任者でない者が祭ることは、《礼》に反する。

［242］其《そ》の祭る所《ところ》に非《あら》ずして之《これ》を祭るを、名《なづ》けて淫祀《いんし》と曰《いわ》ふ。淫祀は福《さいわい》無《な》し。〈妄《みだり》に祭るときは、神、饗《う》けず。〉【曲礼下50】

「祭る者・時・場所が不適切な祭祀を「淫祀《いんし》（淫《みだ》りに祀《まつ》る）」という。淫祀では福《さいわい》（成果）は得られない」というのが祭祀の大原則だった。鄭注にあるように、「妄《みだ》りに祭っても、神は受け入れない」からである。

「神は非礼を享《う》けず」という著名な諺《ことわざ》がある（『論語』〔八佾《はちいつ》〕に後漢の包咸《ほうかん》が付けた注に見える〔『論語集《しっ》

そうでない場合に「非礼なり」という表現で非難していることは、その証拠である。

しばしば、人々の振る舞いを評して、「《礼》に沿っていて感心できる」という意味で「礼なり」といい、

め・仕組みに反している」という意味であり、実は、敬意の有無は二次的問題にすぎない。『左氏伝』が

ある。それはそれで一理あるのだが、《礼》思想では、「非礼」とは「《礼》に非《あら》ず」、つまり「《礼》の定

使うことが多く、この諺の意味は、「神は敬意が足りない語りかけを受け入れない」と解釈されがちで

解《かい》』による)。私たち現代日本人は、「非礼」を「無礼」という意味で使い、前近代日本人もそのように

立場最適主義と職分忠実主義——自分の領分だけに徹する最善の規範が《礼》

祭祀は天地・鬼神と人との間のコミュニケーションであり、コミュニケーションには通信規約《プロトコル》がある。《礼》は人間を立場ごとに類別し、祭祀の対象を類別し、それぞれ同士でコミュニケーションを取ってよい関係とそうでない関係を類別し、適切なコミュニケーションの仕方を類別して定めている。それに沿わなければ、どれだけ敬意を尽くしても天地・鬼神は問いかけに答えない。天には天子以外の声は届かないし、声を発する時や場所が間違っていても届かないのであり、《礼》に沿っていなければ、そもそも声が天地・鬼神に届かないのである。それと同様に、前述(一三八頁)の通り、故人の鬼神(霊)を祭る場合(宗廟の祭祀)も、子孫・同族が祭らねば鬼神は受け入れない。

このように、祭祀を行うには適切な者、適切な時、適切な場所というものがあった。そのうち〈適切な時〉については、《礼》に一貫する、時機最適主義(万事、物ごとを行うには適切な時があり、時によって適切な行動は違う)という一般則が対応している。そして〈適切な者〉という考え方も、同様に《礼》に一貫する一般則だった。この原則は〝立場最適主義〟と呼ぶことができ、それを『礼記』は[152]で次のように説いていた。

▽諸侯が集合して会盟（同盟）を結ぶ時、史《し》（記録官）の官職にある者は筆記具を携えて君主（である諸侯）に随従し、士の身分にある者は盟《ちかい》の文章を記した簡冊《かんさく》（紙が発明される以前の、竹や木の板を束ねたもの）を携えて君主に随従する。そうして、自分の仕事を果たすべき時が来るのを待つ。

《礼》は、人それぞれが立場に応じた職分に忠実であることを求めている。先に何度か言及した、職分忠実主義である。それは〈自分の領分を守る〉ことと換言でき、それは〈自分の領分の仕事を万全に果たす〉ことと、それに加えて〈他人の領分に進出しない〉ことの、両面から求められた。天子は天を祭らねばならず、天子以外は天を祭ってはいけない、というのはそういうことである。

この〈過不足なく領分を守る〉という考え方は、《礼》の他の理念と合致する。例えば、感情と所作の関係において、感情の発露と抑制を過不足ないバランスで実現しようとする《中庸《ちゅうよう》》は、この考え方にほかならない。また、敬譲の精神の重要さから敷衍《ふえん》して、「諸侯が会う時に敬い譲ることを実践すれば、戦争は起こらない」[5]とされるのは、まさに諸侯の物理的な領分＝領土の問題である。諸侯は自分の領土（封地）を隈《くま》なく治めねばならず、かつ他人の領土に手を出してはいけない、というのも職分忠実主義であり、その根底にある《中庸》思想の顕《あらわ》れであり、それらすべての根底には、《礼》の類別機能の厳密な適用がある。

右のような職分忠実主義は、『礼記』では徹底している。

[243]（a）国君《こくくん》其《そ》の国を去るときは、之《これ》を止《とど》めて、「奈何《いかん》ぞ社稷《しゃしょく》を去るや」と曰《い》ひ、大夫には「奈何ぞ宗廟《そうびょう》を去るや」と曰《い》ひ、士には「奈何ぞ墳墓《ふんぼ》を去るや」と曰《い》ふ。（b）〈皆《み》な民臣殷勤《みんしんいんきん》の言《いい》なり。〉（c）国君は社稷に死し、〈其の天子より受《う》くる所《ところ》に死するなり。侵伐《しんばつ》せらるるを謂《い》ふなり。『春《しゅん》秋伝《じゅうでん》』に曰《いわ》く、「国滅び君之《これ》に死す。正しきなり」と。〉大夫は衆《しゅう》に死し、士は制《せい》に死す。〈其の君

より受くる所《ところ》に死す。衆とは、君の師《し》を謂《い》ふ。制とは、君の教令《きょうれい》、之《これ》を為《な》さしむる所《ところ》を謂《い》ふ。〉【曲礼下28】

▼（a）人が自分の国から逃亡する時には、それを制止してかける言葉に、身分ごとの違いがある。君主が逃げる時は「なぜ社稷《しゃしょく》（国土の祭祀）を放棄するのか」と制止し、大夫が逃げる時は「なぜ宗廟（の祖先祭祀）を放棄するのか」と制止し、士が逃げる時は「（士は宗廟を持たないので）なぜ墳墓（の祖先祭祀）を放棄するのか」と制止する。

それらは君主や官僚・貴族らが、身分に応じた責務を放り出そうとしていることを責めているのだが、臣や民が直接君主や貴族を責めると、それ自体が《礼》に反する。そこで直接非難せず、「（それでいいのですか、と）慇懃に表現する」（b）のである。

それらが制止の言葉として機能すると期待されたことは、《礼》の定める職分忠実主義が厳密だった証拠だ。だから厳密にそれを守り、職分に殉《じゅん》じて死なねばならない。

▼（c）国の君主は社稷（国土の祭祀）を守り抜いて死なねばならない。大夫は軍勢とともに戦い抜いて死なねばならない。士は国の制度の執行をやり抜いて死なねばならない。

なぜ、〈立場に殉じよ〉とされるほどまで、職分忠実主義が厳密なのか。それは、君主・大夫・士の職分が、より上位の者から与えられたものだからだ、と（c）の鄭注はいう。

▼君主が国の社稷を守りぬいて死ぬのは、国が天子から与えられたものだからであり、他国から侵略を受けても死ぬまで国を守る気概を見せ、逃亡してはいけない。『春秋公羊伝《くようでん》』【襄公六年】に、「国

が滅びて君主が道づれになって死んだ。正しいことだ」とある通りである。大夫が軍勢を放棄して逃亡してはならず、軍勢とともに最後まで戦って死なねばならないのは、君主から与えられた軍勢を率いるからである。士が君主の定めた制度（教令）の執行を死ぬまでやり遂げねばならないのは、君主の命令を民に守らせる立場だからである。

要するに、人の職分は、より上位の者から与えられたものであり、自分自身のものではない。だから、職分を与えてくれた上位者に敬意と感謝を尽くすため、命がけでやり通すべきだ、ということである。ここには、《礼》の先後絶対主義が、〈与えられた者は、与えた者のために死す〉という形で、最も強烈に現れている。

右に天子について言及がないのは、天子の場合、天下が統治の領分なのだから、そこから逃亡しようにも行く先がないし、そもそも戦争し合う諸侯とは異なって、天子は戦いを挑まれて領土を滅ぼされ、逃亡する可能性が想定されていないからにすぎまい。天子にもまた殉じるべき領分があることは、《礼》思想においては当然の論理的帰結である。そして〈与えた者のために死す〉という原理を天子に適用すれば、天子に天子の地位と統治すべき対象を与えたのは天であるから、天命に殉じるべきことになる。天の与えた使命に天子が背けば、天譴《てんけん》（天の責め）を受ける。《礼》思想による限り、殷が亡び周が興ったのは、そのためにほかならない。

世襲により天命から外れてゆく天子——天と天子の緊張関係

ところで、天子が天の子であり、天命の体現者であるなら、彼は自ずから天命通り振る舞うはず、つまり自ずから（古《いにしえ》の先王のように）《礼》に適《かな》った完璧な振る舞いをするはずではないか。そうならば、『礼記』に見えるような、天子の責務（祭祀など）を明記した定めは不要なはずだが、なぜそれが存在するのか。それは現実に、『礼記』が記された頃の周の天子が、必ずしも《礼》に適った振る舞いをしなかったからであり、《礼》を制定した古の先王が、それを予見していたからである。

では、なぜその頃の天子の行いは《礼》に忠実でない（ことがある）のか。《礼》の基礎は天命という絶対善であり、天子が天命を承《う》けて天子の位にあるのならば、《礼》から逸脱するはずがないではないか。それに、なぜ、そのような逸脱が過去に予見されたのか。

それらの疑問の答えは、すべて次の一節にある。

[244]大道《たいどう》の行《おこな》はれしや、天下を公《こう》と為《な》す……〈公は猶《な》ほ共のごときなり。位を禅《ゆず》りて聖に授け、之《これ》を家《いえ》のものとせず。〉……今、大道既に隠れ、天下を家と為《な》す。〈位を子に伝《つた》ふ。〉【礼運2・3】

➤かつて、大いなる正しい道が実践された時代には、天子は天下を「公《こう》（公共）」のものとした。〈天子の位を聖人に譲り、自分の家のものとしなかった〉。……しかし今、その道はなくなり、天子は天下を自分の家のものとした。〈天子の位を自分の子に譲るようになった。〉

天子の位が聖人から聖人へと譲られているうちは、天命を承けて生まれた人物だけが天子になり、天子は常に絶対善であり続けられる。しかし、天子の位が世襲され始めると、事情が変わる。初代は確かに天命を承けて絶対善を体得しているが、その子孫は単に血統という理由だけで天子の地位にあり、天命を承けている保証がない。天命を承けた人物の子孫であり、親が子に地位を伝えるのは自然の摂理であるから、子孫の在位も幾《いく》ばくかは天命の結果ではある。しかしそれは直接天命を承けたわけではないから、天命に背く行いが十分にあり得、絶対善ではあり得ない。それが許容範囲であるうちは、天もこれを滅ぼさない、しかし、限度を過ぎれば、夏の桀《けつ》や殷《いん》の紂《ちゅう》のように天命から見放され、殷の初代の湯《とう》王《おう》や周の初代の武《ぶ》王《おう》のように、別の者に天命が授けられ、王朝が滅亡してしまう。

このように、天子の位を伝える方法が「禅譲《ぜんじょう》（他人への譲渡）」から世襲に転換した段階で、天子は絶対善である保証がなくなる。周の王の地位が、武王から弟の周公旦《しゅうこうたん》を経由して、武王の子成王《せいおう》に伝えられる路線が定まった時点で、このことは論理的に十分予見できる。そのため、古の聖王としてしばしば登場する周公旦は、いずれ天子が天命に裏づけられた《礼》に背く振る舞いを行う可能性を予見して、天子をも束縛する《礼》を明文化して定めた、ということだろう。

唐代以降に幾度《いくど》かの大規模な礼典《れいてん》（儀礼のマニュアル）の編纂《へんさん》が行われ、そこで天子の《礼》も明記された理由も、同じだろう。直接、天から天命を承けていない世襲王朝の天子は、天命に背いて天を失望させ、帝位を失う可能性が否定できない。そこで、人為的に天命を常に意識し、天子のあり方を天命に沿うよう回帰させる努力と工夫が必要である、と。

その唐代以降の礼典編纂は、常に律令《りつりょう》の編纂と軌を一にする、車の両輪だった。したがって律令の根底にも、礼典編纂の根底にある思想が共有されているはずだ。そして、著名な事実だが、中国では律令に皇帝（天子）の振る舞いに関する規定があり、律令が皇帝を束縛している。それは、世襲の天子が天命から逸脱しないよう、《礼》と《法》によって二方向のアプローチから、常にチェックされねばならないという思想の反映（どこまで本気かは別として、理念上は）であり、天と天子の緊張関係の産物にほかならない、と考えるべきである。

一方、それとは対照的に、日本の律令は天皇に関する規定を持たず、天皇を束縛しないという、これまた著名な事実がある。それはつまり、日本の「天皇」という思想の重大な特質、つまり〈天皇が天命と緊張関係にない〉という、日本特有の君主観、ひいては日本文化の重大な特質を示しているのである。このことについては、本書の成果を踏まえて、いつか詳しく論じてみたい。

第十章　君子の成績簿・『春秋左氏伝』
――万人を役割に縛る《礼》

春秋の筆法――微妙な表現の違いで歴史的事象の善悪を断じる

ここまで見てきたように、古代中国では天子さえもが天命との緊張関係にあり、その振る舞いが《礼》に適《かな》っているか否かをチェックされていた。では、それをチェックするのは誰か。

それは同時代の臣であり、後の時代の思想家や歴史家だった。君主が《礼》を逸脱しようとした時、臣は諫言《かんげん》という形で、これを改めさせせねばならない。また人が《礼》を逸脱したか否かは、後世の歴史家が、歴史書を編纂《へんさん》するにあたってチェックし、その善悪の評価を表明した。

そのような歴史書として最も著名なのは、『礼記』とともに五経の一つとされて日本に伝わった『春《しゅん》秋《じゅう》』である。『春秋』は紀元前八世紀～前五世紀頃の魯《ろ》国の歴史書で、周の統治が弛緩《しかん》し、一〇〇程度に分裂した諸国の諸侯の間に、争いごとが増えてきた時期である。『礼記』は「諸侯が会合する時に敬い譲ることを実践すれば、戦争は起こらない」と説くが(5)、まさに敬い譲る精神が廃れつつあり、そのため諸侯同士の侵略・戦争・対立が絶えない時代だった。『春秋』が叙述の対象としたこの時代を春秋時代といい、やがて数多の諸侯が淘汰されて七つの強国が分立し、覇を競った時代を戦国時代という。

『春秋』はこの乱れ始めた時代を叙述したが、その文章には、歴史上の人々の振る舞いに対する善悪の評価がこめられていた。それは一見、簡潔で無味乾燥な記述の中に、細かい表現を工夫することで巧みに織り込まれており、好ましい出来事や好ましからぬ出来事については、直接賞賛・非難しない代わりに、通常とは微妙に表現を変えて、通常と異なることを表現し、暗に賞賛・非難した、とされている。それに該当する（と『左氏伝』が主張する）事例を、試みに数例挙げよう。

▼（邾子克《ちゅしこく》を）実名でなく（儀父《ぎほ》と）字《アザナ》で記したのは、尊重したからである。【隠公元年】

▼（魯侯の葬儀に対する周王の贈り物が礼に反するので、王の）使者を咺《けん》と実名で記した。【同】

▼「穀伯《こくはく》（穀《こく》の君主の伯爵）綏《すい》、来朝す。鄧侯《とうこう》（鄧《とう》の君主の侯爵）吾離《がり》、来朝す」と他国の君主の実名を記したのは、低く扱ったからである。【桓公七年】

古代中国には多様な人の呼び名があったが、どう使い分けて呼ぶかは、呼ばれる側への敬意と直結した（九九頁の、本名とアザナの関係を思い出されたい）。『春秋』はそれを歴史上の人物に対して行うことで、その人への評価を明らかにした。そして、その評価基準こそ、〈《礼》に適うか否か〉なのだった。こうした叙述法を、世に「春秋の筆法《ひっぽう》」という。『春秋』の注釈書である『（春秋）左氏伝《さしでん》』は、その筆法を次のように評価している。

[245] 君子曰《いわ》く、……「是《ここ》を以《もっ》て『春秋《しゅんじゅう》』に、斉豹《せいひょう》を書《しょ》して「盗《とう》」と曰《い》ひ、三叛人《さんはんじん》をば名《な》ひ、以て不義《ふぎ》を懲《こ》らし、悪と無礼とを数《せ》むるは、其《そ》れ善志《ぜんし》なり。故《ゆえ》に曰《いわ》く、「春秋の称《しょう》は微《び》にして顕《あらわ》れ、婉《えん》にして弁《わか》たる。上《かみ》の人、能《よ》く昭明《しょうめい》ならしめば、善人は勧《すす》み、淫人《いんじん》は懼《おそ》れん。是《ここ》を以て君子之《これ》を貴《たっと》ぶ」と」。

【昭公三一年】

▼君子はいう。「……『春秋』は斉豹《せいひょう》のことを「盗っ人」と書き（昭公二〇年）、国に離反した三人の者の名（通称・称号ではなく本名）を明記して主君への不義を懲らしめ（襄公二一年）、悪と無礼を責

めた。これは優れた記録法である。そのため、こういわれる。「『春秋』の人の名の記し方は（実に巧みで）、その意図は極めて微《かす》かだがよく見れば明らかで、婉曲《えんきょく》だがはっきり善悪を書き分ける」と。上に立つ者がこのあり方を下の者たちに明らかにすれば、善人はなお善行に励み、ならず者は畏《おそ》れるだろう。だから君子は『春秋』を貴ぶのである。」

[246]君子曰《いわ》く、「春秋の称《しょう》は、微《び》にして顕《あらわ》れ、志《しる》して晦《くら》く、婉《えん》にして章《しょう》を成《な》し、尽《つ》くして汙《お》ならず、悪を懲《こ》らして善を勧《すす》む。聖人に非《あら》ずんば、誰か能《よ》く之《これ》を脩《おさ》めん」。【成公一四年】

▼君子はいう。「『春秋』の人の名の記し方は（実に巧みで）、その意図は極めて微かだがよく見れば明らかで、淡々としているようで奥深く、婉曲だが趣旨は明らかで、文章の量は必要にして十分で、悪行を懲《こ》らしめて善行を勧めている。聖人（孔子）以外の誰に、このような書き方ができようか」と。

『春秋』の主張は声高《こわだか》でない。むしろ、一見する限りでは、『春秋』は無味乾燥な年代記にすぎない。しかし、読む人が読めば「勧善懲悪」の書であることは明らかで、だから君子が重んじる《礼》思想の教科書だったという[245]。そして、凡人には不可能な、巧妙なその叙述法は、『春秋』を聖人が著した明白な証拠だともいう[246]。その聖人は実は孔子だと古代から信じられており、したがって『春秋』は孔子の思想を示す重要な情報源とされた。

ただ、春秋の筆法は極めて微妙で、普通に『春秋』を読むだけでは、気づくことさえ困難だ。まして、その意味は、解説されなければほとんど人に伝わらない。そのため、それを解説する、「伝《でん》」と呼ばれる解説書が戦国時代以来、編纂された。『春秋』の伝としては『公羊伝《くよう》』『穀梁伝《こくりょう》』『左氏伝』（それぞれ著者の名前）が著名で、古くは主に『公羊伝』と『穀梁伝』によって『春秋』が読まれたが、前漢末の時代に劉歆《りゅうきん》が朝廷の秘庫《ひこ》から『左氏伝』を発見し、重要だと主張して認められたため、『春秋』は以後、主に『左氏伝』によって読まれるようになった。そして、『公羊伝』と『穀梁伝』が主に〝訓詁学《くんこ》〟という、〈字句の解釈と正義の関係〉という理論に重きを置くのに対し、『左氏伝』は豊富な歴史的逸話を載せ、そちらの方に（史実としてどこまで本当かはさておき）古典としての価値があると考えられている。

中国古代思想の専門家によれば、実際問題として、これらの伝が主張するような、一字一句で勧善懲悪を行おうとする「春秋の筆法」がはっきり認められる事例は、『春秋』の中にわずか一例あるかないかだ（竹内照夫-二〇〇〇、一八七頁）。有り体《あてい》にいって、『左氏伝』などの伝の『春秋』の解釈には、根拠が薄弱だったり、明らかに相互矛盾している部分、牽強付会としか思えない解釈が少なくない。

ただ、重要なのは、遅くとも漢代には〈『春秋』はそう読むべきもの〉と信じられた事実であり、『左氏伝』の主張が正しいと信じられ、むしろ権威化されて、『左氏伝』自体が《礼》の経《きょう》（絶対的に正しい聖典）と信じられた事実にある。日本（倭《わ》）にもたらされた《礼》思想やその経典は、そのような〝読み方〟とともに伝えられ、それが正しいと信じられて受容されたのであるから、その意味で『左氏伝』の《礼》思想を理解することは、日本人（倭人）の《礼》思想の理解を知る上で有意義である。

その『左氏伝』は、簡潔で無味乾燥な年代記である『春秋』本文に、必要に応じて補足的な（時に脱線した）情報を載せ、それによって春秋時代の生き生きとした時代相を私たちは想像できる。そして、〈孔子が何を、なぜ善／悪と評価したか〉を読み取って解説するという根本的な存在理由があるため、史実を批評する記事が豊富にある。『左氏伝』は、注目すべき出来事について、「礼なり」もしくは「非礼なり（礼に非《あら》ざるなり）」と評価をつけて、〈《礼》に適《かな》っているか否か〉を基準として、様々な出来事を評価した。

ということは、逆に私たちは、それらの評価を見て、実際の出来事と突き合わせることで、《礼》思想が何を、どのような理由で善／悪と評価していたかを、具体的なエピソードとともに知ることができる

（『左氏伝』はしばしば、「君子」あるいは孔子自身の評言を引用している）。それは抽象的な理論と儀礼の手順で埋め尽くされている『礼記』と比べて、実に生き生きとしている。そこで本書の最後に、それらの一端を紹介して分析し、後の日本にも（部分的に、換骨奪胎して）移入されて日本文化に影響を与えた《礼》思想の本質・核心を確認し、もって日本文化の《礼》を論じる準備を終えたい。

職分忠実主義——身分相応にすべきことをし、それ以外をしない

『春秋』は国の年代記なので、国レベルで重要な出来事しか記録しない。祥瑞《しょうずい》（めでたい奇跡）や奇瑞《きずい》（あやしい奇跡）などを除けば、国レベルの重要事とは、周王室や諸侯の一家・一族、また彼らの臣である政治家や官僚の行動、周辺の蛮族の動向に限られる。しかも、それらは彼らの日常の記録ではなく非日常、つまり周王の天下の統治や、諸侯の諸国の統治にとって重要な意味を持つ、政治的な出来事の記録となる。したがって、天地万物の摂理を説く抽象的な理論は守備範囲ではなく（それは『礼記』の守備範囲）、登場人物の言動が引用される形で《礼》が現れることがほとんどだ。

また、特定の行事で誰がどう振る舞うべき、というような細かい礼儀作法の羅列も守備範囲ではない（それらは『周礼《しゅらい》』や『儀礼《ぎらい》』の守備範囲）。『春秋』の記事のすべては、「いつ、誰が何をしたら、何が起こった」という具体的な人々の行動記録だ。そして、『左氏伝』はそれらに即して、王侯・後宮・政治家・官僚らの行動が《礼》に沿っているか否か（《礼》か《非礼》か）を判定し、褒貶《ほうへん》する評価を述べている。

［247］秋、杞《き》に入《い》るは、無礼を責《せ》むるなり。【僖公二七年】

▼この年の秋、魯の僖公《きこう》が杞《き》国に侵攻したのは、魯に来朝した時の杞の君主の「無礼」を懲らしめるためである。

▼［248］夏、楚《そ》の彭名《ほうめい》、陳《ちん》を侵《おか》す。陳、礼無《な》きが故《ゆえ》なり。【襄公四年夏】
この年の夏、楚《そ》国の彭名《ほうめい》が陳《ちん》国に侵攻したのは、陳の「無礼」を懲らしめるためである。

再度の引用になるが、無礼だというだけで侵略戦争が起こることに、平和教育が行き届いた私たち現代日本人は驚く。しかし、当時は身分制社会なので、杞や陳という弱小国が、より規模の大きい魯や楚に対して《礼》を欠いてその尊厳を犯したならば、相手が怒り、身分上下をはっきりさせるために攻撃する、という理屈自体はわかりやすい。魯の襄公《じょうこう》の生母が亡くなり、国政を預かっていた季孫《きそん》が葬礼を過度に簡略にして非難されたことについて、『左氏伝』は次のようにいう。

▼［249］君子曰《いわ》く、「志《し》に所謂《いわゆる》、「多く無礼を行《おこな》へば、必ず自らに及ぶ」とは、其《そ》れ是を之《これ》謂《い》ふか」と。【襄公四年秋】
君子はこう評した。「昔の記録に「多く無礼を行えば、必ず自分に跳《は》ね返る」とあるのは、これを指すのだろう」と。

こんな話もある。晋《しん》国が公女（君主の女子）を楚に送った時、晋を怨んでいた楚王が、晋の使者二人を刖《あしきり》の刑と宮刑《きゅうけい》（局部を切断する刑）に処して、晋に恥を与えようとした。すると、次のように諫める者があった。

▼［250］匹夫《ひっぷ》を恥《はずかし》むるも、以《もっ》て備《そな》へ無《な》かるべからず。況《いわん》や国を恥《はずかし》むるをや。是《ここ》を以《もっ》て、聖王《せいおう》は務《つと》めて礼を行《おこな》ひ、人を恥《はずかし》むるを求めず。【昭公五年】
身分が低い小人《しょうじん》を辱《はずかし》めた時でさえ、（怒った相手の復讐に）備えないわけにはいかない。まして国を

辱めれば当然（戦争の備えが必要）である。だから（無用の戦争を避けるため）聖王（理想的な君主）は礼の実践を怠らず、他者を辱めないようにするのです。

〈大国が無礼な小国に侵攻する〉という春秋時代にしばしば見られた戦争は、[249]の因果応報的な原理によって簡単に説明できるし、〈だから人や国を不用意に辱めて逆襲されないよう、《礼》を重視するのだ〉という[250]の論理も、私たちにとって理解しやすい。しかし、次のような事例になると、《礼》は上《うわ》っ面《つら》の薄っぺらい理解を拒み始める。

▼[251]秋、公子友《こうしゆう》、陳《ちん》に如《ゆ》きて原仲《げんちゅう》を葬るは、礼に非《あら》ざるなり。原仲は季友《きゆう》の旧《きゅう》なり。【荘公二七年秋】

▼この年の秋、魯の公子友《こうしゆう》が陳に行って、原仲《げんちゅう》の埋葬に立ち会った。これは非礼である。原仲は公子友の旧友にすぎないからだ。

旧友の葬儀に立ち会った公子友《こうしゆう》の行動は、《礼》を尽くしているかに見えるが、『左氏伝』は「非礼」と断じた。旧友の葬儀という程度のことで、国の公子（君主の男子）が他国まで出向くのはやりすぎなのである。このあたりに、『左氏伝』のいう《礼》が、〈単に相手に尽くすこと〉を意味しないということに、読者が気づく糸口がある。

▼[252]鄭《てい》の子産《しさん》、火《ひ》の為《ため》の故《ゆえ》に大《おお》いに社《しゃ》を為《おさ》め、四方《しほう》に祓禳《ふつじょう》し、火災を振除《しんじょ》す。礼なり。【昭公一八年】

▼鄭《てい》の宰相の子産《しさん》が、火災に遭った社《しゃ》（土地の神の廟）を立派に修繕し、四方の神を祓《はら》う祭を行って火災除《よ》けをした。これは礼に適《かな》う振る舞いである。

右の記事では、子産は特定の人間に対して〝礼儀正しく〟振る舞ったわけではない。焼けた社の再建は祭られる神への〝礼儀正しさ〟と一応は解釈できるし、火災除けの祭祀でも、祭られる神への〝礼儀正しさ〟が当然守られたであろうが、『左氏伝』が述べているのは、そういう話ではない。火災に対する子産の対処が正しかった、ということである。そして子産は個人としてではなく、鄭の宰相として行動したのだから、〈子産の行動が《礼》に沿っている〉とは、宰相として取るべき行動を取ったことへの賞賛である。

[253]冬、飢《う》う。臧孫辰《ぞうそんしん》、糴《てき》を斉《せい》に告《つ》ぐるは、礼なり。【荘公二八年冬】

▼冬、魯を飢饉が襲った時、宰相の臧孫辰《ぞうそんしん》が斉国《せい》に米の買い入れを申し込んだのは、礼に適《かな》う振る舞いだ。

右の記事では、臧孫辰《ぞうそうしん》が斉に〝礼儀正しく〟申し入れたか否かに、全く言及していない。『左氏伝』が「《礼》に適う」と評したのは、米の買い入れを申し入れたこと自体にある。ここでもまた、臧孫辰が〈宰相としてすべきことを行った〉ことへの賞賛が、「《礼》に適う」という評価なのである。

天子・諸侯はそれぞれ固有の責務を踏み外してはならない

『左氏伝』が《礼》か《非礼》かを判断する材料が、単なる人間関係上の〝礼儀正しさ〟を全く超えていることは、次の事例に明らかだ。

[254]冬、十月朔《さく》、日《ひ》、之《これ》を食《しょく》する有《あ》り。日を書《しょ》せざるは、官《かん》、之《これ》を失《うしな》ふなり。天子に日官《にちかん》有り。諸侯に日御《にちぎょ》有り。日官は卿《けい》に居て、以《もっ》て日を底《いた》す。礼なり。【桓公一七年】

▼この年の冬一〇月一日、日食があった。日付が干支で記されていないのは官吏の手落ちである。周の天子の配下には「日官《にちかん》」という役人があり、諸侯の配下には「日御《にちぎょ》」という役人がある。日官は「卿《けい》」と同じ待遇を受けて、暦の運行を推算する。それが礼である。

天子や諸侯の朝廷で、専門の役人が暦の運行を把握し、予測し、記録することは、対人関係と何も関係ない。にもかかわらず、そのことが「《礼》である」とされたのは、〈特定の立場にある者が、果たすべき職務を果たす〉ことが《礼》だとされているから、つまり何度か言及した職分忠実主義に基づくからと解釈するほかない。

［255］五年、春、王《おう》の正月辛亥朔《しんがいさく》、日《ひ》、南至《なんし》す。公《こう》、既《すで》に朔《さく》を視《み》、遂《つい》に観台《かんだい》に登《のぼ》りて以《もっ》て望《のぞ》みて書《しょ》す。礼なり。【僖公五年】

▼この年の春、周王の暦の正月一日（干支は辛亥《かのとい》）、冬至となった。魯の僖公《きこう》は暦の報告（元日を迎え、今日が冬至にあたるという報告）を担当官から受けた後、高い楼《やぐら》に上って（雲気を）観察し、記録した。礼に適う振る舞いだ。

ここにも対人関係は一切現れないが、「《礼》に適う」という。君主が暦の担当官（日御）から暦の報告を受けて把握すること、それに従ってしかるべき日に国内の様子（暦によって知られる天地の運行サイクルに外れた形跡が天に見えないかどうか）を観察・記録することが、なぜ《礼》なのか。それも、〈諸侯が君主として果たすべき職務を果たした〉ことを高く評価する、職分忠実主義だろう。君主は、専門技能を持つ担当官の補助によって、時候の運行を人為的に推算して把握する暦を管理し、それを行政に活かし、時候の変異を把握し、対処する責務を負った。では、そのような責務は、君主の政治とどう関わるのか。

[256] 六月、辛丑朔《しんちゅうさく》、日《ひ》、之《これ》を食《しょく》する有り。鼓《こ》して牲《せい》を社《しゃ》に用《もち》ふるは、礼に非《あら》ざるなり。日、之《これ》を食する有れば、天子は挙《ふるま》はず、鼓を社に伐《う》ち、諸侯は幣《へい》を社に用ひ、鼓を朝《ちょう》に伐ち、以《もっ》て昭《あきら》かに神に事《つか》へ、民に君に事《つか》ふるを訓《おし》へ、等威《とうい》有るを示すは、古《いにしえ》の道なり。【文公一五年】

▼この年の六月一日（干支は辛丑《かのとうし》）、日食があった。そこで魯の文公《ぶんこう》は（土地の神を祀る）社《しゃ》で鼓《こ》という打楽器を打たせ、犠牲の動物を捧げた。これは非礼である。日食があれば、天子は行動を控え、社で鼓を打たせる。諸侯は土地神の社に幣《へい》（財物）を捧げ、朝廷で鼓を打たせる。これによって神に仕える立場を明示し、それによって（模倣させて）君主に仕える立場を民に教えて、人に身分上下があり、君主に威厳があることを明示するのが、古からの道である。

魯の文公の日食に対する対処が「非礼」と非難されたのは、対処の仕方が天子と同じであり、諸侯が行うべき仕方を踏み越えていたから、つまり〝分際を弁《わきま》えなかった〟からである。《礼》思想では、日食という異常な天体現象は神の怒りと考えられたため、君主は祭祀をして神の機嫌を取り、太陽を正常な状態に戻さねばならない。その意味でそれは君主の責務なのだが、もう一つ、君主が神に正しく仕える姿を民に見せることで、民に対しても、君主に正しく仕えるよう促すという役割があった。正しく仕えるとは、統治者の威厳を自覚し、また民と統治者の間には厳然として超えられない身分の差があることを自覚することである。それなのに、その模範となるべき君主の振る舞いが、諸侯の身分に相応しい形を超えて天子と同じであっては、模範として役に立たない。だから非礼とされたのである。

天子は正しく暦を管理するのが《礼》である

このように、君主による暦の管理は、民の統治と密接な関係にあった。ここで、話の必要上、当時の暦について簡単に触れておこう。

今日、キリスト教圏や日本の人々は、グレゴリオ暦に基づいて暮らしている（余談だが、イスラム教圏は必ずしもそうではない。二〇一六年一二月、サウジアラビアがグレゴリオ暦をついに導入したことが話題になった）。グレゴリオ暦は、地球が太陽の周囲を一周する公転周期に基づく太陽暦であり、一年は三六五日だが、実際の公転周期が三六五日よりわずかに長いため、四年に一度（四の倍数の年）だけ一年の日数を一日増やして帳尻を合わせ、その年を閏年という。

これに対して、前近代の中国や日本で長らく使われてきたのは、太陽との関係に留意しつつも、月が地球の周囲を一周する公転周期を主軸に据えた、太陰《たいいん》太陽暦である。

月は、新月から満月を経て新月に戻るまでの周期が二九・五日なので（公転周期は二七・三日で、満ち欠けの周期とは合わない）、それに合わせて一ヶ月も（端数を切り捨てるか切り上げて）二九日か三〇日となる（二九日なら「小」の月、三〇日なら「大」の月という）。私たちが一ヶ月を「月」と呼ぶのは、それが本来、月の満ち欠けの一周分を意味したからである。太陰太陽暦は月の満ち欠けを基準として、新月の日を月の初めの一日（朔日《さくじつ》）とする。だから必ず一五日が満月の日になり、満月の日を「十五夜」と呼ぶのはそのためである（太陽暦で生きる現代社会は、日付と新月・満月の対応関係を失っている）。

ところで、四季の把握は暦を管理する上で重要な仕事だが、四季は地球が太陽の周囲を回る公転によってもたらされる。それに対して正月（一月とはいわない）〜一二月の一二ヶ月は、地球の自転と月の公転に基づいている。その両者に間には、関係がない。そのため、月が一二回満ち欠けするのにかかる時間と、地球が一回公転する（太陽が元の位置に戻り、四季が一周する）のにかかる時間は、一致しない。すると、一二ヶ月を基準にした一年と、地球の公転を基準にした一年は、次第に大きくずれてゆく（一年で一〇日ほど）。そこで、そのずれを補正するため、約三年に一度、暦の上で月を一つ増やし、一年を一三ヶ月とすることで、帳尻を合わせる。その際に挿入される月を「閏月《うるうづき》」という。

その閏月は、前近代の日本では、任意の月の後に挿入された。正月の後でも一二月の後でも、暦と実際の四季の運行のずれが、目に余る一定水準を超えた時に、閏正月や閏一二月が設けられて挿入された。しかし、次に記事によれば、それは周の《礼》思想に反した。

[257]是《ここ》に於《おい》て三月を閏《じゅん》とす。礼に非《あら》ざるなり。【文公元年】

▼この年、周の王は三月の後に閏三月を置いた。これは非礼である。

閏月など、どこに置いてもよいではないか、と私たちは思う（実際、日本の旧暦もそうだった）。しかも、例によってこれも対人関係と何の関係もなく、何が非礼なのか、私たちを戸惑わせる。しかし、《礼》思想は理路整然と、次のように説く。

[258]先王《せんおう》の時を正《ただ》すや、端《たん》を始《はじ》めに履《ふ》み、正《せい》を中《ちゅう》に挙《あ》げ、余《よ》を終《おわ》りに帰《き》す。端を始めに履むときは、序《じょ》則《すなわ》ち愆《あやま》らず、正を中に挙ぐるときは、民《たみ》則ち惑《まど》はず。余を終りに帰するときは、事《こと》則ち悖《もと》らず。【文公元年】

▼周の先王（周公旦《しゅうこうたん》）が時を正した（正しい暦を定めた）時には、冬至を一年の始点と定め、それを基準にして春分・夏至・秋分という各季節の中心を暦に配置した（太陽の運行＝地球の公転を基準に定めた）。そして、それに（月の満ち欠けに基づく）一二ヶ月を配置して、それでも一ヶ月分も一年の日数が余るようなら年末に閏一二月を設ける。冬至を基準に一年を定めれば物ごとの順序が誤らず、各季節の中心を冬至・春分・夏至・秋分として明示すれば民は惑わず、余りを年末で処理すれば物

ごとは混乱しない。

今日、新暦（西洋の太陽暦）導入より前の太陰太陽暦を「旧暦」と呼び、旧暦の正月である旧正月は新暦の二月頃にあたる。一方、周の暦が元日と定めた冬至は新暦の一二月下旬になり、旧暦では一一月一日が冬至とたまたま一致する朔旦冬至《さくたんとうじ》が時折あった程度の関係にとどまり、周の暦は日本の旧暦とは別物である。

その周の暦では、閏月は年末に置くのが理想とされ、それを守るのが《礼》だった。それは、暦が秩序を正しく示す機能を期待されたからであり、秩序ある一二ヶ月を優先し、例外的な閏月を後回しにすべきと考えられたからだろう。

そして、冬至が一年の元日となるべきなのは、世界のあらゆる要素が、《陰》か《陽》のいずれかの属性を持ち、世界が《陰》と《陽》のバランスの規則正しい変動サイクルで動いていたからだ。天の運行サイクルにおいて、太陽の出る時間が最も短い冬至は《陰》の極みであり、逆に太陽が最も長く出る夏至は《陽》の極みである。だから冬至を元日とすれば、一年が《陰》の極みから始まって次第に《陽》が強くなり、夏至という《陽》の頂点を折り返し点として、再び《陽》が弱まってゆき、冬至という《陰》の頂点へと回帰する、という綺麗なサイクルを描ける。夏至を始まりとしなかったのは、一年の開始と同時に《陽》が減衰して《陰》が勝ってゆく、という年の始まり方が好まれなかったり、農業のサイクルが一年の中に収まらないのを避けたかったからだろう。

重要なのは、王朝が一年をこのように捉えることにより、〈世界の根幹である天地の運行サイクルが秩序正しい〉ことを天下の民に明示でき、〈それを模範として、人間の社会・生活にも秩序があって誤ってはならない〉のだと、民に自覚させる教育的効果を期待できたことである。その効果こそ《礼》思想が狙う、絶対的な身分上下の関係の徹底なのであり、それゆえに暦の管理は民の統治の根本であり、好き勝手に閏月を定めることは《礼》に反するのである。

民の統治という観点は、次の記事で、より具体的に示される。

[259]閏月《うるうづき》、朔《さく》を告《つ》げざるは、礼に非《あら》ざるなり。閏《うるう》は以《もっ》て時《とき》を正《ただ》し、時は以て事《こと》を作《な》し、事は以て生《せい》を厚《あつ》くす。生民《せいみん》の道、是《ここ》に於《おい》てか在《あ》り。閏朔《じゅんさく》を告げざるは、時政《じせい》を棄《す》つるなり。何を以てか民を為《おさ》めん。

【文公六年】

▼この年、魯の文公が閏月に告朔《こくさく》（月のはじめの祭祀）をしなかったのは、非礼である。閏月は時を正し（暦を天地の運行サイクルに合わせて修正し）、農事は時（暦の上の四季）によって行われ、それによって民の生活が豊かになる。それが民を生かし育む道である。閏月だからといって告朔をしないのは、時を管理し季節に沿って行う政治を捨てることだ。それでどうして民を治められようか。

人の生活で暦が重要なのは、農業が季節と切り離せない関係にあるからだ。告朔《こくさく》の祭祀によって、民は今が何月かを知り、季節を知り、適切な農作業に取りかかることができ、それでこそ最大の収穫が期待できる。だから君主が告朔を怠ることは、民の統治を怠るに等しい。特に、民の農業を妨げないことは、君主の重要な責務だった。

[260]冬、防《ぼう》に城《きず》くは、事《こと》の時《とき》なるを書《しょ》するなり。是《ここ》に於《おい》て、将《まさ》に早く城《きず》かんとするに、臧武仲《ぞうぶちゅう》、農事を畢《おわ》るを俟《ま》たんと請《こ》ふ。礼なり。【襄公一三年】

▼冬、魯の襄公《じょうこう》は防《ぼう》という土地に都を築いた。『春秋』が「冬、防に城《きず》く」と記録したのは、工事が時節の運行に適《かな》っていたからである。襄公は工事を急ごうとしたが、臧武仲《ぞうぶちゅう》は「民の農業が終わる冬までお待ち下さい」と請うて、その通りになった。礼に適っている。

ここでも、季節の運行と密着した農業に配慮することが《礼》とされている。天の摂理に従っている、ということだ。《礼》の存在意義は、理念的には、万事を天地の正しい運行サイクルに沿って運営することであり、現実的には、君主が民を支配する道具だった。だから天地の運行サイクルを重視せず、民の統治に支障をきたす告朔の怠慢は、《礼》に反すると評されたのである。

《儀（形式）》を《礼（真理）》と混同してはならない

以上のように、『左氏伝』には対人関係と全く関係ない《礼》の記事が多い。私たちが「礼」という言葉で想起する、単なる〈正しい儀式の遂行〉や〈礼儀正しい対人関係〉は、『左氏伝』のいう《礼》とイコールでない。『左氏伝』のいう《礼》とは、〈君主や臣（政治家・官僚）が、立場に応じて、なすべき時になすべきことを行うこと〉であり、そうしないことが《非礼》なのであって、それは『礼記』の説く職分忠実主義と同じである。

では、なぜ私たちは、礼儀作法や礼儀正しさを《礼》だと信じているのか。それは誤解なのだが、実は、その誤解は春秋時代から珍しくなかった。ならば、《礼》と、儀式や対人関係は、正しくはどのような関係にあるのか。次の記事は、その疑問に詳しく答えてくれる。

[261]公《こう》、晋《しん》に如《ゆ》く。郊労《こうろう》より贈賄《ぞうわい》に至《いた》るまで、礼を失ふこと無《な》し。晋侯《しんこう》、女叔斉《じょしゅくせい》に謂《い》ひて曰《いわ》く、「魯侯《ろこう》、亦《ま》た礼に善《よ》からずや」と。対へて曰《いわ》く、「魯侯焉《なん》ぞ礼を知らん」と。公曰《いわ》く、「何為《なんす》れぞ。郊労より贈賄に至るまで、礼、違《たが》ふ者《もの》無《な》し。何の故《ゆえ》にか知らずとする」と。対へて曰《いわ》く、「是《こ》れ儀《ぎ》なり。礼と謂《い》ふべからず。礼は其《そ》の国を守り、其《そ》の政令《せいれい》を行《おこな》ひ、其の民を失《うしな》ふこと無《な》き所以《ゆえん》の者なり。今、政令、家に在《あ》れども、取ること能《あた》はず。子家羈《しかき》有れども、用《もち》ふること能《あた》はず。大国の盟《ちかひ》を奸《おか》して、小国を陵虐《りょうぎゃく》し、人の難《なん》を利《り》して、其の私《わたくし》を知らず。公室四分《こうしつしぶん》して、民、他《た》に食《くら》ひ、思ひ公《こう》に在《あ》るもの

莫《な》く、其の終《おわ》りを図《はか》らず、国君《こくくん》と為《な》りて難将《なんまさ》に身に及ばんとするに、其の所《ところ》を恤《うれ》へず。礼の本末《ほんまつ》は、将《まさ》に此《ここ》に於《お》てか在《あ》らんとす。而《しか》るを、屑屑焉《せっせつえん》として儀《ぎ》を習《なら》ひて以て亟《すみや》かにす。礼に善《よ》しと言《い》ふは、亦《ま》た遠《とお》からずや」と。君子謂《い》へらく、「叔侯《しゅくこう》、是《ここ》に於《お》てか礼を知る」と。【昭公五年】

▼魯の昭公《しょうこう》が晋に赴いた時、彼の振る舞いは、入国時の労《ねぎら》いの受け方から出国時の贈り物の受け方に至るまで、一つも礼に外れなかった。そこで晋の平公《へいこう》が「魯侯《ろこう》は立派に礼を果たしているではないか」というと、臣の女叔斉《じょしゅくせい》は「魯侯は全く礼を知るとはいえません」と答えた。平公が「なぜか。入国から出国まで、どの行事でも礼に適《かな》って振る舞っていたのに、どうして礼を知らないというのか」と問うと、女叔斉は答えた。「そのような振る舞いは《儀《ぎ》》であって、《礼》ではありません。《礼》とは、自分の国を守り、政令を遂行させ、民を保つことをいうのです。今、魯では政令の実権が三つの家の大夫に取られて君主が取り戻せず、子家羈《しかき》のような有能な人材を登用できず、大国（晋）との盟約に背いて小国（莒《きょ》）を侮蔑し、他国の混乱に乗じようとしながら自分の足元が見えていません。魯侯の軍隊は四つに分解してしまい、民は魯侯でなく三家の大夫に養われ、魯侯を真実気にかける者が朝廷になく、魯侯自身も後先を考えず、難が自分の身に及ぼうとしているのに対処しようとしません。《礼》の本末をいえば、これらの大事が《礼》の根本であるのに、魯侯は枝葉末節的な目先の《儀（儀礼的振る舞い）》に熱心に習熟することばかりを急務と思っています。立派に《礼》を果たしているのとは、ほど遠いではありませんか」と。君子はこれを聞いて、「女叔斉は、この点ではよく《礼》を知っていたといえる」と評した。

私たちは、他者に敬意を表するための格式張った振る舞いを《礼》だと考えがちで、それを〝礼儀（作法）〟と一言でいってしまうが、本来の《礼》思想では、《礼》と《儀《ぎ》》は違う。そのような〝礼儀作法〟は《礼》とイコールではなく、《礼》の一部分である《儀》にすぎない（だから私は本書でここまで、

「礼儀」という言葉を使わなかった)。《礼》とは、〈君主が君主らしく(君主としての責務を果たして)国・民を統治すること〉に最大の主眼があるのであって、それを疎《おろそ》かにして〝礼儀作法〟ばかりをうまくやるのは、本末転倒だと、《礼》思想は考えるのである。

《儀》は《礼》の部分集合——《儀》を疎かにする者は《礼》に背き滅びる

次のような話もある。諸侯が会合した時、晋の趙簡子《ちょうかんし》が鄭の子大叔《したいしゅく》に、「敬譲の精神を表す立ち居振る舞いの《礼》〔揖譲周旋《ゆうじょうしゅうせん》の礼〕」について質問した。すると子大叔は、「あなたが質問した〝立ち居振る舞い〟は《儀》であって、《礼》ではありません〔是れ儀なり。礼に非《あら》ざるなり〕」と答えた。そこで趙簡子が、「ではあえて問いますが、《礼》とは何でしょうか〔敢《あえ》て問ふ、何をか礼と謂《い》ふ〕」と問うと、子大叔はこう答えた(子大叔の話には、抽象的な世界の仕組みに関する理論が含まれるが、繁雑なので省く)。

[262]「吉《きつ》や、諸《これ》を先大夫子産《せんたいふしさん》に聞く。曰《いわ》く、「夫《そ》れ礼は天の経《けい》なり、地の義《ぎ》なり、民の行《おこな》ひなり。天地の経にして、民、実《じつ》に之《これ》に則《のっと》る。天の明《めい》に則り、地の性《せい》に因《よ》り、……淫《いん》すれば則《すなわ》ち昏乱《こんらん》して、民、其《そ》の性を失《うしな》ふ。是《こ》の故《ゆえ》に礼を為《な》して以《もっ》て之《これ》を奉《ほう》ず。……君臣上下《しょうか》を為《な》して、以《もっ》て地の義に則り、夫婦外内《がいない》を為《な》して、以て二物《にぶつ》を経《けい》し、父子・兄弟《けいてい》・姑姉《こし》・甥舅《せいきゅう》・昏媾《こんこう》・姻婭《いんあ》を為《な》して、以て天明《てんめい》に象《かたど》り、政事《せいじ》・庸力《ようりょく》・行務《こうむ》を為《な》して、以て四時《しいじ》に従《したが》ひ、刑罰威獄《けいばついごく》を為《な》し、民をして畏忌《いき》せしめて、以て其《そ》の震曜殺戮《しんようさつりく》に類《かたど》り、温慈恵和《おんじけいわ》を為《な》して、以て天の生殖長育《せいしょくちょういく》に效《なら》ふ。民に好《こう》・悪《お》・喜《き》・怒《ど》・哀《あい》・楽有《らくあ》り。……是《こ》の故《ゆえ》に行《おこな》ひを審《つまびら》かにして令《れい》を信《しん》にし、禍福賞罰《かふくしょうばつ》して、以て死生《しせい》を制す。生《せい》は好物《こうぶつ》なり。死は悪物《おぶつ》なり。好物は楽《らく》なり。悪物は哀《あい》なり。哀楽失《あいらくうしな》はざれば、乃《すなわ》ち能《よ》く天地の性《せい》に協《かな》ふ。是《ここ》を以て長久《ちょうきゅう》なり」」と。簡子《かんし》曰《いわ》く、「甚《はなは》だしいかな、礼の大《だい》なるや」。対《こた》へて曰《いわ》く、「礼は上下《しょうか》の紀《き》、天地の経緯《けいい》なり。民の生《しょう》ずる所以《ゆえん》なり。是《ここ》を以て先王之《せんおうこれ》を尚《とうと》ぶ。故《ゆえ》に人の能《よ》く自《みずか》ら曲直《きょくちょく》して以て礼に

赴《おもむ》く者《もの》、之《これ》を成人《せいじん》と謂《い》ふ。大《だい》なること亦《ま》た宜《むべ》ならずや」。簡子曰《いわ》く、「鞅《おう》や、請《こ》ふ、身《み》を終《お》ふるまで此《こ》の言《げん》を守《まも》らん」と。【昭公二五年】

▼子大叔はいう。「私はそれを、先大夫《せんたいふ》（亡くなった大夫）の子産《しさん》からこう聞いております。「礼とは天が定めた世界の基本線であり、地で行われるべき義《ぎ》（筋目）であり、（それに沿った）民の行いである。天地に基本線が定まっていて、民がそれを実践するのである。……節度を失えば民は混乱して本性を失うので、礼を定めて尊重させ守らせる。……地に高い場所と低い場所があることを模範として、君臣が上下関係を固め、万物に陰と陽いずれかの属性があることを模範として、夫婦関係や家の内外の区別を固め、天の明《めい》（太陽・月・星）を模範として父と子、兄と弟、親族と姻族、親族の父方と母方を類別して関係を定める。政《まつりごと》や人の使役、職責の遂行は四季の運行を模範とし、厳格な刑罰で民を畏怖《いふ》させるには雷の恐ろしさを模範とし、温和に恵む精神で民を育むには天が万物を生み育てることを模範とする。民には好《こう》・悪《お》・喜《き》・怒《ど》・哀《あい》・楽《らく》という感情があるが……《礼》によって規範を明らかにし、政令を公正にして禍《わざわ》いと福《さいわ》いを見定め、それぞれ適切に賞と罰を与えることで、死と生に正しく民を向き合わせる。民は生を好んで「楽しい」と感じ、死を悪《にく》んで「哀しい」と感じる。この「哀」と「楽」の感情を正しく統制できれば、天地の本来の性質に適《かな》い、国も民も長く保てる」と」。趙簡子はそれを聞いて「礼の広大さは、何と甚しいことか」と感嘆した。子大叔は「礼は上下関係の基盤、天地の基本線で、民が生きる拠り所です。だから先王は《礼》を尚《とうと》びました。そこで、自分をよく調節して《礼》に到達できる者を「成人」と呼ぶのです。《礼》が広大なのは当然でしょう」と答え、趙簡子は、「私は終生、あなたの言葉を守ろうと思います」と納得した。

右のうち、個別具体的な人間関係と関わる理論は、『礼記』に即してすでに検討したので、ここでは繰り返さない。重要なことは、君臣をはじめとするすべての人間関係が正しく固まることであり、それが天地（世界）の仕組みに合致していれば統治は安泰であり、それを《礼》という、という結論である。ただし、「立ち居振る舞いは《礼》ではない」とは、〈立ち居振る舞いが《礼》と無関係／無益〉ということではない。〈立ち居振る舞いこそ《礼》そのもの／《礼》の全て／《礼》の最重要要素だ、と考えるのは完全な誤解だ〉という意味である（その意味で、現代日本人の大多数は《礼》を誤解している）。立ち居振る舞い、つまり《儀《ぎ》》は、《礼》の構成要素の部分集合に過ぎず、《礼》の枝葉末節でしかない。だから、《儀》の実践が十分だからといって、《礼》の実践・理解が十分とは限らない。『礼記』は、「《礼》は外形（容姿や振る舞い）が大事だ」と繰り返し強調している［24以下］。これはつまり〈《儀》を大切にせよ〉というのと同じだが、それは上位者に対する敬意自体が形のない心情に過ぎず、他人からは見えないので、形に表さねば始まらないといっているのであって、形に表せば終わりなのではない。

逆に、論理的にはこうもいえる。《儀》の実践さえ不十分なら、《儀》を部分集合とする《礼》の実践・理解は当然不十分だ、と。だから《儀》が不十分な者は《礼》の実践・理解不足を見抜かれ、遠からず滅亡するという予測さえ招いた。

邾《ちゅ》の君主の隠公《いんこう》が魯の定公《ていこう》に朝見《ちょうけん》（挨拶に参上）した時、隠公は礼物を高く捧げすぎ、顔が仰向《あおむ》けだった。また、定公は礼物を受け取るのに体を低くしすぎ、顔が俯《うつむ》いていた。これを見た魯の子貢《しこう》は、次のように嘆いた。

［263］礼を以《もっ》て之《これ》を観《み》れば、二君《にくん》は皆《み》な死亡する有らん。夫《そ》れ礼は、死生存亡《しせいそんぼう》の体《たい》なり。将《まさ》に左右・周《しゅう》旋《せん》・進退・俯仰《ふぎょう》、是《ここ》に於《お》いてか之《これ》を取り、朝祀喪戎《ちょうしそうじゅう》、是《ここ》に於《お》いてか之《これ》を観《み》んとす。今、正月相朝《あいちょう》して、皆《み》な度《ど》あらず。心已《すで》に亡《うしな》はれ、嘉事《かじ》、体《たい》あらず。何を以《もっ》てか能《よ》く久《ひさ》しからん。高仰《こうぎょう》は驕《きょう》なり。卑俯《ひふ》は替《てい》なり。驕は乱に近く、替は疾《やまい》に近し。君は主為《しゅた》り。其《そ》れ先《ま》づ亡《ほろ》びんか。【定公一五年】

▼《礼》に照らして観察するに、隠公も定公も早く亡くなるだろう。《礼》は死生・存亡を分ける形である。左右を向き、拝礼し、進退し、下に俯き上を仰ぐ、といった動作は《礼》に沿って選び取り、朝見・祭祀・喪事・戦争では《礼》に沿うかどうかを観察するものだ。しかし今、正月に隠公と定公が朝見する様子は、全て《礼》から外れている。二人とも心神を喪失しており、（その年の繁栄を願うべき）正月のめでたい場であの体《てい》たらくなら、長命のはずがない。隠公が高く上を仰いだのは、驕慢《きょうまん》の表れだ。定公が低く俯いたのは衰弱の表れだ。驕《おご》りは乱と紙一重、衰弱は病と紙一重だ。そして朝参した（賓客役の）隠公に対して、朝参を受けた定公は主人役だから、定公が先になくなるだろう。

定公も隠公も、《儀》が不十分であったにすぎない。しかし《礼》思想は、〈一事が万事〉と考える。定公には、君主として備えるべき盛んさがない。また隠公には、上位の君主に対して恭《つつし》みが欠けていた。それらはいずれも《礼》、つまり天が定める世界万物の仕組みに沿った、それぞれの立場のあるべき姿に反していた。たとえわずかでも、世界の絶対的な仕組みに抗《あらが》って、この世界で生きながらえるはずがない。それが《礼》思想が導く論理的帰結であり、だから《儀》の不足は生命（長命か短命か）や国の存亡に直結するのであり、したがって《儀》を疎《おろそ》かにすべきでない、とされたのである。

天子から民までを立場に縛りつける職分忠実主義の桎梏

以上で私たちは、《礼》と《儀（行事や対人関係での立ち居振る舞い）》の関係を確認した。そこで再度、《礼》に立ち戻ろう。前述の通り、『左氏伝』はしばしば、職分忠実主義の見地から、歴史上の出来事を批評した。では、職分とはどのように定まるものであったのか。

斉の景公《けいこう》は、いつか国が斉の公室《こうしつ》（君主一家）より徳のある他人のものになることを危惧した。すると宰相の晏子《あんし》は、「ならば陳氏《ちんし》が民に多く恵みを与えて人望があるので、斉の政治が弛緩した時に陳氏が存続していたら、斉は陳氏の国となるでしょう」と答えた。景公が「そうならぬためには、どうしたらよいか」と尋ねると、晏子は次のように答えた。

［264］唯《た》だ礼以《もっ》て之《これ》を已《や》むべし。礼に在《あ》りては、家の施《ほどこ》しは国に及ばず、民は遷《うつ》らず、農は移《うつ》らず、工賈《こうか》は変《へん》ぜず、士は濫《らん》ぜず、官は滔《とう》ならず、大夫は利《り》を収《おさ》めず。【昭公二六年】

▼唯一、《礼》の実践だけがそれを防げるでしょう。《礼》がきちんと実践されていれば、富める者が個人的に民に恵みを施しても国全体を揺るがすことはなく、民は郷里を出ず、農民は土地を離れず、職人・商人は仕事を変えず、士は職責から外れず、役人は公正で、大夫は私腹を肥やさないものです。

〈士・大夫や役人が公正無私に職責を果たすのが《礼》である〉とされていることも重要だが、ここで注目したいのは別のことだ。すなわち、〈民が同じ土地に住み続け、農民が同じ土地を耕し続け、職人・商人が同じ職業に従事し続けることが《礼》である〉とされたことである。《礼》の職分忠実主義とは、単に〈今たまたま従事している仕事を忠実に行うこと〉ではなく、〈生涯にわたって土地・職業を変えないこと〉を求めている。特定の職業に就いている現状を固定し、一切変動させないことが《礼》なのだった。

しかも、それは一個人の生涯にとどまらない。晋の景公が捕虜にした楚の鍾儀《しょうぎ》に、「其《そ》の族《ぞく》〔どのような一族の者か〕」を問うた。鍾儀は「音楽の演奏で朝廷に仕える一族です〔泠人《れいじん》なり〕」と答えた。そこで景公が「お前も演奏は得意か〔能《よ》く楽《がく》せんか〕」と問うと、鍾儀は「先祖代々の官職ですから、他のことには目もくれません〔先父《せんぷ》の職官《しょくかん》なり。敢《あえ》て二事《にじ》有《あ》らんや〕」と答えた。これを聞いた晋の范文子《はんぶんし》は、「この楚の捕虜は君子だ〔楚の囚《しゅう》は君子なり〕と褒めた【成公九年】。特定の技能で朝廷に仕える者にとって、その技能は一個人にとどまらず、先祖代々受け継がれ、子々孫々まで受け継いで守るべきものであり、変更したり、捨てたり、別の技能に関心を向けることさえしない、というのが『左氏伝』の認める君子、つまり《礼》の実践者だった。

魯が治めていた杞《き》の土地を晋が取り返しに来た時、恐れた魯の季孫《きそん》は、杞の中の成《せい》という土地を返還しようとした。しかし、成はすでに孟孫《もうそん》という人が食邑《しょくゆう》（領地）として得ていた。孟孫は他国に出向中だったが、その留守を守る者が、次のように述べて返還を拒否した（結局、別の土地を与えることで決着した）。

[265] 人言《い》ふこと有《あ》り。曰《いわ》く、「挈餅《けっぺい》の知《ち》有りと雖《いえど》も、守りて器《き》を仮《か》さず」とは礼なり。【昭公七年】

▼世間で諺《ことわざ》にいう、「釣瓶《つるべ》桶《おけ》を扱う程度の小さな技能でも、技能があればその道具を他人に貸さない」というのが《礼》です。

右の諺は、〈どんなに小さな仕事でも、全力で職務を守るのが《礼》である〉という職分忠実主義を、端的に示したものである（だから主人の留守を預かる者は、預かった領地を何が何でも他人に渡さない）。下級の官吏《かんり》や農・工・商の民までが、自分の仕事の領分（技能や土地）を変えず、捨てず、守り通すことを求められたのだから、王侯・政治家・上級官僚など、上に立つ身分の者はなおさら強く求められる。

『左氏伝』が歴史上の出来事を評価する時の論点は、本書で繰り返し述べてきたような、〈《礼》の本質（天地万物の摂理）に正しく沿っているか否か〉だが、特に〈立場に相応《ふさわ》しい行動を取るべき〉という職分忠実主義の原則が、強く前面に出てくる話が多い。

臣下の責務――命と引き換えにしても職責に殉じる責務

《礼》の現実的な存在意義は、君臣上下の関係の徹底にあったから、職分忠実主義も当然、臣下に対して「自分の職掌をやり遂げよ」という形で現れることになる。ある意味では、それは当然と思われるかもしれない。しかし、《礼》思想が臣下に求める職分忠実主義は、深刻なジレンマを抱えていた。

宋《そう》の華父督《かふとく》が主君の殤公《しょうこう》を殺して荘公《そうこう》を立て、鄭《てい》国を懐柔するために大きな鼎《かなえ》（金属製の三本足の大きな器）を贈ってきた時、これを大廟《たいびょう》に収めて展示した鄭の桓公《かんこう》を、臧孫達《ぞうそんたつ》は諫めた。「反逆者からの贈り物を大々的に展示しては、君臣上下の関係を軽視するのと同じだ」という理由からである。周の内史《ないし》（記録官）はこれを聞いて、「臧孫達は子孫が長く魯で栄えるだろう。君主が過ちを犯しても、徳の重要さを説いて諫めることを忘れないのだから（臧孫達は、其《そ》れ魯に後《のち》有らんか。君違《きみたが》へば之《これ》を諫《いさ》むるに徳《とく》を以《もっ》てするを忘れず）」と讃美した【桓公二年四月】。

このように、《礼》思想は、君命に絶対忠実に従うことを臣下に求める一方で、君主の過ちに対して臣下が諫言する（つまり君主の意向に逆らう）ことも求めた。このジレンマをきちんと解消せずに放置した《礼》思想は、臣下に苛酷な板挟みを強いた。

右の件はそれ以上拗《こじ》れなかったが、「忠言は耳に逆らう」という諺《ことわざ》がある通り、自分の意向に逆らう諫言を快く思わない君主

図9　内側に銘文を刻んだ鼎（毛公鼎。台湾故宮博物院所蔵。同院『漢字源流展』Webサイトより）

はいくらでもいる。そして短気であったり憎悪が深ければ、諫言した臣下が殺されてしまう。その実例は枚挙に遑《いとま》がなく、臣下の諫言は命がけだった。ところが、そのような臣下の苦境を救う論理を、《礼》思想は持たなかった。このあたりに、〈どれだけ綺麗事を並べても、《礼》思想は所詮、君主の都合のためにある〉という本質が垣間見える。次に挙げるのは、最も悲惨な実例の一つである。

斉に崔杼《さいちょ》という人がいた。主君の荘公は崔杼の妻と密通を重ね、また荘公は晋への侵攻を企てていた。崔杼は密通の怨みと晋の逆襲への恐れから、荘公を殺そうとしていた。同じく怨みを抱く荘公の側近の手助けで、崔杼は密通のために訪ねて来た荘公を自宅に閉じ込め、荘公が脱出しようとすると、崔杼の部下が矢を射て命中し、荘公は亡くなった。この時、朝廷の記録官の一族が、次の形で巻き添えになり、多くの死者を出した。

[266]大史《たいし》書《しょ》して曰《いわ》く、「崔杼《さいちょ》、其《そ》の君を弑《しい》す」と。崔子《さいし》之《これ》を殺す。其《そ》の弟嗣《つ》ぎて書す。而《しこ》うして死する者二人。其の弟又《また》書す。乃《すなわ》ち之《これ》を舎《お》く。【襄公二五年】

▽大史（記録官）は簡策《かんさく》（記録するための木や竹の簡《ふだ》）に「崔杼が自分の主君を殺した」と記録した。そこで崔杼は記録官を殺した。すると弟が記録官の職を継いで、同じことを書いた。崔杼がまたこれを殺すと、さらにその弟が記録官の職を継いで、同じことを書いた。崔杼はついに諦めた。

崔杼が記録官を殺したのは、主君殺しの汚名を歴史に残したくなかったからである。そう考える権力者の前で、〈国の歴史を正しく記録する〉職掌を完遂しようとすることは命がけであり、実際に右のように、命がいくつあっても足りないことだった。《礼》思想が臣下に求めた職分忠実主義は苛酷《かこく》であって、〈権力者の怒りを買って殺されてでも務めを果たせ〉という、文字通り職掌を死守することを求める思想だった。それは、君主・権力者の側にとって都合よい論理であり（ただし崔杼が弑逆《しいぎゃく》の汚名を免れなかったように、最後は跳ね返る）、現実には《礼》が支配の道具として生まれたという本質を垣間見せる。

諸侯の責務――諸侯の身分不相応な振る舞いに対する筆誅

しかし、そのような現実的な権力者側の要請を超えて、《礼》が儒家によって理論化され、すべてが天命に従う存在とされた時、君主もまた天命に従属し、様々な責務が要求されることになった。職分忠実主義を守らない事例に対する『左氏伝』の非難が、臣下よりもむしろ君主に対して多く向けられていることは、非常に興味深い。しかも、『左氏伝』の筆誅《ひっちゅう》は諸侯に向けられるだけでなく、天子に対しても容赦ない。その点こそ、『左氏伝』をつまらぬ（戦前の皇国史観のような）君臣倫理の強要、君主の礼讃に終わらせず、不朽の古典として残した理由だろう。

［267］春正月、公《こう》、郎《ろう》に狩《かり》するとは、時《とき》の礼あるを書《しょ》するなり。【桓公四年正月】

▼「春正月、魯の桓公が郎《ろう》という地で狩を行った」と『春秋』が記録したのは、適切な季節に行って《礼》に適《かな》うからである。

〈君主の行動は、天地の運行の摂理に沿うべきだ〉という教えを強調するために、『春秋』はこの小さな出来事をあえて記録したのだと、『左氏伝』はいう。たったこれだけの記事からも、『春秋』が君主の行動を評価する姿勢で書かれたということを、読み取るべきだというのである。このような『左氏伝』（や『公羊伝』『穀梁伝』も含む、『春秋』の伝〔注釈〕全て）の解釈は、穿《うが》ち過ぎの深読みとしか思えないケースもあり、本当に『春秋』の作者の意図がそうであったかは、必ずしも明らかでない（たとえば、もし時節が適切という理由で狩を記録したなら、同じ理由でもっと多くの狩が記録されてよい）。ただ、本書で重要なのは『春秋』自体の思想ではなく、『左氏伝』の《礼》思想なので、その点は深く追究しない。

魯の僖公《きこう》が、翟泉《てきせん》という土地で諸国の卿《けい》（上級官僚）と会盟したことを、『春秋』は「王《おう》人・晋人・宋人・斉人・陳人・蔡《さい》人・秦人に会し、翟泉《てきせん》に盟《ちかい》す」と記録した。その理由を、『左氏伝』はこう説明する。

[268]卿《けい》を書《しょ》せざるは、之《これ》を罪《つみ》するなり。礼に在《あ》りては、卿は公《こう》・侯《こう》に会《かい》せず、伯《はく》・子《し》・男《だん》に会するは可《か》なり。【僖公二九年】

▼（単に「晋人」などと書かれて具体的な）卿の名が記されないのは、この会盟に罪ありとしたからである。《礼》に基づけば、卿は伯・子・男の爵位を持つ君主と会合するのは構わないが、公・侯の爵位を持つ君主と直接会合してはならないからである。

これは、諸国の使者が卿の身分にすぎないのに公（魯の僖公）と会合したことを責めていると同時に、卿と会合した僖公をも責めている。むしろ身分が高い側にこそ、低い側と猥《みだ》りに会合する軽率さがあってはならず、身分秩序を厳格に守る姿勢が求められたのである。

[269]晋侯《しんこう》、新軍《しんぐん》を舎《や》む。礼なり。成国《せいこく》は天子の軍を半《なか》ばするに過ぎず。周は六軍《りくぐん》を為《な》す。諸侯の大《だい》なる者《もの》は、三軍《さんぐん》にて可《か》なり。【襄公一四年】

▼晋の悼公《とうこう》は、四軍のうち新たに設けた一軍を廃止した。これは《礼》に適《かな》う。大国でも天子の軍の半分を超えてはならず、周王の軍は六軍なので、大国の諸侯の軍も三軍で足りる。

《礼》思想では、身分上下を明確に示すため、持ち物の種類や数には身分に応じて差を設ける原則があった[62]。それを守ったから悼公は「《礼》に適《かな》う」と称揚されたのだが、冷静に考えれば、三軍に減らす前は、天子の軍の半数を超える四軍を設けていたのであり、《礼》に反している。したがって、この記事も暗に悼公を責めている。
『左氏伝』が君主の非礼を責める場合、より具体的で容赦ない筆誅が珍しくない。

[270]季武子《きぶし》、斉より得る所《ところ》の兵を以《もっ》て林鍾《りんしょう》を作りて、魯の功を銘《めい》す。臧武仲《ぞうぶちゅう》、季孫《きそん》に謂《い》ひて曰《いわ》く、「礼に非《あら》ざるなり。夫《そ》れ鍾銘《しょうめい》は、天子は令徳《れいとく》をし、諸侯は時《とき》を言《い》ひ功《こう》を計《はか》り、大夫は伐《ばつ》を称《しょう》す。今、伐を称せば則《すなわ》ち等《とう》を下《くだ》すなり。」【襄公一九年】

▼魯が諸侯と斉を征伐した時、魯の季武子《きぶし》は戦利品の兵器を溶かして鐘を作り、魯の武功を銘記《めいき》した。それを知って臧武仲《ぞうぶちゅう》は季武子を諫めた。「これは《礼》に反する。鐘の銘文に記す文章は、身分によって異なる。天子は（功を記さず）徳を記し、諸侯は時節に応じた政策の功績を記し、大夫は武功を記す。今、あなたが魯侯の武功を記せば、魯侯の身分的な等級を下げることになる」と。

こうした事例を見ると、君主自身が、自分の身分に相応《ふさわ》しい行動を把握しておらず、自分の格を下げる行動をしてしまう（臣下に許してしまう）ことは、非常に多かったようだ。

[271]夏六月、斉侯来《せいこうきた》りて戎《じゅう》の捷《しょう》を献《けん》ずるは、礼に非《あら》ざるなり。凡《およ》そ諸侯、四夷《しい》の功《こう》有るときは、則《すなわ》ち王に献ず。王は以《もっ》て夷《い》を警《いまし》む。中国《ちゅうごく》には則《すなわ》ち否《しか》らず。諸侯は俘《ふ》を相遺《あいおく》らず。【荘公三一年夏】

▼夏六月、斉の君主が来て魯に戎《じゅう》（周の《礼》を実践しない野蛮な中国人）の捕虜を献じた。これは《礼》に反する。一般に、諸侯が四夷《しい》（中国の外の蛮族）を征伐した時は、捕虜を周王に献じる。それによって王は蛮族を警《いまし》めるのである。しかし中国人同士の戦争の捕虜は王に献上しないし、諸侯同士では捕虜を贈り合わない。

《礼》に定めに照らせば、斉の君主は、献上するもの（捕虜の人種）を間違えているし、献上する相手も間違えている。実際問題として、君主レベルでこれだけ《礼》の順守がいい加減であったことは、大変重要だ。遅くとも春秋時代までに、《礼》は現実的な規範性をかなり失って、机上の空論と化しつつあったことを意味するからである。

もっとも、春秋時代以前の西周《せいしゅう》時代（周が分裂・弱体化する紀元前七七〇年以前）でさえ、《礼》が経典に説かれた通り実践された保証はなく、経典に書かれた《礼》思想自体が、歴史上ほとんど一度も満足に実現したことがなかった可能性も、非常に高い。君臣の絶対的な上下関係を説く《礼》思想を軽んじる者が、君主の側に少なくなかったという現実、したがって君臣間の双務的な責務もしばしば（上の怠惰で）果たされず、臣下に《礼》の順守を強いる資格が君主側に乏しかったことには、注意してよい。

天子の責務――思いつきで行動する天子への筆誅

《礼》を逸脱しがちなのは、諸侯だけではない。天子もひどかった。『左氏伝』で最初に「礼」という文字が現れるのは、次の記事である。魯の隠公《いんこう》元年（紀元前七二二年）、周の平王《へいおう》が、魯の恵公《けいこう》とその夫人の葬儀のための贈り物を贈ってきたが、恵公の葬儀には遅すぎ、なおかつ夫人は存命中だった。それを『左氏伝』は、こう非難する。

[272] 死に贈るに尸《し》に及ばず、生《せい》を弔《ちょう》するに哀《あい》に及ばず、凶事《きょうじ》を予《あらかじ》めするは、礼に非《あら》ざるなり。

▼死者に対する贈り物が埋葬に間に合わず、遺族への弔問が哀しみの強い間に間に合わず、死者への贈り物を生前に贈るのは、すべて《礼》に反する。

魯の凶事（人の死）に対する平王の配慮は、すべて時機を逸していた。〈適切な時に適切な振る舞いをすべき〉という、《礼》思想の時機最適主義に、平王は反した。しかも一度で二つ（恵公と夫人の死）の過ちを犯し、夫人の葬儀の贈り物に至っては彼女の生前に贈るという、現代日本人でも耳を疑うようなミスを犯した。これが、『左氏伝』における「礼」の字の初見であり、《礼》に関する最初の評言であることを考慮すると、『左氏伝』とはまさに、〈天子さえも《礼》の実践・理解がお粗末な時代〉を嘆いて反面教師にしようとする経典、ということができよう。

平王の後を継いだ孫の桓王《かんおう》も、天子の器でなかったことを『左氏伝』に暴露されている。桓王は鄭《てい》国が治める四ヶ所の田地を取り上げ、代わりに蘇忿生《そふんせい》という者が支配していた一二の邑《むら》を鄭に与えた。この件について、『左氏伝』は次のように評する。

［273］君子、是《ここ》を以《もっ》て、桓王の鄭を失《うしな》はんことを知る。「恕《じょ》にして之《これ》を行《おこな》ふは、徳《とく》の則《そく》なり、礼の経《けい》なり。己《おのれ》有《たも》つこと能《あた》はずして以《もっ》て人に与《あた》ふ。人の至らざること、亦宜《またむべ》ならずや」と。【隠公一一年】

▼君子はこれを見て、鄭が桓王から離反するだろうと予見した。「相手の気持ちに配慮してことを行うのが、徳を実践する上で踏むべき道であり、《礼》の実践で従うべき基本軸である。それなのに、（他人が支配していて）自分がきちんと保てないからといって、別の人に与えるようでは、人が去ってゆくのも当然ではないか」と。

自分のものを与えるから「与える」というのであり、他人のものを与えても「与えた」ことにはならないし、受け取る側も恩義に感じない。与えるなら、相手が恩義に感じるに値するものを与えるのが《礼》なのであり、それは天子という以前に、人としての《礼》だった。この桓王の吝嗇《りんしょく》（けち）な振る舞いに、鄭はますます離反し、桓王を軽んじるようになった。そこで桓王が鄭の王から左卿士《さけいし》という地位を没収すると、鄭は憤って桓王に朝見しなくなった。桓王は蔡《さい》・衛・陳の軍を率いて自ら征伐に赴いたが、逆襲されて大敗し、ますます王室の衰微を招いた【桓公五年】。その一〇年後、桓王はさらに魯に対して、人望を失う行為を重ねる。

[274]春、天王《てんおう》、家父《かほ》をして来《きた》りて車を求めしむるは、礼に非《あら》ざるなり。諸侯は車服《しゃふく》を貢《こう》ぜず、天子は私《わたくし》に財《ざい》を求《もと》めざるなり。【桓公一五年】

▼春、天王《てんおう》（周の桓王）は家父《かほ》という臣を魯に遣わし、車を提供するよう求めた。これは《礼》に反している。車や服は諸侯が貢《みつ》ぐものではないし、天子は個人的に財物を人に求めたりはしない。

『左氏伝』は、吝嗇で貪欲で、意のままに振る舞って王室の衰微を加速させた桓王の人物像を伝え、いかに彼が王の器でないかを強調する（史実として、実際にどのような人物だったかは別である）。そして『左氏伝』は、彼の《礼》に沿わない行動に容赦なく筆誅を加える。魯に車を要求した翌月、桓王は死去した。それはあたかも、最後まで改まらない桓王の《礼》軽視が、彼の死を早めたかのような書きぶりである。

王室の衰微は、王自身が身分秩序を紊乱《びんらん》させるという形でも進行していた。虢《かく》公と晋侯（虢と晋の君主）が周の王に朝参《ちょうさん》（参上謁見）した時、周王は饗宴を設けて醴《うまさけ》（醸造して日が浅い酒）を振る舞い、二人の盃に酒を注がせて、二人に対してそれぞれ玉《ぎょく》を五対《つい》、馬を三匹与えた。『左氏伝』はこれを非難する。

[275]礼に非《あら》ざるなり。王の諸侯に命《めい》ずる、名位《めいい》同《おな》じからざれば、礼も亦《ま》た数《すう》を異《こと》にす。礼を以《もっ》て人に仮《か》さざればなり。【荘公一八年春】

▼これは礼に反する。王が諸侯に（国を治めよと）命令を与える時、（虢公と晋侯のように）相手の身分の名が異なれば、《礼》に沿って与える品物の数も同じではいけない。特定の身分の者に対する

《礼》を、他の身分の者に流用してはならない。

天子でさえも意に任せて過分に臣を賞してはならないのであり、『左氏伝』の筆誅は天子に対しても容赦ない。最上位の天子が自ら《礼》を疎《おろそ》かにして身分尊卑の明示を怠れば、誰が身分尊卑を尊重しようか、という話なのだった。

天子には〈すべきこと〉と〈すべきでないこと〉しかない――中間の不在

以上は、天子や諸侯が〈すべきでないことを積極的に行った〉という《非礼》に対して下された筆誅である。では逆に、君主が〈積極的にすべきこと〉とは何か。魯の荘公が斉に赴いて社《しゃ》（土地の神の廟）の祭祀を見物した時、ある臣がこう諫めた。

[276]不可《ふか》なり。夫《そ》れ礼は、民を整《ととの》ふる所以《ゆえん》なり。故《ゆえ》に会《かい》して以《もっ》て上下《しょうか》の則《のり》を訓《おし》へ、財用《ざいよう》の節《せつ》を制《せい》し、朝《ちょう》して以《もっ》て班爵《はんしゃく》の義《ぎ》を正《ただ》し、長幼《ちょうよう》の序《じょ》に帥《したが》ひ、征伐《せいばつ》して以て其《そ》の不然《ふぜん》を討《とう》ず。諸侯に王《おう》有り、王に巡《じゅん》狩《しゅ》有り。以て大いに之《これ》を習《なら》はす。是《これ》に非《あら》ざれば君、挙《こと》とせず。君の挙《こと》は必ず書《しょ》す。書して法《ほう》ならずば、後嗣《こうし》何《なに》をか観《み》ん」と。【荘公二三年】

▼いけません。《礼》とは民を整序するものです。そのために、諸侯は会同して身分上下の秩序を民に教え、財産の使い方の節度を教え、朝廷に参上して爵位の通りに序列を正すことを教え、年上と年下の序列に従うよう教え、これらの道に背く者を征伐して戒《いまし》めとします。諸侯には王（に朝見する義務）があり、王には天下の四方の巡検（する義務）があって、それらによって大いに右の秩序を演習させます。それ以外は、君主の行うことではありません。君主の行いは必ず記録されますが、記録されたことが《礼》の規範に法《のっと》っていなければ、後世の人は記録を読んでも、どうして正しい道

がわかるでしょうか。

君主は万人に身分上下の序列を教え込むため、《礼》に従って会同・朝参・戦争・巡検を行う。また、記録されることを意識して、後世のためにも、これらの〈すべきこと〉だけを行い、それ以外はすべきでない、という。

この論理に従うと、職分忠実主義に沿って考えた場合、君主には〈すべきこと〉と〈すべきでないこと〉の二種類しかなく、〈してもしなくてもよいこと〉がない、ということに注意されたい。そして君主には〈すべきでないこと〉が多く、君主を拘束する制約は実に多かったといわねばならない。

むしろ、君主の〈すべきこと〉はわずか二点に絞られる、とする言説もある。《礼》思想の分析を総括するに相応《ふさわ》しい一節なので、長文だが引用しよう。『春秋』が記録する最初の魯の君主・隠公《いんこう》の、治世のわずか五年目に、隠公の《非礼》を臣が諫めた話である。

[277] 春、公《こう》、将に棠《とう》に如《ゆ》きて魚者《ぎょしゃ》を観《み》んとす。臧《ぞう》僖《き》伯《はく》、諫《いさ》めて曰《いわ》く、「凡《およ》そ、物、以《もっ》て大事を講《なら》はすに足らず、其《そ》の材《ざい》、以て器用に備《そな》ふるに足らざれば、則《すなわ》ち君、挙《こと》とせず。〈材は、皮革《ひかく》・歯牙《しが》・骨角《こっかく》・毛《もう》羽《う》を謂《い》ふなり。器用は軍国の器《うつわ》なり。〉君は将《まさ》に民を軌物《きぶつ》に納《い》れんとする者《もの》なり。故《ゆえ》に事《こと》を講《なら》ひて以て軌《き》に度《はか》る。量、之《これ》を軌《き》と謂《い》ふ。材を取りて以て物を章《あきら》かにす、采《さい》、之《これ》を物《ぶつ》と謂《い》ふ。軌《き》ならず物《ぶつ》ならざる、之《これ》を乱政《らんせい》と謂《い》ふ。乱政亟《しばし》ば行《おこな》はるるは、敗《やぶ》るる所以《ゆえん》なり。故に春は蒐《しゅう》し、夏は苗《びょう》し、秋は獮《せん》し、冬は狩《しゅ》するも、皆農隙《みなのうげき》に於《お》て以て事《こと》を講《なら》はするなり。三年にして兵《へい》を治《おさ》め、入りて振旅《しんりょ》し、帰りて飲至《いんし》し、以て軍実《ぐんじつ》を数《かぞ》へ、文章を昭《あきら》かにし、貴賤《きせん》を明らかにし、等列《とうれつ》を弁《べん》じ、少長《しょうちょう》を順《じゅん》にし、威儀《いぎ》を習《なら》はするなり。鳥獣の肉の、俎《そ》に登らず、皮革・歯牙・骨角・毛羽の、器《き》に登らざるをば、則《すなわ》ち公《こう》、射《い》ざるは、古《いにしえ》の制《せい》なり。若《も》し夫《そ》れ山林川沢《さんりんせんたく》の実《じつ》、器用の資《し》は、皁隷《そうれい》の事、官司《かんし》の守《しゅ》なり。

君の及ぼす所《ところ》に非《あら》ざるなり」と。公曰《いわ》く、「吾《われ》は将《まさ》に地を略《りゃく》せんとす」と。遂《つい》に往《ゆ》き、魚《ぎょ》を陳《つら》ねて之《これ》を観《み》る。僖伯、疾《やまひ》と称して従《したが》はず。書《しょ》して「公《こう》、魚《ぎょ》を棠《とう》に矢《つら》ぬ」と曰《い》ふは、礼に非《あら》ざればなり。且《か》つ遠地《えんち》なるを言《い》ふなり。【隠公五年春】

▽春、隠公は棠《とう》という場所で、漁民が魚を捕るのを見ようとしたが、臧僖伯《ぞうきはく》が諫めた。「何ごとでも、臣や民に大事（祭祀と軍事）を講習させる役に立たない行事や、礼器《れいき》（祭祀に用いる器）・兵器を作る役に立たない材料を手に入れるために、君主は行動しないものです。君主は民を「軌《き》」や「物《ぶつ》」に納めるのが務めです。祭祀や軍事の講習を適切に行うことを「軌」といい、形や色が適切な材料を選んで礼器・兵器を作って世界の正しい秩序を明らかにすることを「物」といいます。この「軌」と「物」に反することを「乱政《らんせい》」といい、乱政がしばしば行われれば国は崩壊します。ですから君主は春の蒐《かり》、夏の苗《かり》、秋の獮《かり》、冬の狩《かり》を、民の農閑期を見計らって行い、民に軍事を講習するのです。三年に一度、大規模な軍事演習（大閲《たいえつ》・大蒐《たいしゅう》）を行い、都に戻って軍を整え、飲酒の礼を行い、それによって兵器や獲物を数え、兵車や旗の飾りものや色を正しく揃え、身分上下の階級を明らかにし、序列に沿って下位者を上位者に、年少者を年長者に従わせ、秩序ある社会の威儀を学習させるのです。宗廟《そうびょう》に供えない鳥獣の肉や、兵器にしない鳥獣の皮革や、歯・牙や、骨・角や、毛・羽を取るために、君主は狩猟をしません。それが古《いにしえ》からの制度です。山・林・川・沢の産物の採取や、日常品の材料の調達は、最下層の民の仕事であり、官僚の責任範囲であって、君主が自ら関わることではありません」と。隠公はそれでも「私は治める土地を巡見したいのだ」と主張して出かけ、漁夫に魚を捕らせて見物したが、臧僖伯は病気と称して随行しなかった。『春秋』の本文に「隠公が棠で漁業した〔公、魚を棠《とう》に矢《つら》ぬ〕」と書かれたのは、隠公の振る舞いが《礼》に反したからであり、都から遠く離れたからである。

右によれば、君主が自ら手がけるべきことは二つ、〝祭祀と軍事〟だけであるという。祭祀・軍事ともにそれ自体重要な君主の事業だったが、それらの根底には、〈(祭祀の実践と軍事演習によって）民に身分秩序の徹底を教える〉という共通目的があるという。それらは再三、本書の検討で考察した《礼》の重要要素だが、右で特に重要なのは、〈低い身分の者に任せるべき仕事に、君主が自ら関わってはいけない〉という教えである。

臣（政治家・官僚）や民が自分の職分を十分に果たし、かつ他人の領分を侵してはならないのと同様に、君主もまた臣や民の領分を侵してはならない。《礼》の職分忠実主義は、君主（天子と諸侯）をも拘束する、つまり例外なく万人を捉える原則なのだった。

そこには、〈身分や、それに伴う職掌の間に一度引かれた線は、絶対に越えてはならない〉という、《礼》の根本的機能というべき類別機能の強靱《きょうじん》さを、改めて確認できる。その線がそれほど絶対的であるのは、万人（を含む森羅万象）の根源としてあらゆる事物に存在意義を与える天によって、その線が引かれたから、つまり天命だったからである、と考えて誤りあるまい。

エピローグ
――《礼》とは何か

《礼》の全体像を大雑把に描く、という本書の目的を果たすだけでも、話が極めて多岐にわたってしまった。それは、《礼》が単なる人間関係の作法ではなく、世界（宇宙）の仕組みまで視野に入れた〝世界観〟だからである。

《礼》は、宗教ではない。〈何が宗教か〉というのは難しい問いだが、細かい点で適切でないことを承知の上で大雑把にいえば、《礼》は、儒教という宗教の一部であり、儒学という学問の一部であって、それ自体は宗教とはいい難い。《礼》の中核・原点となる天には「上帝《じょうてい》（昊天《こうてん》上帝）」という神格があるが、神々は《礼》の主役ではない。そこが、ヤハウェやアッラーや仏陀を主役とする宗教と違う。天（上帝）は世界の主役だが、《礼》の主役ではない。

《礼》は、あくまでも人間生活のためにあり、常に人間の視座にあり、人間が主役である。人間社会が最も効果的に成功する（安定的に運営され、発展する）ためには、人間がどう生活すればよいか。それを突きつめた思想の体系が《礼》である。そして、世界の主役である天と、天を始原・原点・中心とする世界全体の仕組みを意識し、理解し、尊重することが最も有効な成功への近道だと、結果的に結論したのが《礼》という思想だった。

まず絶対神や造物主《クリエイター》があり、その命令に従う以外に人間の幸福はない、という宗教とは、そこが違う。

宗教では、人間は神や仏の人格（神格）に従属する。しかし、《礼》はそうではない。《礼》では、陰・陽や、本書で深く取り上げなかった五行《ごぎょう》（世界を構成する木《もく》・火《か》・土《ど》・金《こん》・水《すい》の五要素）に人間は従属するが、陰陽や五行に人格（神格）はない。それは単に世界の摂理（物理法則）であり、同じ世界で生きる人間には、世界の摂理に従属する以外に選択肢がない、という意味で従属しているだけだ。

天も、昊天上帝という神格だとされているものの、実はどのような神格なのか、中国でもかなり後になるまではっきりしなかった（ちなみに、昊天上帝は一つの神格ではなく、複数の神格の集合体だと、最終的に結論されている）。結局、どの宗教もそうだったように、世界の摂理の最上位にある存在を擬人化して理解を容易にしたい、という欲求に負けて天は擬人化されたが、《礼》の論理構造の上で、天が人格を持っている必要性はない。〈天が天命を下して地上の統治者を決める〉という考え方にも、〈世界の摂理に従っておのずから統治者は定まり、その摂理の原点に必ず天がある〉という仕組みを、擬人化したものという側面が濃い。

《礼》の本質は、世界の摂理を理解することと、それに基づく最適な行動に気づくこと、そしてその実践である。〈世界の摂理の理解〉という点で、それは古代中国人なりの〝物理学〟なのであり、そのことは、《礼》思想が何度も〈「理」を重視せよ〉と説いていた通りだ。哲学を、「世界や人生の究極の根本原理を客観的・理性的に追求する学問」とする一般的な定義（小学館『日本国語大辞典』による）が正しいとするなら、《礼》思想には哲学が間違いなく含まれている。

その〝物理学〟あるいは〝哲学〟としての世界観を基礎として、天地神明や祖先に対する祭祀を含み込んで全面的に推奨する、儒教という宗教がある。もちろん、現実問題として、《礼》のような精緻で広大で理屈っぽい世界観が、祖先崇拝や世界の支配者（天）に対する単純素朴な信仰より先行して存在した、とは到底考えられない。儒教の源流が、物理学と単純素朴なシャーマニズムのどちらにあったか、と問われれば、シャーマニズムと答えるのがまずは常識的だ。

ただ、儒教の特色は、その〈原初的なシャーマニズムがなぜ正しいのかを、論理的に追究しよう〉という発想に行き着いたことにあり、さらにそれを、〈統治者の都合で民を君臣関係に縛りつけたい〉という欲求と結合させて、物理学と社会規範を包み込む包括的な一つの〝世界の仕組み〟の体系にまとめあげたことにある。哲学は、個々人の行動指針にはなるが、社会全体を律する社会規範にはならない。その点で、《礼》は哲学にとどまっていない。《礼》は、哲学的な動機と、物理学的な視座と、権力者の支配欲が包括された、一つの〝統治テクノロジー〟のパッケージといえるだろう。

本書には、まだ論じ残した問題が多い。特に、中国やその影響を受けた東アジア社会（もちろん日本を含む）において、社会規範は《礼》と《法》の二本柱で成立しており、《法》との関係を解き明かして初めて、《礼》の存在意義が明らかになる。

そのためには、いくつもの問題を解かねばならない。古代中国社会において《法》とはそもそも何か。《礼》と《法》のどちらが先に生まれ、どう影響を与え合ったのか。《礼》と《法》のそれぞれに固有の機能は何か。両者のどちらが主で、どちらが従なのか。要するに、《礼》と《法》はどう棲《す》み分けていたのか。なぜ、両方とも必要だという結論に、中国社会は落ち着いたのか。そして、その結論をわが国（倭国・日本国）はなぜ、どのように受け入れ、また受け入れなかったのか。

これらの問題を解明してこそ、〈日本人にとって《礼》とは何か〉が理解可能で、そこから初めて〈日本人は今後、《礼》とどう付き合うべきか〉を探ることができる。それらの問題は、機会を改めて追究したい。本書ではさしあたり、《礼》の基本原理と全体像を、一冊の（ややマニアックな）一般書で初めて描ききる、ということだけに課題を絞り、取り組んでみた。

その本書の最後に、冒頭の問いに答えねばならない。〈《礼》とは何か〉という問いにである。本書の執筆を通じた考察を経て、私は今、そう問われたら次のように答えることにしている。

《礼》とは、世界（天地をはじめとする森羅万象）の摂理を理解して、理性的に〈すべき物ごと〉〈それをすべき時〉〈それをすべき人〉を特定し、〈すべき時に、すべき人が、すべきことをする〉ように、そして〈すべきでない時に、すべきでない人が、すべきでないことをしない〉ように定めた思想の体系であり、世界観であり、そして統治テクノロジーのパッケージである、と。

《礼》は、万物を類別し、根源至上主義・先後絶対主義によって系統立て、天を原点とする一本のツリー（系統樹）にする。類別された万物は、その存在意義を明らかにするため、存在意義ごとに、そしてほかの物ごととの先後（主従・優劣）関係に従って、相応の外形を表されねばならない。《礼》は物理学的な世界の摂理から人間を制御し、《楽》は人間の心情そのものを制御し、二方向から人間社会を理性ある節度の範囲に収め、人間を禽獣《きんじゅう》（動物）とは違う、安定性と発展性のある生き物に仕立て上げる。

では、このように《礼》を理解できたとすると、それは現代日本人の社会とどう関わるのか。個別具体的な場面のすべては挙げられないが、少しだけ具体例を挙げよう。〈すべき時に、すべき人が、すべきことをする〉なら、すべては、〈どのタイミングで、誰が、何をすべきか〉という問いの答えである。それは個々人にとっては、〈ある場面で、自分と相手がある立場・関係にあった場合、どのような振る舞いが《礼》に適《かな》うか〉という問いになる。

贈り物や好意を受け取ったら、「返礼」として物品を贈ったり「お礼」をいう。なぜそれを「返礼」「お礼」というのか。それは、〈自分に対して〇〇という立場にある人から好意を受け取ったら、××程度の物品を贈ったり、「ありがとうございました」と謝意を伝える〉ことが、世界の摂理に即して最適であり、つまり《礼》に適うからである。

室町時代以降、将軍や天皇の慶事（特にライフステージの前進。誕生や元服や官位の昇進や出産、年末年始など）があると、朝廷の人々は「おめでとうございます」と祝意を伝えに行く。それを「御礼《おんれい》」というが、なぜそれが《礼》なのか。それも、そうした場面で、そうした相手に、そうした自分たちがそう振る舞うのが、世界の摂理に即して最適だ（《礼》に適う）からである。

学校の教室に教師が入り、授業を始める時と終える時に、生徒が「起立、礼、着席」と号令して、一斉に頭を下げるという、大部分の日本人に共通の体験がある。私たちは、「礼」の号令と同時に頭を下げるので、その所作を「礼」だと思っている。しかし、そうではない。あれは、「拝」という所作であり、〈拝によって《礼》を実践する「拝礼」〉を行っているのだ。〈授業の開始時と終了時に、生徒全員が、起立して「拝（拝礼）」する〉のが、世界の摂理に即して最適（《礼》に適う）だという共通認識を、あの場面は確認・再生産していたということだ。「礼」という号令は、「《礼》を実践せよ（《礼》に適う所作をせよ）」という号令であり、生徒たちはそれに応えて「拝」という《儀》を行うのである。

その仕組みを、教師も含めて誰も理解していないのに、教室で拝礼が実践され続ける、という事実が興味深い。《礼》は、一度〝正解〟が示されてしまうと、マニュアル化され、何も考えずに実践すればよい、という形に必ず落ち着く。しかしそれは、〈心情が伴わない敬意や所作には価値がない〉〈理性によって、すべきことを導き出せ〉〈形式それ自体は《儀》に過ぎない〉という、《礼》思想の根本的な教えに反している。その問題は、『礼記』や『春秋左氏伝』が描く二五〇〇年前の中国ですでに問題視され、結局、今日まで解決されなかった。《礼》という考え方が持つ、宿命的な弱点だということだ。

現代日本の教室で、そのような所作をすることが正解か不正解か、私は判断する材料を持たない。ただ、一つだけ、この場面に限らず、現代日本で《礼》を実践する場合に必ずつきまとう問題を指摘することはできる。それは、〈《礼》が身分制社会を大前提としている〉ということと、〈現代日本が身分制社会でない〉こととの矛盾だ。江戸時代まで日本は身分制社会だったが、明治維新で四民平等になり、そして日本国憲法ですべての国民の人権は完全に対等になった。その平等社会に、《礼》思想をそのまま適用することは、原理的に絶対にできない。

ただ、〈ならば《礼》など全廃してしまえばよい〉と結論できないところが、人間社会の妙味でもある。人間としての権利は対等だが、それでも社会には上下関係がある。教える人間を敬わないと、知識や技能は得られない。出資者を敬わないと、資金は調達できない。人事権を持つ者を敬わないと、就職できない。先に知識・技能・富などを持つ者が、常に後発の者より優位にある。それこそ、世界の摂理として避けられないことだ。プロローグに述べたような実利的理由から、どうしても人は他者を敬わなければならない場面に遭遇する。

ただ、逆にいえば、先人の知識や技能を自分が超えてしまえば、自分で資金力を持ってしまえば、就職・昇進してしまえば、人を敬う理由はなくなる、ということにもなる。人を敬って得られるメリットと、その人の下風に立つ（しばしば理不尽になりがちな）デメリットのバランスを考えた時、どこまで自分が他者に敬意を払うべきか。それは結局、何を対価に差し出して何を手に入れるのが適切な等価交換か、という（需要と供給の）バランス感覚に依存し、それは人それぞれ千差万別とならざるを得ない。本人にとっては宝物で、その筋のマーケットに出品すれば高値がつくコレクターズ・アイテムも、家族から見ればガラクタでしかない、というのと同じだ。

そのガラクタには一〇〇円しか出せない、というのも、そのお宝に一〇万円出してもよい、というのも、突きつめれば、〈それを手に入れるのに支払う対価がどの水準を超えなければ自分は快適か〉という点で、同じ需給バランスの話である。それと同様に、敬意の問題は、要は快適さの問題であり、したがって個々人（当事者）レベルで好きに（納得できるように）するしかない、と私は結論している。

ただ、それは純粋な個々人のエゴではあり得ない。お宝（ガラクタ）を買う時に必ず売り手がいるのと同じように、敬意が問題になる時、必ず相手がある。それも、一人の相手だけではなく、ほかの（それぞれ立場が違う）相手への敬意とバランスが取れていなければならない。会長・社長・部長・課長・係長・一歳年上の先輩のそれぞれに対して、払うべき敬意が同じはずがない。同じ階級でも、人事や財務を（つまり利権の配分権を）司る者と、それ以外の者に対して同じはずもない。

つまり、純粋に個々人で好きにすることは不可能で、その人が属するその社会で、〈こういう場面ではこういう敬意が適切〉という合意を取るしかない。マーケットの相場と同じことだ。ただ、その合意が、文字通り全社会で取れている必要はないし、現実問題として不可能だ。それを強引に実現しようとしたのが、中国の君主制と結びついた《礼》思想であり、日本でもつい数十年前まで全社会的に強要された様々な礼節であった。

〈個々人の価値観の多様性を重視すべきだ〉という価値観が（少なくとも自由主義社会では）もはや当然になり、しかも構成員が共有する価値観が違う国・民族・地域・集団が簡単に交流する今日のグローバル化社会で、一つの〈敬意の度合いと所作〉を共有することは不可能で、無意味である。すると結局、問題は局所的な視野に、つまり〈今、自分が所属し、自分にとって重要なコミュニティの中で、礼節の相場がどこにあるか〉ということに落ち着くはずだ。

そして現代人は、時と場合により、様々なコミュニティに所属し、それぞれで別の顔・地位を持っている（職場では上司の下僕のような平社員が、特定の趣味の世界では神様のように扱われることが、珍しくない）。ならば、〈今この瞬間、自分はどのコミュニティの一員として振る舞っているのか〉によって、礼節作法は変わる。恐らくそれが、〈適切な礼節とは何か〉という問いに対する最適解である。

そして、そうであれば、ここにこそ《礼》思想が生きてくる。《礼》思想は、立場最適主義・時機最適主義を強く訴えていた。〈どのような環境下で、誰が、どのような立場にあるのか〉を、いちいち考えるのが《礼》の正解への唯一の道だ、と《礼》思想は説く。その考え方は、現代・日本のみならず人間社会にとって普遍的に有効な考え方であり、そして私が想像できる限り、今の人類にとって動くことのない最適な考え方だろうと、私は考えている。その意味で、《礼》思想は今でも価値を失っていない。

枝葉末節にこだわるのは、実は《儀》であって《礼》ではない、と《礼》思想は説いていた。《礼》思想の最大の価値は、細かい所作の形ではなく、〝考え方〟の方にある。根底にある考え方を動かさずに、振る舞いは臨機応変に変わるべきだ、というのが《礼》の主張であり、その意味で〈《礼》は生き物である〉といってもよい。

　そうした《礼》思想の〝考え方〟には、今もって、というよりも今後しばらくの人間社会にとって、極めて価値が高いものが含まれていると、私は結論せざるを得ないのである。

参考文献

浅野裕一『儒教——怨念と復讐の宗教』（講談社学術文庫、二〇一七年、初出一九九九年）
阿辻哲次監修『漢字三千年——漢字の歴史と美』（黄山美術社、二〇一六年）
石川英昭『中国古代礼法思想の研究』（創文社、二〇〇三年）
石母田正「解説」（石井進ほか編『中世政治社会思想 上』、岩波書店、一九七二年）
井上了「礼の思想」（湯浅邦弘編著『概説中国思想史』、ミネルヴァ書房、二〇一〇年）
大隅清陽「唐の礼制と日本」（『律令官制と礼秩序の研究』、吉川弘文館、二〇一一年、初出一九九二年）
大隅清陽「礼と儒教思想」（『律令官制と礼秩序の研究』、吉川弘文館、二〇一一年、初出二〇〇六年）
金子拓「室町殿をめぐる「御礼」参賀の成立」（『中世武家政権と政治秩序』、吉川弘文館、一九九八年、初出一九九七年）
公益財団法人泉屋博古館『泉屋博古 中国古銅器編』（二〇〇二年）
高春明『中国服飾名物考』（上海文化出版社、二〇〇一年）
黄能馥ほか編・古田真一訳『中国服飾史図鑑 第一巻』（国書刊行会、二〇一八年）
小島毅『宗教の世界史 5 儒教の歴史』（山川出版社、二〇一七年）
小島康敬編『「礼楽」文化——東アジアの教養』（ぺりかん社、二〇一三年）
佐藤信弥『周——理想化された古代王朝』（中公新書、二〇一六年）
竹内照夫『四書五経入門』（平凡社、二〇〇〇年）
戸川芳郎『古代中国の思想』（岩波書店、二〇一四年、初出一九八五年）
山田慶児『混沌の海へ——中国的思考の構造』（朝日新聞出版、二〇一三年、初出一九七五年）
藤森健太郎「日本古代儀礼研究の近年の動向と課題——儀礼の受容と中世的変質の問題を中心に」（古瀬奈津子

編『東アジアの礼・儀式と支配構造』、吉川弘文館、二〇一六年）
古瀬奈津子編『東アジアの礼・儀式と支配構造』（吉川弘文館、二〇一六年）
湯浅邦弘編『概説中国思想史』（ミネルヴァ書房、二〇一〇年）
渡辺信一郎『中国古代の楽制と国家——日本雅楽の源流』（文理閣、二〇一三年）

あとがき

二〇二〇年七月一日現在、コロナ禍（新型コロナウィルスの世界的大流行）にはまだ終わりが見えない。世界全体の感染者数は一〇三〇万人、死亡者数は五〇万六千人と報じられ、日本の感染者数は一万八千人、死亡者数は千人に迫る。日々、医学の専門家や医療関係者の奮闘をニュースで横目に見つつ、私は三千年近く昔の中国を舞台とする規範を分析しながら、「自分の研究は、我ながら、眼前の脅威から人類を救うような貢献とは最も遠い世界にあるな」と思っていた。しかし、ある時、そうでないことに気づいた。

人は、危機に直面した時こそ本性を現す。今、その篩《ふるい》にかけられて、人類の知性の程度が浮き彫りにされつつある。その人類の知性は地球全体で一様ではなく、国家や民族など、特定の思考様式（つまり文化）を共有する集団ごとに、大きな差がある。

人は社会の一員として生き、社会は人の集まりとして存続する。どちらが大事ということではなく、どちらも必須だ。したがって、ほどほどに経済・社会の停滞を抑え、ほどほどに被害者数を抑えて、〈トータルで被害が最小だといえるバランスはどこか〉を、探るしかない。それは、もはや万人が納得できる基準も科学的裏づけも存在しない世界であり、つきつめれば当事者の納得の問題であり、要は選択の問題でしかない。

その中で、日本は欧米諸国と異なり、ロックダウン（強権的な活動・外出制限）を行わないと選択した。政府も地方自治体も、「外出しないで下さい」とお願いするだけで、「外出するな。違反したら処罰する」という命令を出さなかった。緊急事態宣言は出されたが、ただの宣言であり、極論すれば「今は危ない時です」という総理大臣の独り言にすぎない。

ところが奇妙にも、断固たる（民主主義の蹂躙《じゅうりん》さえ辞さない）ロックダウンで臨んだ欧米のいくつかの国は失敗し、対照的に、「手ぬるい」日本の失敗度は桁外れに低かった。ふたを開けてみれば、アメリカ合衆国の感染者は二六四万人、死者数は一二万八千人。一方、日本は、感染者数で世界五三位、死者数で三八位にすぎない（七月一日現在）。

欧米では、これを不思議がる報道が出てきた。最大の疑問は、強権的なロックダウンではなく総理大臣の〝お願い〟だけで、日本人のほぼ全員が従った事実だ。ニューヨークやパリでは、法と武力（警察権力）で取り締まり、それでも被害が拡大したというのに。

さらに驚くべきことに、日本社会では、「政府が外出を禁止して欲しい。そうすれば私だって外出しないのに」という意見がマスメディアに出始めた。「私は自分の行動の是非を自分で考えられません」「お上の決めた規範で縛って欲しい」と望む声は、私には衝撃だった。

そこまで考えた時、私のこの《礼》の本には、図らずもタイムリーな価値があると気づいた。《礼》思想は、「個々人が、この世界全体の摂理を視野に入れて、理性によって物ごとを洞察し、最適な時に、最適な人が、最適なことを行うべきだ」という思想である。それはそのまま、今の日本人に投げかけたい、最も重要なメッセージになるではないか。

今こそ、日本人が千数百年来（そのうち数百年は無自覚に）付き合ってきた《礼》思想を、自覚的な行動指針の世界に引き戻し、その知恵を取り戻すにふさわしい時だ。本家本元の中国（中華人民共和国）では、共産主義化や文化大革命などでその知恵は失われたが、諸外国から「礼儀正しい」といわれ、損得勘定抜きに相手の快適さを優先し、「自粛しよう」の一声で一斉に自粛できる日本人には、まだそれができる資質が残っている。日本社会にはまだ、《礼》という知恵の原石を秘めた宝の山がある。その宝の山の存在をまず自覚する、という最初の一歩の踏み石として、本書を使って頂けたら本望である。

著者

著者略歴

桃崎有一郎（ももさき・ゆういちろう）

1978年、東京都生まれ。2001年、慶應義塾大学文学部卒業。2007年、慶應義塾大学大学院文学研究科後期博士課程単位取得退学、博士（史学）。現在、高千穂大学商学部教授。専門は、古代・中世の礼制と法制・政治の関係史。著書に『中世京都の空間構造と礼節体系』（思文閣出版）、『平安京はいらなかった』（吉川弘文館）、『武士の起源を解きあかす』（ちくま新書）、『室町の覇者 足利義満』（ちくま新書）、『「京都」の誕生　武士が造った戦乱の都』（文春新書）、『京都を壊した天皇、護った武士』（NHK 出版新書）、『室町政権の首府構想と京都』（文理閣、共編著）、『日本法史から何がみえるか』（有斐閣、共著）、『幻想の京都モデル』（高志書院、共著）などがある。

JIMBUN SHOIN　Printed in Japan
ISBN978-4-409-52083-3 C1021

礼とは何か
——日本の文化と歴史の鍵

二〇二〇年　七月二〇日　初版第一刷印刷
二〇二〇年　七月三〇日　初版第一刷発行

著　者　桃崎有一郎
発行者　渡辺博史
発行所　人文書院
〒六一二-八四四七
京都市伏見区竹田西内畑町九
電話　〇七五(六〇三)一三四四
振替　〇一〇〇〇-八-一一〇三

印刷　創栄図書印刷株式会社
装丁　上野かおる

渡邉義浩著

三国志　英雄たちの文学

文学から見る「三国志」

二二〇〇円

英雄が戦いに明け暮れた三国時代は、文学が始めて文化としての価値を謳歌した時代である。文学を逍遥することにより、儒教中心の価値観から権力をとりもどした曹操の果断とはいかなるものだったのか。三国志の英雄たちから文学と儒教の関係をよみとく。